JN097104

株主間契約と従業員事業承継

後藤　孝典 [編著]

牧口　晴一 [著]

発行 ⊕民事法研究会

はしがき

　中小企業庁が公表している「休廃業・解散企業動向調査」（東京商工リサーチ調べ）を見ると、サービス業を中心に全般的に休業、廃業が増加しています。

　本書は、会社経営者が年をとり体力が衰え、会社を廃業するか、転売するか、など人生の転機に差し掛かった際に、当の会社の従業員たちがその事業を受け継ぎ経営を担当しようと決意したとすれば即座に発生する法務や税務の問題、そして、従業員たちに会社の株式を渡す以上、その対価はいくらが妥当なのかという避けては通れない問題を含め、これら難問をどうすれば克服できるかという視点から、株主間契約という手法を用いて解決方法を模索するものです。

　株主間契約という手法を用いるからには、従業員たちは今勤めている会社の株主になることが予定されています。読者は、従業員にカネはないのに株式を手に入れる方法があるのか、と疑問に思うかもしれません。しかし、カネが今、手元にないとしても、経営者と従業員たちが心を一つにして結束すれば、従業員たちが会社の株式を手に入れることができる方法はあります。しかも、経営者たちにはわずかな課税でまとまった現金が手に入る方法もあるのです。比較的短期間で目的を達成できる方法もありますし、信託と吸収会社分割の手法を用いて、相互の信頼関係を築きながら、ゆっくりと時間をかけて実現する方法もあります。

　本書は、まず、株主間契約とはどのような法的性質を帯びているのか、特に、株主間契約はその株式発行会社に対しどういう効力を及ぼすのか、株主間契約の強制執行はできるのか、相手株主が一度は意思表示したその内容を株主総会前にその株主に強制的に守らせる方法はあるのか、相手株主がしたその意思表示を二度と覆らないよう短期間のうちに法律的に固めてしまう方法はないのか、などを説明する「総論」から説き起こし、株主間契約という方法を用いて従業員たちが現経営者から事業を承継する具体的方法を「各論」でいくつか提示するという順番で話を進めてゆくことにします。

　令和 5 年 8 月

弁護士　後　藤　孝　典

『株主間契約と従業員事業承継』

目 次

第一編 総 論

第二編　株主間契約の効力

◎本書の構成◎

① まず、第一編「総 論」においては、株主関契約の法的性質を解析することに重点を置き、第一部で、名義株の株主は名義借主か名義貸主かの判定に関する著名な最高裁判決が、株式発行に資金を投下した者であると判示していると称されているけれども、実は、そのように資本の論理で理解するのは誤りであり、最高裁判所は名義貸主と名義借り主との合意内容によって決せられる、つまり民法的論理によって決せられているとしていることを明らかにします。

② 第一編第二部においては、株主間契約は民法上の債権契約だから会社に法的効力を及ぼすことはないとする見解は誤りであって、会社にさまざまな法的影響を与えるだけでなく、会社に法的効力を及ぼすことがあることを明らかにします。

③ 第一編第三部においては、株主間契約の種類の検討を通して、株主間契約と定款、種類株式、さまざまな株主間契約に類似する諸形態との比較検討を行い、株主間契約の法的有用性を解析します。

④ 第二編「株主間契約の効力」第一部は、第1章において議決権拘束株主間契約の法的効力の解析を行い、第2章で株主間契約の履行強制力を明らかにし、同第二部で株主間契約の民事執行法上の強制執行、民事保全法上の仮地位仮処分における位置づけを検討し、特に株主総会における議決権行使についての意思表示を求める強制執行と仮処分を解析します。

⑤ 第三編「各 論」に入り、従業員持株会が親族外事業承継の主体となることができないかを主要なテーマとしてその法的税法的問題を検討することを目的に、まず第1章（牧口晴一執筆）では、一般社団法人を用いる方策が主として税法面から検討され、第2章では方法第1として、資金力がない従業員持株会がいかにして母体会社（株式発行会社）をEBOするかという観点から従業員持株会を株式会社に転換する方法を明らかにして、株主間契約を用いてLBO、EBOする方法を解説し、第2章4の方法第2では母体会社に負債がある場合のEBOを明らかにし、第3章の方法第3では信託を用いた吸収信託分割によって5年ないし10年かけて少しずつ母体会社の株式を従業員株式会社に移転する方法を解説します。

第一編

総　論

第一部
名義株式と株主間契約

1　民法世界と商法世界

　はじめて大学で商法を学び始め、北沢正啓教授のスピード感ある授業を受け、商法には外観主義という考え方があることを知りました。民法の意思主義との対比で、静かな田園風景の中を特急列車が汽笛を鳴らして突進してくるような新鮮さがありました。なるほど、民法に、意思主義という意思表示者を守る静的考え方の真実があれば、商法には、外観を信頼して取引関係に入った者を守る外観主義という真実があるのだ、というこの異相真理の出現は、歩き始めた法学徒にとって目の覚めるような驚きでした。

　ところが、弁護士実務に就き経験を積むにつれ、民法世界は意思主義で商法の世界は外観主義だと割り切れるほど世界は二つに切断されてはいないことがわかってきます。同じ商法の世界であっても、名義株式判定の世界では、形式的外観主義が支配しているのではなく、資金を払い込んだかどうかを基準とする実質主義が有力に唱えられています。増資による新株の引受けにあたり、資金を払い込んではいない者が名義上株主になった事案で、真実の株主は名義を貸した者とみるべきか名義を借りた者とみるべきかが争われた判決例は数多くあります。その中でも特に有名なのは、**最高裁昭和42年11月17日判決（民集21巻9号2448頁〔株券引渡請求事件〕）**でしょう。真実の株主は「名義人すなわち名義貸与者ではなく、実質上の引受人すなわち名義借用者がその株主となるものと解するのが相当である」という、誰もが学生の頃知った、例の判決です。この最高裁判決は誰が増資新株の株主であるかを判定する基

2

準を示した事例として知名度が高く、実質的に新株払込金を負担した者が株主であると断じたものと理解されています（私自身、長い間そのように信じていました）。会社法の成書にも、裁判所は実質主義の立場に立つことを明らかにしたものであり、正当であるとして紹介されています（江頭憲治郎『株式会社法〔第8版〕』（有斐閣、2021年）98頁）。

2　最高裁昭和42年11月17日判決の読み解き方

⑴　下級審判決からみえる事実関係

　しかし、この事案を下級審の東京高裁昭和41年11月22日判決（民集21巻9号2453頁）、東京地裁昭和38年10月31日判決（民集21巻9号2452頁、金融・商事判例91号11頁）まで遡って調べてみますと、最高裁判決が言い切ったほどスッキリした事実関係ではありません。

　資本金100万円の小規模会社である被告会社（被告は株主ではなく会社です）は、昭和31年、銀行および得意先に対する対外的信用を得るため増資をする必要に迫られていました。しかし社外から増資に応じてくれる者もいなかったので、一回目は200万円、二回目は500万円、合計700万円の増資払込金にあてる資金の捻出方法として、被告会社の従業員12名の名義を借りて引受けおよび払込みの手続をすることとし、税金対策の観点から、被告会社従業員12名全員に特別ボーナスを支払う形をとり（つまり増資資金を法人税法上の損金として支出し）、被告会社が、税金控除後の額が払込相当額となるような額を特別ボーナスとして支給したことにして、現金を従業員各人に手渡すことなく、会社に対する「増資払込金」に充てて新株券を発行したというのです。そして、その新株券は誰が持っているかといえば（当時は株券がありました）、会社従業員の同意に基づいて被告会社の社長が全株券の交付を受け、被告会社が保管しているというのです。

　一審での原告（従業員）の被告に対する「請求の趣旨」は、被告は増資株式500株の株券を原告に発行せよという内容でした。原告は一審敗訴ののち、控訴し、従前の請求（旧訴）を取り下げ、新たに、「控訴人が被控訴人の株

式500株を有する株主であることを確認する。被控訴人は控訴人に対し別紙目録記載の株券を引き渡せ」との判決並びに仮執行宣言を求めました。二審がこの新請求を棄却したため、最高裁判所に上告したのです。

　つまり、実質上会社の資金は会社の財布から一旦外に出て、その直後に、また会社の同じ財布に戻っただけです。実質上増資払込金を負担した者はどこにもいません。この事例は、戦後経済復興期に頻繁に行われていた「みせ金増資」の一例で、商法上、この増資は無効でしょう。この一審判決は理由中で、「因みに、このような会社資金による払込に基づく新株発行は無効と解すべきであるが、本件の論点になっていないので詳論しない」と括弧書きの中で指摘しています。商法上増資無効に留まらず、この「増資」を企画実行した者は、刑法上、公正証書原本不実記載罪（刑法157条）および偽造公文書行使罪（同法158条）に問われるとともに、出資の履行を仮装した発起人の責任（会社法52条の２）か、設立時募集株式の払込責任（63条、102条３項、102条の２）を追及されることになり、最高裁昭和38年12月６日判決（民集17巻12号1633頁。見せ金には株式払込みの効力はない）によって、資本金払込責任から逃れることはできないでしょう。

(2)　各審級裁判所の判断

　原告（従業員）は一審、二審で敗訴ののち、最高裁でも敗訴しています。

　一審の裁判所は判決の中で外観主義に立つことを明言してはいますが、それでも原告は敗訴しています。一審裁判所はその理由として、名義を貸与した全従業員と被告会社の社長（社長は被告ではありません）との間には、「名義貸与者は自己名義の株式について凡ての権利を」社長に与える旨の明示または黙示の合意があったからだと判示しています。勝敗の根拠を当事者間の合意に置くとは、何とも、民法的な判決理由ではありませんか。

　二審では、被控訴人（会社のことです）は従業員らには特別賞与を支給したこととして、増資資金を会社資金より支出し、その資金を従業員には交付することなく、一括保管に係る賞与金をもって順次新株の払込手続を了し、増資を実行した、と事実を認定したうえ、敗訴理由として「控訴人は株式の引受についてたんにその名義を貸与したすぎないものであつて実質上の当事

者ではない」からとしています。しかし、二審判決も、新株式応募資金を支出したのは被控訴人会社自身であると認定し、払込資金は「会社資金」であったし、それが従業員に渡されたことはなかったと認定しているのです。では、どうして会社が実質上の当事者といえるのでしよう。

そして最高裁の判決では、「他人の承諾を得てその名義を用い株式を引受けた場合においては、名義人すなわち名義貸与者ではなく、実質上の引受人すなわち名義借用者がその株主となるものと解するのが相当である」と、法律学徒であれば誰もが知っている、彼の有名な名文句を吐いています。しかし、問題は、この最高裁判決は、誰が資金を負担したかについてはまったく沈黙していることです。首尾一貫していない、といわなければなりません。

ただ注意しなければいけないのは、この事案をめぐる一連の判決は、特定のある株式について、自分が真実の株主権者であると主張するAと、いや自分こそが真実の株主権者であると主張するBとの間で株主権が争われた事例ではなく、自分が真実の株主権者であると主張する株式発行会社甲の従業員の一人である原告Aが、当該株式の発行会社甲を被告として、自己に株券を交付せよと争った事例であることです。民事訴訟法上、この種の訴訟を扱う裁判所としては、原告Aが会社甲との間で株主といえるかどうかを判断すれば必要十分であったことです。つまり裁判所としてはAが増資資金を支出したかどうかさえ認定すれば判決として必要十分であったのです。この事例では、原告従業員は増資資金を負担してはいないのですから原告が甲社の株主であるといえるわけがなく、したがって原告敗訴は正しいといえるからです。

しかしこの最高裁は、「他人の承諾を得てその名義を用い株式を引受けた場合においては、名義人すなわち名義貸与者ではなく、実質上の引受人すなわち名義借用者がその株主となるものと解するのが相当である」と、民事訴訟法上の原則を超えて、「他人の承諾を得てその名義を用い株式を引受けた場合」ではないのに、「名義人すなわち名義貸与者ではなく、実質上の引受人すなわち名義借用者がその株主となるものと解するのが相当である」と八方に構えて大見得を切っていることです。

言い直すと、本件の事実は、特定のある株式について、自分が真実の株主権者であると主張するAと、いや、自分こそが真実の株主権者であると主張

するＢとの間で株主権が争われた事例ではないにもかかわらず、最高裁は、訴訟法上その必要もないのに、自分が真実の株主権者であると主張するＡと、自分こそが真実の株主であると主張する者Ｂとの争いであるかのごとくに誤って判断を拡張してしまったのです。したがって、この最高裁判決は、誰が正当な株主であるかを争う株主間において真実の株主は誰かを判定する基準になる事例ではありません。株主判定基準としての実質主義を打ち立てた、と称揚される判例としての資格はないのです。

　事実としては、社長も従業員も資金を負担していないのです。つまり、「実質上の引受人」はどこにも存在していない事例なのですから、この最高裁判決は、実質的資金負担者が株主判定基準を充足するという先例を打ち立てたという通説は、重大な間違いというほかはありません。

(3)　民事訴訟では裁判所はその事件に対し判断する

　この一審判決はその原告敗訴の理由として、名義を貸与した全従業員と被告会社の社長との間には「名義貸与者は自己名義の株式について凡その権利を」社長に与える旨の明示または黙示の合意があったからだと判示していることに注目すべきでしょう。つまり、この判決には実質主義でもなく外観主義でもない、別の基準があることを暗示していると受け取るべきではないか、というのが私の考えです。すなわち、"株主権の所在を決定する基準は、株主権を争う当事者間で、どのように合意されていたか、あるいは合意されていなかったか"にあると示唆している判決であると理解すべきではないか、と思うのです。　そう考えれば一審判決はよく理解できますし、最高裁の判決も理解できます。この判決は、実質主義を謳った判決である、と評した学者たちの読み方にいささか問題があったと言うべきでしょう。

　皮肉なことに、この最高裁判決の果たした最も顕著な「貢献」は、名義株式を、脱税や詐欺、欺罔に広く利用する道を開いてきたことだといえそうです。たとえば、自己資金を他人名義の株式に化体して資金の出所を隠し、税務上の消滅時効７年間を待ってから名義株主を追い出す手法の普遍化に貢献してきました。過剰債務で支払不能状態に陥った自己が経営する会社を、新設会社分割の物的分割を用いて分割会社の旧債務のうちの大部分を占める銀

行債務の半分以上を事実上免除してもらったうえで（あるいは、――実務ではこちらの形のほうが普通ですが――法的には免除ではなく旧債務は生きているが銀行は債権行使はしないと口では約束してくれた状態で）、残りの旧債務を、資産と一緒に分割承継会社に移転し、その分割承継会社の株式を分割承継会社の取締役に就任させた他人ら（その多くは幹部従業員）に、売買名下に、その実は売買代金は自分が負担し、株主名義はその他人らに移し、国税消滅時効の7年間を待ち、その後、やおら分割承継会社の取締役らに、この最高裁昭和42年11月17日判決を振りかざして、「頭が高い、控えおろう、この最高裁判決が見えないか、お前たちは分割承継会社株式を取得する資金を負担していないではないか、単なる名義人に過ぎないから真実の株主ではないのだ、真実の株主は資金を出した者である、それは、このオレだ」と株式を取り上げて追い出し、旧銀行債務の過半の免除を受けたうえに新会社の株式全部を取り戻す、悪辣な輩の非道を助長することにもなったのです。

(4)　最高裁判所の判断の真意をつかむ

　しかし、本書が提起したい論点は別のところにあります。この最高裁判決文は次のようなリードで始まっていることです。

　「他人の承諾を得てその名義を用い株式を引受けた場合においては、名義人すなわち名義貸与者ではなく、実質上の引受人すなわち名義借用者がその株主となるものと解するのが相当である」（下線は著者）という点です。つまり、"名義借用者が名義貸与者の「**承諾を得て**」いる場合は、"と限定したうえで、初めて、実質上の引受人である名義借用者が株主権の主となるという論理です。

　そもそもこの事例では、名義借用者は存在しないというべきです。仮に、名義借用者がいるとしても、その者も資金を出してはいないのですから、結局、どちらが真実の株主であるかを決定する基準は、資金を誰が拠出したか、であるはずがありません。そうではなく、真実の株主であるかどうかを決定する基準は"両者間の合意で決まる"という論理を採用している点をこそ注目すべきではないでしょうか。この最高裁判決は、法律上どちらが株主であるとみるべきかについて、実質上資金を負担したほうであるとする実質主義

ではなく、当事者同士の合意内容で判断すべしといっていることに帰着する論理なのです。

　その証左として、上記引用部分の少し後ろで、上記最高裁判決はこのようにも判示していることに注意すべきでしょう。「株式の引受および払込については、一般私法上の法律行為の場合と同じく、真に契約の当事者として申込をした者が引受人としての権利を取得し、義務を負担するものと解すべきである」という点です。

　「一般私法上の法律行為の場合と同じく」、かつ「真に契約の当事者として申込をした者」とは、発起人ないし、新株募集会社に対して株式引受の申込みをした者です。これはまさに民法原則である意思主義によるという意味になります。外観主義が支配する会社法の最も基本となる株主判定にあたり、会社との関係で株主となる者は誰かを決定する基準は、民法上の意思主義によって判断すべしと、最高裁が明言している点に刮目すべきです。

　私的権利義務の存否を、当該権利義務関係の、関係当事者間の合意内容によって決しようとする、このような考え方は、私法体系全体世界の中で位置づけようとするとき、決して特異な考え方ではありません。民事訴訟法の対立当事者間を通して権利形成過程を認識する構造にも適合的であり、むしろありふれた考え方であるといってよいでしょう。

　ところが会社法の世界に入ると，途端、強烈な反撃が待ち構えています。会社法は株主、債権者、従業員など、私人間の利害に関する調整諸規定体系の法である、したがって会社法は公共性が高い、諸々の利害調整法規の体系であるから強行法規と考えるべきだ、という、コンクリートの壁のように硬い、例の考え方です。

　しかし、私人間の利害に関する調整諸規定は会社法に限らないのであって、そのような性質をもった法律は数限りなく存在していますし、もちろん民法もそうです。むしろ、私人間の利害調整規定の体系であるから強行法規であり、私人間の合意によって変更することは許されない、とする考え方自体が間違っているのであって、会社法は私人間の利害の調整に関する法体系の一種であるからこそ、私人間の合意によって変更可能でなければならないのです。調整可能性は公共性にもあるでしょうが、私人間の合意にもあるのです。

ただ公共性が極めて高い場合には、私人間の合意によっては変更することができない場合、つまり、公序良俗違反、信義誠実違反、権利濫用がときどき、それに会社法では定款が顔を出すことがある、と考えたほうが実態に合致しているのです。

　本書においてお話ししようとしている**株主間契約**の考え方は、資金のやりとりを基礎として組み立てられている会社法世界で生起する難問題の解決方法として、まさにこの民法上の契約法の考え方を重視しようとするものです。

⑸　当事者の契約内容はどうだったのか

　上記最高裁判決の事例は、社長も従業員も実は新株発行のための増資資金を負担していないことから、双方の当事者に株主間契約の考え方を適用すべき適切な前提条件を備えていると判断してよいでしょう。この事例では、従業員12名のうちで原告になった一人だけが訴訟を提起しています。訴訟を起こすには費用がかかります。給与で生活している従業員（この事例では原告の月額給料は2万7500円です）総員12名の小企業の従業員たちにとって訴訟を提起し追行することはかなりの負担です。しかし費用が大変であっても訴訟を起こさなければならない理由があったのだと推測されます。おそらく、原告をはじめ従業員たちは社長に騙された、と思ったからだと思われます。きっと、悔しくて黙っていられない理由が従業員の側にあったのでしょう。社長の口上は、おそらく、会社の対外信用力向上のため増資しなければならないが、税理士が言うには、会社の金を使って社長のオレが新株の株主になると、法人税法上会社の損金にはできないし、社長個人の役員報酬になってしまい、会社にも税金がかかり、オレにも所得税や地方税がかかってダブルパンチになるから、お前たち従業員が株主になるということにして名義を貸してほしい、増資払込金はお前たち全員に特別ボーナスを出したことにして資金の負担はさせない、そのかわり、たとえば、今後、今年は、あるいは今後数年間、毎年、ボーナスとして一人〇〇〇円を支給するから承知してくれ、というような餌を明示して騙（かた）ったということではなかったかと、推測します。そして、社長はこの約束を破ったのだと推測できるのです。従業員は口車に乗せられ騙された臍（ほぞ）をかんだのでしょう。まずこの推定は大筋では狂って

いないと思います。

　私が指摘したいことは、"社長と従業員との間には真正の契約が結ばれていた"に違いないということです。〔社長〕お前たちから名義を借りるが、（反対給付として）一定の経済的利益を与えるから了解してくれ。〔従業員〕わかりました、了解しました、名義を貸しましょう。が、（引換えに）一定の経済的利益を間違いなく我々に支払ってください。〔社長〕了解した、間違いない、支払おう、という約束です。

　この約束は、法が保護すべき民法上の双務契約であると認識すべきです。従業員たちは訴訟を提起するにしても、社長を被告として訴え、被告は契約に違反したから、損害賠償を請求すると構成しておれば、勝訴していたのではないかと推測します（ただし、損害賠償額は極めてわずかでしょうが）。しかし従業員たちには、会社の増資計画が会社法上も税法上も、刑法上も、いかがわしい方法であったことから、そのいかがわしい計画に便乗して自分たちに経済的利益を要求することに後ろめたさがあったからでしょう。自分たち従業員は社長を法的に拘束できる契約を締結しているのだという真っ当な自覚をもちにくい心理状況にあり、その後ろめたさから社長の法的責任を正面から追及する道があるとは考え付かなかったのではないか、と推測されます。

　これが、会社法の世界に株主間契約という考え方を導入する必要があると考えるようになった、そのきっかけです。

3　会社法の世界と「株主間契約」という法的手法

　現在の日本において、庶民の生活に深く関係する法律と呼ばれるすべての法律の中で、会社法ほど矛盾に満ちた法律はありません。それは現実の生きざまが極端に違う公開会社から零細企業までを一つの法律で包括していることに起因しています。社会が複雑化するにつれますます会社法の内部亀裂は深刻化していきます。

　両者は単に違うだけではなく、公開会社に発生する法的諸問題と非公開会社に発生する法的問題とは、あまりにもその色彩が異なります。しかし、だからといって、現行の会社法の立法内容に欠陥があると指摘したいわけでは

ありません。会社法規と独立した有限会社法の成立、施行とその廃止の過程は、会社法規を大規模会社法規と小規模会社法規とに区別すれば済む問題ではないことを雄弁に物語っているからです。名義株の日常化とか株主総会非開催を日常茶飯とする中小規模企業に特有の会社法規軽視が横行する現状を許しがたいと断罪し、それを理由に、公開会社向けの会社法とは別に、非公開会社向けの中小株式会社法を別に創設すべきであるという見解（長谷部茂吉『裁判会社法』（一粒社、1964年））は鋭く、迫力もありました。しかし、では、この両者を隔絶分離した構成にすれば、非公開会社の株主たちが至る所で苦しみぬいている名義株の問題一つをとっても、それが解消できるかといえば、そうではないでしょう。会社法によってもたらされている諸問題は、法規を改正すれば解決するといった性質の問題ではないからです。

　現行会社法が定款の自由化の方針を明確化したことと、株主の全員同意がある場合には株主総会に関する厳重な手続が簡易化されたこと（会社法300条）などによって、会社規模の大小の違いにある程度対応できる柔軟さを帯びたことは確かです。しかし真の問題は、会社法という法規の側にあるのではないことです。会社法が直面している矛盾は、会社法をどのように改正しようとも解決しないほど根は深い。問題の根は、会社法を適用すべき対象世界の側にあるからです。

　非公開小規模株式会社は、その規模の大小にかかわらず株式会社という共通の外皮の下にあり、構成員の相互協力に事業遂行の基礎を置く事業体の最右端に存在しています。その左には株式会社に類似して、組織の構成員が当該組織に持分を有して、収益追求目的下に組成される数多くの企業類型が連なっています。中小企業等協同組合法に基づく事業協同組合、事業協同小組合、信用協同組合、企業組合、中小企業団体の組織に関する法律に基づく協業組合、商工組合、有限責任事業組合契約に関する法律に基づく有限責任事業組合——こうした企業類型が最左端まで連なっているのです。これら長大な中小企業群列に一貫して流れる企業精神は構成員の協力関係によって、個人経営では乗り越えられない障害を克服していこうとする精神です。例えていえば、江戸時代から現代に伝わる「講」組織に遡りうる、個人間の合意によって目的実現の起動力を見出そうとする信念です。これら中小企業群にお

いては構成員の数がさして多くはなく、利害関係が齟齬衝突を来す場合にお
いても、お互いに面と向かって話し合うことが物理的に可能であり、個人間
の合意形成の可能性がかなり高いということがあります。

　株主間契約の論理を把握するにあたって、公開会社の経営者に対する株主
の立場と非公開場会社の経営者に対する株主の立場との性質の違いを明確に
確認しておくことは重要です。公開会社の株主（および株主になろうとする者）
は資金を拠出する者であり、経営者は資金を任されて運用する者であり、し
たがって株主は経営者に対する監視の権限と他の株主に対する信認義務とも
いうべき経営者監視義務を負っています。したがって、おのずから株主権は
強行法規的性質を帯びやすく、株主権の放棄を含む自由な処分は許容され難
くなります。その結果株主間契約の自由が容認される余地は狭小になるのは
必定です。しかし非公開会社においては株主（および株主になろうとする者）
と経営者との関係は逆転します。株主は経営者に生贄に饗される子羊であり
経営者は株主を食い物にする狼だ、という表現も言い過ぎではないでしょう。
たとえば前記記最高裁判決が取り扱った事案はそのような一事例といえるで
しょう。非公開会社の株主の経営者に対する監視の視線は脆弱であり、した
がって、自己株式についての自由な処分に対する希求は極めて強くなろうと
します。その赴くところ、非公開会社における株主権の強行法的性質は極め
て弱くなっていき、その結果株主間契約の自由に対する渇望はますます強く
なっていきます。つまり株主間契約の論理が働く場は、非公開会社の世界が
ふさわしいということになります。

　本書の眼目は、非公開会社の法的実務に関与している弁護士、税理士、公
認会計士、司法書士の方々を念頭に、現行の使いにくくなってしまっている
会社法諸条文の隙間、隙間に「株主間契約」の法的手法を導入するとすれば、
非公開、中小規模企業にとって、会社法の実践的な意味合いは、どのように
違ってくるかを検討しようとすることにあります。その検討の切り口として
はさまざまな方法が予測されるところですが、本書はその第一歩として、株
主間契約の利用によって、どのような効能があるか、という実務的観点から
出発することにします。

第二部
株主間契約の基礎

第1章　契約自由の原則

1　債権と契約

　「債権」とは、ある特定のヒト（法人格）が、別の特定のヒト（法人格）に対して、何かをすること（作為）、または、逆に、何かをしないこと（不作為）を、要求する法律上の権利を意味します。債権には法定債権と約定債権の二種類があり、法定債権は民法に当該債権の発生原因、その効力、特性、消滅原因が規定されています。しかしそれは事務管理、不当利得、不法行為の三種類に限られます。この三種類は、債権の発生原因が当事者間の契約によるのではなく、民法という法律が債権発生要件事実を定めている点に特徴があります。

　これに対し約定債権は、その発生原因が「契約」の締結行為にあります。契約の類型的特性は、さまざまなヒトの別のヒトとの合意によって特定の債権と債務が発生してくることにあります。ある特定の債権とある特定の債務を発生させるために人々は契約を締結するのです。特定債権と特定債務の発生が目的であり、契約の締結はその手段です。

　契約には実にさまざまな形があり、民法に契約の類型が詳細に規定されています。それら契約類型は「典型契約」と呼称されています。売買、消費貸借、賃貸借、雇用、請負、委任、組合など日常的頻繁にみかける契約類型の

総称です。しかし、民法に規定がない契約のほうが契約世界の本体です。無限に広がる広大な世界です。「非典型契約」と呼び習わしています。しかし、非典型契約といっても、民法に規定がないだけであって、典型契約と同じ法的性質を帯有しています。このため、すべての契約に適用がある事項、たとえば、契約は、契約内容を示して締結の申込みをする意思表示に対して相手方が承諾をした時に成立することとか、承諾期間を定めてした申込みは撤回できないとかなどの契約成立の方式や、契約の効力、契約の解除など、どのような契約にも共通して適用のある事項が、「契約総則」として民法に別個に規定されています。そして、その契約総則が典型契約にも非典型契約にも適用されるという構造にまとめ上げられています。

2　非典型契約

　民法に規定がある12の典型契約は、それぞれに契約成立要件、契約の効力、契約の解除などが定められています。一方非典型契約は、契約総則に従うことは要求されるけれど、誰がつくってもよいし、どのようにつくっても許されます。それだけではありません。誰を相手にした契約でもよいし、有償でもよいし無償でもよいし、どのような条件を付けてもよいし、無条件でも許されるし、そして誰の指図を受ける義務もないことを意味しています。つまり、自由に契約はつくれるのです。ただ、民法の契約総則の縛りだけはあるのですが、それは契約の成立の要件とか、契約の効力とか、契約の解除の要件といった、法的な契約であるなら当然に随伴しなければならない規則に過ぎません。契約の成立そのものを制約する条件ではないのです。

　契約のこの根本的性質は、あらゆる法律の基礎法である民法の原則のうちでも最も重要な原則であり、古くから「契約自由の原則」と呼ばれてきました。

　従来日本の民法典はこの原則を当然の原則として特別に法典中には規定してこなかったのですが、ここ数年にわたり民法典の大改正が行われ、平成29年の改正の際に、明文の規定が置かれました。改正後の民法521条は次のように規定しています。

> 〔1項〕　何人も、法令に特別の定めがある場合を除き、契約をするかど
> 　　　　　うかを自由に決定することができる。
> 〔2項〕　契約の当事者は、法令の制限内において、契約の内容を自由に
> 　　　　　決定することができる。

　「法令の制限内において」という表現で示される例外については、鉄道営業法6条、ガス事業法47条、水道法15条など、公共性の高い事業については契約締結が強制されている関係上、それらには契約自由の原則は適用がないという意味です。

　契約の「方式の自由」についても、同じ平成29年改正の際、民法522条2項が新設されました。「契約の成立には、法令に特別の定めがある場合を除き、書面の作成その他の方式を具備することを要しない」。

　このため、契約自由の原則には、①契約を締結するかどうかを決定する自由、②契約の相手方を選択する自由、③契約内容を決定する自由、④契約方式の自由、の四つの自由が含まれることになります。

3　株主間契約

(1)　契約の法的価値

　契約の法的価値は、契約から債権と債務が発生してくることにあります。このため、契約自由の原則の法律的価値は、債権と債務を自由に創設することができることを意味するところにあります。株主間契約は、契約自由の原則が支配する契約の典型例ですから、契約の自由が支配しています。

　契約自由の支配する株主間契約によって、すなわちわれわれは当事者間の自由な意思の合致によって、株式を基礎としたさまざまな債権と債務を生み出すことができます。この場合の債権とは、金銭債権ではなく、特定のヒトが別の特定のヒトに対して作為または不作為の履行を要求できる民法上の権

利を意味しています。このため契約自由の原則が支配する株主間契約を締結することの法的価値は、特定の株式をめぐり、当該株式の株主が他の株主に対して一定の作為または不作為を要求できる債権を創設することができることを意味しています。

(2)　株主間契約と債権

　債権は種類が多く、その性質によっていろいろに分類されます。そのうちでも民法規定との関係では、法定債権と、当事者間の約束（合意、約定、契約）に起因して発生してくる約定債権とがあります。約定債権であっても株主間契約の締結によって創設される債権は、ヒト（株主）の別のヒト（株主）に対する作為または不作為を要求することができる債権です。民法第三編債権、第一章総則、第一節債権の目的、の最初の条文である399条は「債権は、金銭に見積もることができないものであっても、その目的とすることができる」と規定しています。株主間契約の締結によって創設される債権は、この399条が規定する金銭債権に非ざる債権であることになります。

　このため、株主間契約によって誕生するこの債権には民法第三編債権の規定のうち、金銭債権にだけ適用される規定以外の規定のほとんどが適用されると考えられます。しかし、民法第三編債権の規定の多くは金銭債権や財産権にのみ適用される規定ですから、株主間契約によって創設される債権に適用される規定は、具体的には、第一章総則第一節「債権の目的」のうち第二節「債権の効力」と、第二章契約の第一節総則のうちでも第一款契約の成立、第二款契約の効力、第三款契約上の地位の移転、第四款契約の解除などの数少ない規定だけだと考えられます。

　現状においてもっとも重要な意味をもつ条文は、第一章総則第一節「債権の目的」のうち第二節「債権の効力」の規定であるといえるでしょう。第二節「債権の効力」とは、第一款　債務不履行の責任等、第二款　債権者代位権、第三款　詐害行為取消権の三つです。

(3)　議決権拘束株主間契約債権の特性

　このうちでも、株主間契約から発生する債権はどのような法的効力をもつ

のか、民法上の契約から発生する債権と同じ性質なのか、違うところがあるのか、学説でも、いまだ論じられていない現状です。本書は、株主間契約の典型例である議決権拘束株主間契約は、民法上の債権契約から発生する債権とは異なることを論じ、特定の会社の株主と当該特定会社の株主との当該会社の株主総会における議決権行使方法を拘束する契約であることから、その法的効力は、契約の相手方である株主を拘束するだけではなく、当該会社自体にも法的効力を及ぼすことがあり、したがって当該議決権行使の結果が、当該会社の株主総会決議取消原因となる場合があることを論じます。

　また議決権拘束株主間契約から発生する債権のうち、相手方の意思表示を求める債権は、民法上の契約から発生する債権とは異なり、相手方の意思表示を、民事執行法上の強制執行力をもって実現するか、民事保全法上の仮地位仮処分を以って実現するか、あるいは即決和解調書など調書類による強制執行をもって実現する必要性が高度にあることを論じ、その具体的実現方法を論じます。

4　中小企業の少数派株主と株主間契約

(1)　中小企業少数派株主の悲哀

　株主間契約の利用価値は、公開会社相互間の長期にわたる企業結合や短期間を予定する合弁企業において利用するなど、大会社同士が利用する場合ももちろんありますが、中小企業において利用される頻度のほうが圧倒的でしょう。しかも中小企業の株主たちで、株主間契約を利用したいと真剣に熱望する事例は、所持する株式数はわずかで、会社の経営に参画することができず、したがって取締役になることもできず、配当も雀の涙ほどもなく、従業員としても十分な給与をとることもできない立場に立たされている少数株主たちでしょう。弱い者たちは互いに助け合うことによって自己の力を付ける以外に道はありません。つまり少数派の結束です。株主間契約の魅力を一言でいえば、弱い者同士の結束により強い会社支配力をもつことができるか

もしれないところにあります。

⑵　少数派株主の結束

　少数派が結束して議決権を支配することの本質的な意義は、会社法という天守閣を堅固に守っている多数決原理支配という深い環濠と高い防塀を、少数派が結束する力で乗り越え向こう側に降り立ち、我もまた天守閣を戴く者であると高らかに名乗りを挙げるときに現れます。

　ヨーロッパにおける国家群は19世紀の国民国家成立の時代に入って以降は特に、庶民を統合する皇帝を失ってしまったために、さまざまな意見の単なる集合体として安定的に生きる政治的基盤を失い、集約点に向かって多数意見を政治的暴力手段を用いて形成することによって、さまざま意見を「国家の意見」にまとめ上げ、「国家の意思」に転化する共和制と呼ばれる政治体制を構築してきました。その過程においては少数意見に対し、平時においては馬耳東風、戦時においては虫を潰すように圧殺することも正当化してきました。株式会社の社団性と意思集約システムは、ヨーロッパの国家だけではなく我が国においても、こうした国家レベルの国民の意思集約手法を真似ながら形成されてきたのです。つまり株式会社は国家の小型模型でした。

　しかし、株式会社においては多数意見が会社の対外的意思に武力をもって転化するというプロセスをとる必要性はありません。株式会社における会社の意思集約機構は内部的意思を形成する必要があるだけに過ぎず、少数派の意見を抑圧して圧殺する必要はありません。株式会社は国家と違い外敵と殺戮戦を遂行するわけではないからです。会社法の強行法規性の根拠はかかる意味での会社意思を決定することを目的とするだけであって、それ以上のものではありません。

5　会社法の強行法規性

　会社法の強行法規範は二種類に分かれます。一つは第三者として扱われ最も疎外された人たち、つまり、発言しない株主、債権者、労働者の三者を保護する規範です。この意味においては、公開会社も非公開会社も遵守しなけ

ればならないことは論ずるまでもないでしょう。

　二つ目は、会社の内部規範です。しかし内部規範が強行法規性をもつべき
だと考えることが妥当するのは、実は、公開会社だけにすぎないのです。公
開会社においては、取締役は株主によって選任された存在でありながら、選
任されたその瞬間から株主たちが自分に対する監視者に転化することを知悉
しているゆえに、経営権の指揮棒を胸に抱いて株主たちの目を逃れ取締役室
に身を隠すのが常です。公開会社における所有と経営とはこのように分離し
てしまっています。このため内部規範は大声を上げて取締役室まで彼らを追
わねばならず、取締役が図に乗って逃げ回るときにはドアをこじ開け、取締
役室に入り込まねばならないのです。

　一方非公開会社においては、株主の多くは取締役であり、取締役は株主で
す。したがって株主によって監視され疎外される取締役はわずかしか存在し
ません。そのうえ、特殊日本的現象として、内部資本の絶対的窮乏から、設
備投資ではない、通常の営業活動資金さえ金融機関から恒常的に借入れをす
る必要があるため、代表取締役は常時金融機関に個人連帯保証を差し入れる
ことが要求されています。つまり、代表取締役は名目上は、株式会社という
かなり見栄えのいい有限責任の外皮を纏いながら、実質は、もっとも強力な
債権者である金融機関に対し無限責任を負っているのです。このようないわ
ば国家が設定した法律上の有限責任を享受しながらもその経済活動の実態に
おいては無限責任であるという絶対矛盾に耐え、株主である代表取締役は自
己個人に課せられた責任の重量に耐えながら会社をかろうじて所有している
といえるのです。このため、自らに適合する内部運営規定を、定款や株主間
契約でつくり上げたとしても損害を与えることとなる第三者がそもそも存在
しないのが通常です。この意味において中小企業にとっては会社法の強行法
規性は極めて脆弱な規範性しかもち得ないでしょう。

　中小企業経営者にとって会社法制は対外的法的な有限責任を保障してくれ
る外壁ではまったくないのです。会社法制は、会社内部の規律維持の観点か
らは、意味のない、時として邪魔になり、敵対的でもある疎外物です。中小
企業の日常的活動の円滑化の観点からは、会社法よりも法人税法規律のほう
がはるかに重要な位置を占めています。したがって、株主間契約は中小企業

にとって強行法規定に対して代替性を有するのであり、親和性を有するのと
いえるのです。

第2章 株主間契約の法的性質

1 民法上の契約の意味

　本論に入る前に、株主間契約が民法上の契約であること以外になお確認すべきことが二点あります。その一は、株主間契約は平地の上に締結される契約ではないという点です。伝統的に古くから和を重んずる我が国の倫理観念とは違い、会社という投下資本の多寡によって議決権の多寡が決する弱肉強食と二項対立的世界観が支配する団体内部における契約であることです。いわば泥にまみれたルールを最高の意思決定法則として奉ずる資本主義の申し子らの蝟集する利益追求集団の世界に、当事者平等という、岩走る垂水のような清浄な倫理観をもった民法論理をもって切り結ぼうとするものなのです。このため、会社法の側からすれば、思いもかけなかったような論理を提起することにもなるだろうと予想されます。

　第二に、会社法の適用ある世界においては、取引の便宜のため、個人の意思ではない、それとは隔絶した「法人としての意思」を観念せざるを得ない宿命があることから、法人を構成する個々的な法主体の人格は蒸発して希薄化し、資本ないし資産の所有主体として擬人的にのみ観念されます。このため、会社法の適用を受ける意思集約過程においては個々的個人の法定静的安定を尊重する虚偽表示、錯誤、詐欺、強迫等の諸規定は、適用がないと一般に考えられているのです。しかしながら、株主間契約で扱う法主体は、法人である場合もあり、呼吸する生身の人間であることもあります。それら法主体には、民法第一編総則のうち第五章法律行為の諸規定、つまり虚偽表示、錯誤、詐欺、強迫等の適用があるのです。加えて、株主間契約の論理は、法的主体と相手方たる法的主体間の契約によって創設される債権を扱うものでありますから、民法第三編債権のうち第一章総則の第二節債権の効力のうち、債務不履行、債務不履行による損害賠償、履行の強制などの適用があります。この部分は重要です。

2　契約当事者

(1)　株主になろうとする者

　株主間契約の当事者は、ある特定の株式会社の発行した株式を所有する株主と、同じ会社の株式を所有する別の株主との間の契約であるのが通常のように思われますが、そうとは限りません。株主間契約の法的性質を検討するには、このような狭い定義に固執するのは、実務的観点からは、賢明ではありません。まず、株主と、いまは株主ではないけれど、まもなく株主になろうとしている者との間で、双方にとって法的拘束を必要とする場合には株主間契約の一類型をなすものとして、同一の取扱いをするほうが適切です。その典型例は組織再編の場合です。

① 　たとえば基礎的組織再編行為をする場合に、税法上の株式継続保有要件を初めから意図的に守らない計画の非適格物的新設会社分割を計画し、新設分割会社の多数派株主が、会社分割実行前の段階において、新設分割成立直後の新設分割承継会社の「多数派株主」と特定の法律行為を予定している事例はかなり多いはずです。しかし、その予定をしている時点では新設分割承継会社はそもそも物理的に存在していないし、当然新設分割承継会社の株主も存在していない。しかし、その時点で計画上はすでに決まっている新設分割承継会社の代表取締役予定者と、計画上はすでに決まっている新設分割会社の大株主となることが予定された者との間の法律行為の詳細はかなり細部まで詳しく決定しているのが通常です。したがって、この事例で株主と株主になろうとする者との間に何らの契約的関係もないと考えるほうが異常でしょう。

　　また、たとえば適格スピンオフを実行する前から、分割承継会社の大株主予定者と、分割会社の株主とは、分割会社の株主が分割後取得する新株式についての処分方法、処分する相手などを詳細に合意しているはずです。したがって、株主間契約の法的効力発生前の時点における契約予定当事者の中に、「株主になろうとする者」を含めておく実益がある

といえるのです。

②　現時点においては少数派株主に属するある特定の株主Aが、まだ株主
ではない他人Bに、同じ会社の多数派の株式のうちの一部を、AがBに
融資する資金によって買い取らせようと計画している、その目的は、B
がその株式を手に入れたときは、Aの株式とBの株式を合わせればその
会社の多数派になることが予見できており、AとBとが協力して特定の
株主総会決議を手に入れるため、AはBに特定の議決権行使を約束させ
ようと画策している、とすれば、Bが当該株式を手に入れる前に「非株
主B」と特定の議決権拘束の約束（おそらくは停止条件付契約とか、単な
る予約とかの法技術が介入することになるであろうが）締結を必要として
いる、と言えます。このような場合にも議決権拘束契約の縛りの範囲内
に取り込んでおく必要があるでしょう。

③　たとえば譲渡制限株式を他人に譲渡しようとして、その事前に株式発
行会社の承認を求めるとき（会社法136条）、株主としては、譲渡しよう
とする相手は面識もない他人であったとしても、「これから株主になる
ことが見込まれている者」との間に、何の合意も取り決めもないまま譲
渡の約束をするはずはありません。この種の合意は、おそらく資金のや
りとりや将来の株主総会における議決権行使や組織再編の目的やその方
法に関係してくるでしょうから、事前の書面化の必要性が高いはずです。
つまり、それだけに株主間契約締結の必要性があるといえます。

(2)　組織再編と株主間契約

組織再編手法のうちの物的会社分割（新設分社型分割）をとってみると、
分割手続の開始時点から分割手続終了時点の瞬間まで、分割承継会社の株式
が誰に交付されることとなるのか判明していない場合があります。会社分割
手続に関係する法主体としては、ただ分割会社の株主が登場しているだけで
す。しかし会社分割手続終了直後に、たとえば、株式の種類ごとに交付する
株主も異なり、配当財産も異なる不平等株式分配（会社法454条2項2号）を
するとか、あるいは株主が異なる種類の株式を保有している場合に、その全
部取得条項付き種類株式を取得し、その瞬間に、その取得対価として分割承

継会社の株式を交付する（会社法763条1項12号イ、171条1号イ）場合には、株主と分割承継会社の「株主に予定されている者」との間の契約内容が詳細まで突き詰めて定められていなければ、そのようなダイナミックな組織的変身を実行できるはずがありません。

　この場合には、新設分割手続の完了時点よりかなり早い段階において、分割会社の株主と「新設分割承継会社の株主になろうとしていた者」との間では契約ができていたと理解しなければ辻褄が合いません。このように「株主になろうとする者」を株主間契約論の当事者として想定する必要性がある事例は、株式交換直後に親会社を吸収消滅会社として吸収合併を予定している場合とか、株式交付完了後に子会社をスピンオフする計画である場合などの組織再編においては数多くあります。この意味で、「株主となろうとする者」をも、株主間契約の当事者として考察しておいたほうが賢明です。このように事前の準備段階における株主間の契約を株主間契約として受け止めるためには、株主間契約の締結行為の要件と株主間契約の法的効力の発生条件とを区別して処理しなければならない場合があることを考慮しなければならないでしょう。

(3)　株式会社である株主

　契約当事者の一方または双方が「株式会社である株主」である場合があります。その典型例は公開会社によるM&Aとそれに引き続く全部取得条項付き種類株式か株式売渡請求によるキャッシュアウトなどを用いた企業支配の組み換え局面に入った場合であり、次いで従業員持株会の場合です。これらの場合も株主間契約の論理の枠組みで観察したほうが理解しやすいのです。

①　公開会社甲がその子会社乙に、別会社グループ丙に属する丙の子会社である丁会社を吸収合併させ、丁会社の株主丙に合併対価として甲株式を交付する方法（三角合併、会社法749条1項2号ホ）を実行しようと計画している場合には、乙会社の株主である甲会社と、被吸収合併消滅会社丁の株主である丙会社との間に、乙による丁の吸収合併が完了した暁には甲は丙に特別の権利（たとえば、甲会社の新株予約権）を与えるなど、事前に何らかの契約が締結されるのが通常でしょう。この場合も株主間

契約の論理の枠組みで観察したほうが理解しやすいといえます。

②　株主間契約の契約当事者は、多くの場合個人でしょうが、株式発行会社である会社が契約当事者となる場合が少なからずあります。加えて、契約当事者の一方または双方が、組合に対して持分を有する民法上の組合（民法681条等）であるとか、合名会社に類似する「持分を有する法人」である弁護士法人、税理士法人、司法書士法人などのいわゆる士業法人であるとか、やはり組合員が持分を有する中小企業等協同組合法に規定される事業協同組合や、企業組合である場合においては、組合員が株式に類似する持分を有することや株式会社に組織変更することがゆるやかに認められている（中小企業団体の組織に関する法律100条の３以下）ことなどから、これらを含めて株主間契約の枠組みで一括してとらえたほうが合理的な場合があります（ただし、この点については本書では深入りはしません）。

　たとえば、甲会社がその従業員たちに組合である従業員持株会を組織させて長年にわたって同組合に甲株式を所有させている場合には、組合は通常株式取得資金が十分ではないことから、甲会社が同組合に甲会社株式を取得する資金を貸し付けることがよく行われています。かかる金銭貸付は（金融機関とその顧客企業との関係とは違い）組合から会社に対する返済は期待しがたいものです。そのうえ、組合財産のうえに合有関係が成立するときは、多数者による合有関係であることから、甲会社と組合との間に想像できないほど複雑な法税務関係が発生することがあります（民法676条。例：竹中工務店事件）。この問題を回避するため、従業員側の株式所有団体を（合有関係を認める民法上の組合ではなく）一般社団法人として組成し、外部的には（株式取得資金を貸し付けた）母体会社（親会社ではない）である株式会社と従業員団体である一般社団法人との関係として、内部的にも一般社団法人の社員対社員の関係で把握するなど、株主間契約の考え方を応用する手法が選択されるようになりました。この問題については、「従業員持株会の課題と対策」（後藤孝典編著『親族外事業承継と株主間契約の税務』（民事法研究会、2021年）〔牧口晴一〕）が詳しい。

⑷　公開会社間の株主間契約

「上場会社ではない公開会社」（実在する会社の数は多くはないでしょうが）においても、上場会社である公開会社においても、一部の株主と別の一部の株主相互間の議決権拘束契約は実務上かなり行われています（東京高裁平成12年5月30日判決・判例時報1750号169頁は、議決権契約につき、期間が18年と長すぎるとして法的保護は否定されてはいるが、議決権行使合意の効力としては肯定されている事案である）。

公開を間近に控えた株式会社の大株主と、会社分割後にあるいは株式交換を介して、公開予定会社の子会社になろうとする会社の株主との株主間契約などは緊張度が高く興味深いものがあります。公開会社二社に外国企業が参加する合同事業を立ち上げるための協議において、損失発生時における融資獲得責任の所在とか、損失発生時のその負担割合、負担方法、それに合同事業を解散する場合に備えた解散株主間契約などは、緊迫した交渉になり、極めて興味深いものです。

しかし、本書がこのような場面にまで契約当事者の範囲を広くとらえると、本書が株主間契約によって実現しようとしている目的は何であるかが拡散しすぎ曖昧になりかねません。本書の主たる関心は中小規模企業における、株主間契約を利用することによる中小規模企業生産活動に関与する株主たち、そのうちでも従業員株主たちにとっての法的利益に貢献することにあります。また、事実として、株主間契約の論理が最も役に立つ局面は中小企業が利害関係をもつ局面です。したがって公開会社といっても、株主間の性質が中小規模企業におけるそれと本質的に変るわけではないため、株主間契約の論点は適用可能であることのみを確認するにとどめ、公開会社については、本書では深入りしないこととします。

⑸　持分を有する構成員

上記の観点の裏側として、株主間契約の論理は、企業組織の法的性質が株式会社でなければ適用できないわけではない論理をここで指摘しておきます。この意味で持分が認められている弁護士法人、税理士法人、監査法人、司法

書士法人などの、いわゆるサムライ（士業）法人や、医療法人、事業協同組合、企業組合など中小企業協同組合法の適用がある法人、農業協同組合など農業協同組合法21条の適用がある組合、漁業協同組合など水産業協同組合法の適用がある組合等、森林組合法の適用がある組合、消費生活協同組合法の適用がある組合等、信用金庫法の適用がある信用金庫等、国税徴収法74条１項規定の会員その他の持分を有する構成員が任意に脱退することができる組織に払戻し等の請求ができる組合等の組織にも株主間契約の論理が適用できます。しかし、本書では、その全例についてまで論究する（準備はしましたが）余裕がありません。

(6)　推定被相続人と推定相続人間の株主間契約

　株式に譲渡制限がかかっている場合であって、当該株式会社の創立者とか最大株式数を保有している支配株主に近く相続が発生することが予測される場合には、相続が現実に発生した後に、会社から、当該株式保有者の拡散防止の観点から、その相続人らに対して株式売渡請求（会社法174条以下）がかけられることが予測される場合があります。そのような場合に備えて、その対象たる推定被相続人と推定相続人らの間で、相続発生前に、相続発生を停止条件とする条件付き株式売渡契約をしておくことが望ましいでしょう。特に、推定相続人が当該相続発生以前から当該会社の株式をすでに所有している場合は事前の株主間契約は重要です。

　上記の検討から、言葉使いの問題としては、「株主契約」と呼んでも大過ないのですが、本書で検討しようとする課題、特に組織再編においては、直前まで株主ではなかった者が一瞬のうちに株主となったり、いままで株主であったものが瞬時に社債権者に変貌したり、不動産所有権者に変身したりすることがあり得ます。このため、当事者を「株主対株主」に限定せず、株主になろうとする者も、株式発行会社も含めることとし、当該契約の当事者双方が株主でない場合は埒外とし、一方当事者が株主であることを必要条件とすると定義することにし、「株主契約」とは呼ばず、「株主間契約」と呼ぶことにします。成書もやはり株主間契約を厳密に定義することなく「株主間契

約」と呼んでいます（江頭憲治郎『株式会社法〔第8版〕』（有斐閣、2021年）244、245頁等、田中亘『会社法〔第3版〕』（東京大学出版会、2021年）24頁参照）。

第3章 株主間契約の会社に対する効力

1 債権契約の効力の性質

(1) 債権契約の効力の意味

「株主間契約は、単なる債権契約に過ぎない」、という言い回しをする人が実にたくさんいます。これは、債権契約であるから、法的拘束力としては相対的であり、株主間契約は株主当事者だけを拘束するものに過ぎず、会社を拘束するものではないから重要な意味はない、という意味合いを伝えたいからだと思われます。しかしこの表現は株主間契約の効力について、人をして誤解させるものです。まず株主間契約は単なる債権契約に過ぎない、という表現で、債権契約は重要性がないと強調するニュアンスがある点です。我が民法は債権法を中心として構成されていることは明らかであり、債権契約を締結した債務者が任意に債務の履行をしないときは、債権者は民事執行法その他強制執行の手続に関する法令の規定に従い直接強制、代替執行、間接強制、その他の方法による履行の強制を裁判所に請求することができると規定し、これら強制執行方法は損害賠償の請求を妨げないと規定しています（民法414条）。つまり債権契約に違反すれば、まず何らかの強制執行方法から逃れる術はないし、損害賠償請求の追及からも逃れられないでしょう。これら債権契約の効力は、株主を超えて会社にまったく、何の影響も与えないのでしょうか。

論者は、さらに、そのような強制執行とか損害賠償請求とかは債権契約の当事者間における話であって、株主と株主との契約は株主を超えて会社を義務づけることはないという意味であるというのでしょう。しかし、株主と株主との契約に過ぎない株主間契約が、会社に対し、何らの法的効果を及ぼす

ものではないという意味であるというのであれば、それは大きな誤解といわねばなりません。また、会社に対し直接に、法的効力を及ぼすことはない、というのであっても明らかに誤りです。

　まず、会社に対し、何らの（つまり、法的効力ではないという意味での）法的効果を及ぼすものではないという意味であるという場合について検討します。

　一例を挙げれば、甲会社の株式30％しか所有しない株主Aと37％を所有する株主Bとが二人だけで甲会社を牛耳る株主間契約を締結し、まずAとBだけで株主総会を開き、定款を変更して甲会社が継続して行ってきた、たとえば、医薬品卸事業を止めて、その部門はスピンオフ会社分割を用いて他会社に売却し、事後医薬部外品の大量販売小売事業のみに特化することとして他の医薬部外品同種販売事業者を吸収分割承継したとしよう。甲会社の事業内容はすっかり変わってしまいました。甲会社がこのよう事業改革をすることができた原因はAとBとが手を組んで株主間契約をしたからです。そして重要なことはスピンオフ会社分割も吸収分割もA、B間の株主間契約をしたからできたということです。つまり株主間契約は、当該契約当事者である株主が所有している株式を発行している会社に重大な影響を与える事例はこのようにいくらでも存在しているのです。

　株主間契約は株主当事者だけを拘束するものに過ぎず、会社に重要な影響を与えるものではないから重要な意味はないということを強調することにはほとんど意味はありません。株主間契約は株主を超えて会社を大きく拘束するに至る場合があることを強調することに意味があることは明瞭でしょう。

⑵　株主間契約が会社に法的効力を及ぼす事例①

　株主間契約が当該株式発行会社自体に法的効力を及ぼす事例はいろいろな局面で考えられます。たとえば、株主Aが株式総数の37％を所有し、株主Bが発行済株式総数の30％を所有しており、AとBが結束する場合には総株式の3分の2以上を両者で所有し、会社を支配することができる場合に、Aはその議決権の、特定期間内の、全部を議決権売買契約（株主名簿上の株主Aには何らの変更もないまま議決権だけを有償で売却する契約）によりBに売却し

たとします。するとＡの議決権はＢに有償で譲渡され、Ａは会社との関係では議決権を有しているがＢとの関係では議決権を有していないことになります。その結果、Ｂだけの議決権行使によってＡもＢの指示どおりの議決権行使をする義務を負いますから（議決権売買契約は代理契約ではない）、つまり表面上Ａも議決権行使することができますから、表面上はＡとＢとの議決権行使の結果によって、しかし実質上はＢだけの議決権行使によって定款が変更される（会社法466条）ことは十分ありうることです。これがＡとＢとの債権契約によって定款が変更される場合の典型例です。したがってＡとＢとの契約は定款変更を媒介して会社そのものを拘束することができたといえます。この事例をとらえて、それはＡとＢとの契約の効力ではなく定款の効力であるにすぎないと主張してみても反論にはなっていません。「ＡとＢとの契約のみによって会社に対して法的効力を及ぼした事実」は揺るがないからです。この法律関係は議決権委付契約によっても同じ結論を導くことができます。

(3) 株主間契約が会社に法的効力を及ぼす事例②

また、Ａが当該会社の発行済株式総数の66％を支配している場合に、Ａを委託者兼受益者とし株式総数の１％を支配しているＢを受託者として、Ｂと議決権信託契約を締結して、Ａの所有する株式全部をＢに信託譲渡した場合を考えてみますと、Ｂの議決権行使の結果だけによって定款が変更される場合は十分予測されます（もちろん、その必要があっての話です）。この場合の信託譲渡契約は、信託法３条１号に規定する「特定の者との間で、当該特定の者に対し財産の譲渡、……並びに当該特定の者が一定の目的に従い財産の管理又は処分及びその他の当該目的の達成のために必要な行為をすべき旨の契約」（信託法２条１項、３条１号）であり、かつ、かかる契約は、民法上四つしかない債権発生原因のうちの不法行為でもなく、不当利得でもなく、事務管理でもありません。ただ当事者間の契約だけによって債権を発生させたのですから、まさに債権契約です（民法521条、522条）。そうなれば議決権信託契約は「ＡとＢとの契約によって会社に対して法的効力を及ぼした事実」はさらに明瞭です。ＡがＢとの株主間契約としての信託契約によって当該株式の議決権がＢに信託譲渡されたが、Ａが（議決権行使権とは区別された）議

決権指示権を留保している場合には、Ａの議決権指示権に基づいてＢが定款変更議決権を行使すれば「ＡとＢとの契約によって会社に対して法的効力を及ぼした事実」はますます明瞭です。この場合株主間契約である信託契約に基づく議決権指示によってＡは直接的に当該会社を支配しているということができるではありませんか。

(4)　株主間契約が会社に法的効力を及ぼす事例③

　Ａが信託契約ではないＢとの株主間契約によって直接に会社に重要な影響を与えうる場合も想定されます。Ａが会社の株主総会における特定の議決事項につきＢと株主間契約を締結しＢはその特定議題につき反対するとの議決権行使をすることを約束したところ、実際にはＢはＡを裏切り、当該株主総会において賛成議決権行使をした結果、当該議案が総会を通過してしまったような場合です。この場合、Ｂの議決権行使と当該議案通過との間に因果関係が明瞭であるときは、ＡはＢの行為によって大きな損害を被り、Ｂはその裏切り行為によって利益を獲得し、かつ、同時に、当該議案通過の結果、当該会社関係者は当該議案が総会を通過する可能性はまったくないと予想していたし、またそのように予想することがもっともであるような事情があったのに、同議案が通過した結果、会社は今後の事業活動に重大な損害を被り回復が容易ではないというような事実関係であったとします。さすれば、この場合、当該決議は特別な利害関係を有する者が議決権行使をしたことによって、著しく不当な決議がなされたものとして、総会決議取消請求が認められることもあるでしょう（会社法831条1項3号）。かかる事例においては株主間契約が契約当事者ではない当該株式会社に甚大な影響を与えていると言ってよいはずです。

(5)　株主間契約が会社に法的効力を及ぼす事例④

　さらに論者は、債権契約である株主間契約が、会社に甚大な「影響を与えた」か否かではなく、会社は契約当事者ではないから会社に法的拘束力を及ぼすことはないと主張しているのであるというかもしれません。しかし、株主間契約が契約当事者ではない会社に直接法的効力を及ぼす場合があり得ま

す。

　事例を挙げてみます。甲株式会社において、3か月後に迫った次期株主総会にSが取締役に選出されるかどうかで会社の命運が決せられるような瀬戸際にさしかかっていたとし、Sを次期株主総会で当該会社の取締役に選任議決をすることに賛成する株主の数と反対する株主の数とは、たとえば、Aが賛成しても、賛成する者49票、反対する者49票と拮抗しており、両者とも2票をもつBの議決権をぜひとも必要とする関係があったとします。その結果、株主Aと株主Bとの間で株主Bは次期株主総会において必ずSを取締役に選出することに賛成議決権行使をするとAに約束しAはこれを信じ、その旨の合意書がAB間で作成されたものとします。当該会社甲はAからこの契約締結を通知され、Sが次期株主総会で取締役に選出されることを前提として、会社甲の資金を投入するY事業をSをY事業担当取締役として推進すべく、外部業者と事業協力契約を締結し、全力を挙げてY事業の実施準備にかかったとします。ところが次期株主総会の1か月前になり、Bは当該会社甲のY事業に反対している別の事業者Xから賄賂を受け取る約束をしてしまい、甘言に乗ぜられて、自分は甲会社がY事業を推進することには反対だ、Y事業はX事業者が推進したほうが望ましいと考えを変え、自分は次期総会にはS選出には賛成票を入れない、反対票を入れるとの意思を固め、その考えを外部に漏らしてしまったとします。

　これを株主総会開催期日の1か月前に漏れ聞いて真っ青になったAは弁護士に泣きつき、なんとかBに次期株主総会で自分との契約に従って、Sを選出に賛成すると議決権行使させることはできないかと打診し、その法的手続を依頼しました。弁護士は関係する合意書等を証拠として蒐集し、A株主から詳細な事実関係についての陳述を聴いて陳述書を作成したうえ裁判所に対し意思表示を求める仮地位仮処分命令の申立てをしたとします。裁判所は、上記契約書と陳述書の証拠調べのほかに債権者審尋を実行したうえ3週間余で債権者申立てになる、株主Aを債権者とし、株主Bを債務者として、Bに対し次期株主総会において、Sを取締役に選出するとの議題に賛成議決権行使をするとの意思表示をするよう命ずる仮地位仮処分命令を発しました。同命令書は直ちに債権者に送達されたうえ、当該会社甲の次期株主総会の開会

宣言に間に合って同議長にも送達され、同議長は株主Bに対する裁判所の同命令が発せられたことを総会に報告し、よって当株主総会において甲を取締役に選出するとの議題はBの2票を加算し、賛成51反対49、よって賛成多数により議決された旨を宣言したのです。

　つまり裁判所が同命令書を発した時点で仮処分命令の債務名義は成立し、その時点において株主Bは株主総会において、つまり会社甲に対して意思表示したと擬制されたのです。これを満足的仮処分と呼んでいます（民法414条1項、民事保全法52条、民事執行法177条1項）。意思表示は法律上の擬制ですが、法律上、株主Bは会社に向かって議決に賛成するとの意思表示をしたことになります。したがって、上記株主Aと株主Bとの株主間契約という債権契約の効力によって株主Bは、法律上会社甲に対し、S選出に賛成と意思表示したのです。つまり、株主間契約によって契約当事者ではない会社に対して直接に当該契約の法的効力が及んでいるといえるのです。

⑹　株主間契約が会社に法的効力を及ぼす事例⑤

　次いで、事実関係は上記と若干異なり、次の事実が認定できたとします。

　甲株式会社において、3か月後に迫った次期株主総会にY事業の実現に必須の技術を有するSが取締役に選出されるかどうかで会社の命運が決せられるような瀬戸際にさしかかっていたとし、Sを次期株主総会で当該会社の取締役に選任議決をすることに賛成する株主の票数はAが所持する1票を入れても49票であり、反対する株主の数は49票と同数の見込みで、両者とも2票を持つBの議決権行使の行く末に注目が集まっていたとします。

　株主Aは社長との手前S選出に賛成票を入れるようなことを口外していましたが、腹の中ではSが嫌いでS選出に賛成票を入れる気はなかったとします。人の良いBは他の株主たちがいる前で自分もSの技術力を評価しているからSに賛成票を入れると話していました。甲会社の代表取締役QはAからこの話を聞いて、Aの親友であるBは結局最終段階では次期株主総会でSの肩を持つだろうと信じ、甲会社の資金を投入してSを取締役担当部長としてY事業を推進すべく、外部の事業者とも契約して全力を挙げてY事業にとりかかったとします。

　ところがＡは、甲会社と利害相反する乙会社の代表取締役であり大株主でもあり大学時代からの友人でもあったＣから、「甲会社がＹ事業を遂行するときは当社は重大な打撃を受け二度と立ち上がれないかもしれない。Ｓに反対票を入れてくれ。Ｂを説得してＢに反対票をいれるよう説得してくれ。そうしてくれればＡが仮に甲会社から解雇されることがあっても乙の役付きポストを約束するし、Ｂには乙会社の次期株主総会で取締役常務の地位に選任されることを約束する。この約束は書面にしてＢに渡してもよい」と口説かれました。Ａは長年甲会社で冷や飯を食わされてきた悲哀があったから自分にも幸運が巡ってくるのかと思ったものの、役付きポストの約束が役付きというだけでどういうポストか明示されておらずいまいち明瞭な約束ではなかったし、個人的に甲会社に借財があり、簡単には甲会社を辞めるわけにはいかないと考え、Ｂに対して、甲の社長Ｑに対する関係上自分は甲の次期総会にはＳ選出には賛成票を入れざるを得ないが、Ｂはどうするかと打診しました。

　これに対しＢは、甲会社の長年にわたる処遇の冷たさに対する怨みつらみが一度に噴出し、Ａに感謝して咽び泣き、「自分は思い切って踏み切る、反対票を入れると約束する。その後自分は甲会社を辞任し直ちに乙会社に入社したい、しかし自分は甲社に戻れなくなるから、Ａの手助が頼りだ、乙会社での次期株主総会で取締役常務の地位に選任されることを手助けすると約束してくれ」と頼みました。実のところ、Ａとしては乙会社の社長Ｃとの友好関係は維持しておきたいから、Ｂが反対議決権行使をしてくれなければ困るし、Ｂが乙会社で取締役常務の地位に就任できれば将来自分が甲会社を辞めざるを得なくなるようなときには意味をもつはずだから、この際Ｂが甲の次期株主総会においてＢが反対議決権行使を必ずするとの堅い約束をさせておいたほうが得策だと考えたのです。そこでＡとＢとの間で、ＡはＢに対し、Ａが甲の次期株主総会においてＳ取締役選出議案につき１票を賛成投票すること、ＢはＡに対し、Ｂは甲の次期株主総会においてＳ取締役選出議案につき２票の反対議決権行使を必ずすることを約束し、かつＡはＢに対し、Ｂが乙会社での次期株主総会で取締役の地位に選任されることを乙社長Ｃに根回しするなど手助けするとの約束を骨子とし、この約束は相互に厳重に秘匿す

る、この約束に違反して当該秘密を外部に漏らした当事者は相手方に違約金
１億円を支払わなければならないとする違約金付きの議決権拘束株主間契約
を成立させました。

　甲の株主総会が開催され、Ｓを取締役に選出するとの議案につき、Ａは１
票を賛成側に投じ、ＢはＡとの約束を守り、２票を反対側に投じました。議
長は賛成49票、反対51票により、Ｓを取締役に選出するとの議案は否決され
たと宣しました。

　この結果に驚愕した甲会社の取締役Ｑは、話が違うではないかとＡとＢを
問い詰めたところ、Ａは「自分は１票とはいえ賛成票を入れたのだから社長
に叱責されるいわれはない」と開き直りました。そしてＢは「今日をもって
会社を辞めさせてもらう」と啖呵を切り、会社を出て行ってしまいました。

　甲会社はＹ事業の推進を当面停止せざるを得なくなり、甲会社の事業上の
損害は大きくなりました。取締役のＱはただちに弁護士と協議しました。甲
会社と乙会社はＹ事業の推進をめぐって激烈な競争関係にあったこと、その
一番の焦点がＳ技術者をどちらが抱え込むかであったこと、Ｓの取り込み反
対に回ったＢが甲会社を辞任した直後に乙会社に入っていること、この三つ
の事実を合わせれば、舞台裏で進行した真相は弁護士にとってはかなり明瞭
でした。

　同弁護士は、総会決議の日から３か月以内に、株主であるＱが原告となり、
甲会社を被告とし、被告甲会社の株主総会決議の取消しを求める訴訟を提起
しました。請求原因として、Ｓを取締役に選出す議案につき、Ｂ株主が甲会
社の事業上の競争相手である乙社からＡを通じて利益を受ける約束を得て、
株主Ａとの間で議決権拘束株主間契約を締結したうえ、当該契約を墨守して
甲会社を裏切り、同議案に賛成議決権行使をせず、反対議決権行使をしたこ
とは、同株主総会の決議について特別の利害関係を有することとなったＢが反
対議決権行使をしたことによって、著しく不当な決議がされたものである、
として被告甲会社の株主総会決議の取消しを求める会社法831条１項３号、
834条17号に基づく訴訟を提起したのです。

　裁判所は、Ｂが甲会社と利害の反する乙社から乙社の重役の地位の提供を
受け取る約束の下に、Ａとの株主間契約を遵守してＳ取締役選出議案に反対

議決権行使をしたことを重視して、総会決議について特別の利害関係を有する B が議決権を行使したことによって著しく不当な決議がなされた、よって、甲会社の S 取締役選出議案を否決する株主総会決議を取り消すとの原告勝訴の判決を下しました。

(7)　株主間契約と株主総会決議取消訴訟

注目すべき点は、株主総会決議取消訴訟の請求原因は会社法831条1項1号・2号に規定される「定款違反」に限定されているわけではない点です。同項3号には「特別の利害関係を有する者が議決権を行使したことによって、著しく不当な決議がなされたとき」が規定されている事実です。上記3号の解釈にあたり特に注意を喚起したい重要な点は、会社法は、同条項において、他の株主との議決権行使に関する約束を守ったか否かにかかわらず、「決議について特別の利害関係を有する者が議決権を行使したこと」を株主総会決議取消の請求原因に無媒介に結び付けている点です。つまり、議決権行使が株主総会決議取消しに直結しているという事実です。したがって、単なる債権契約において、その契約の効力は債権者と債務者との間に留まるのではなく、直接、第三者である会社を拘束しているといえるのです。

議決権拘束契約の効力は、当該相手株主 B のその議決権行使の仕方をどうすべきかについて株主 A が当該契約相手 B を拘束する契約です。そうであるに過ぎないのに、上記(6)の事実関係に即していえば、株主 B が、株主 A との約束を破り約束とは違う「議決権行使をした」場合であっても、約束どおりの「議決権行使をした」場合であろうと、論理上、結果としての当該決議の内容が「著しく不当な決議がされた」ことになる場合を排除できないこととなります。したがって株主 B の議決権行使が、その結果、実現した株主総会決議を取り消すべき理由となる場合がありうることになるのです。このように、当事者間の債権契約が第三者である会社に法的効力を及ぼすことがありうるのです。

B 株主が甲会社の事業上の競争相手から違法な利益の提供を受け取る約束をした、その結果 A 株主との株主間契約を遵守して S 選出議案に反対議決権行使をし、その結果同株主総会の決議結果について特別の利害関係を有する

Bが甲会社に対し重大な損害を与え、したがって著しく不当な決議がされたのです。結論として、AとBとの株主間契約が株主総会決議の取消原因として直接に会社に対し法律上の効力を及ぼすことがありうるのです（上記(6)の事例は会社法831条1項3号該当事例ですが、私は、チッソ株主総会決議取消訴訟を提起し、総会に参集した株主に議決権行使の機会を与える措置をとらず、株主の修正動議を無視した決議は、その方法において著しく不公正である（同項1号該当事例）と原告として訴えを提起し、決議取消訴訟に勝訴した経験があります（大阪地裁昭和49年3月28日判決・判例時報736号20頁。二審・大阪高裁昭和54年9月27日判決・判例時報945号23頁で控訴棄却、最高裁昭和58年6月7日判決・民集37巻5号517頁で上告棄却・確定)。

(8)　株式の構造

　このような法的現象は、株主間契約には個人対個人間、あるいは、法人対法人間の株主間契約以外の債権契約とは異なる本質的な違いがあることを示唆しているといえます。個人対個人間であれ法人対法人であれ、およそ株主間契約に登場する株主は、裸の個人対裸の個人間の契約関係に登場する個人ではないのであり、裸の法人対裸の法人間の契約関係に登場する法人ではないのです。この法的主体たる株主は根源的に会社との関係においてのみ存在する主体であり、会社が存在しないところには株主もまた存在し得ない、相互依存関係においてのみ存在しているのです。

　株式の構造あるいはその性質を最も明瞭に示しているのが「株主総会における株主議決権」です（会社法105条1項3号）。法はこの条文によって、株主の議決権を行使する場所を「株主総会」と限定しており、それ以外の場所で議決権が行使されることを一切予定していません。そして株主総会とは、会社法に規定されている事項および株式会社の組織、運営、管理その他株式会社に関する一切の事項について決議をすることができる場です（同法295条1項）。その決議可能事項の範囲は①「株式会社に関する一切の事項」に及び、定款記載事項に限定されるわけでもなく、ほぼ無限定です。②ただ取締役会設置会社においては、株主総会は会社法に規定されている事項および定款に定めた事項に限り決議することができる（同条2項）と規定され一見

法定事項と定款規定事項に限定されているかにみえますが、他方、定款に規定できる事項の範囲は、「この法律の規定に違反しないもの」（同法29条）を包括的に包含しているのですから著しく広範です。このため結局、取締役会非設置会社においても取締役会設置会社においても、株主総会において議決できる事項は、当該会社に関する事項であれば、ほとんど制約がないといってよいのです。つまり株主議決権は当該会社の法的意思と法的行為ないし法的不作為を決定し、会社の命運を決する権限を有しています。他方、議決権拘束株主間契約は、民法上の契約によって当該契約の他方当事者である株主の意思と行動を左右することを目的とするものであって、当然当該契約の他方当事者である株主の属する当該会社の機関である株主総会における行動、議決権行使のあり方をも左右するものです。より具体的には、上記(6)の事例では、株主Bは株主Aに対し、「あなたと合意した内容を、あなたと合意した方法に従い、私の属する会社の株主総会の場で、私の属する会社に向って議決権行使することを約束します」という約束でした。したがって、意思表示を求める債権契約である株主間契約は、株主総会の帰属する会社それ自体の意思の形成および作為不作為のあり方を無媒介に法的に決定するのです。

このことは、表現を変えて言えば、株主総会における議決権行使によって、株式の根っこである会社の資本が議決権の変動に従って変動しているからなのです。株主間契約が債権契約でありながら株式会社そのものの変動の原因人になりうる理由は、株主間契約によって株式の根っこの部分である会社の資本が株主間契約に従って変動するからなのです。

(9) 会社法の規定と株主間契約の会社への効力

株主は株主として生まれて以降株主でなくなるまで株主権をもちます。この株主権は剰余金配当請求権においては会社に配当を請求できる権利であり、残余財産分配請求権は会社に対し残余財産の分配を請求できる権利であり、株主総会における議決権は株主総会という会社の機関において議決という会社に対して意思表示をなす権利です。会社法は、308条で株式一個につきと一個の議決権を有することを定め、309条では議決権の数によっていかなる決議が議決されることとなるかを詳細に規定しています。308条と309条は、

会社はかかる議決権の数の多寡によって株主たちから、これこれは行ってよいが、これこれの数に達しない場合は当該特定の行為をしてはいけないと、会社の行動と運命とは決定づけられると規定しています。これら規定は、株式の会社に対する権利は会社自体の意思と行動を決定する議決権を含むことを明瞭に示しています。したがって、会社の意思を決定する権限を内包する株式を有するA株主と、同じ会社の意思を決定する権限を内包する株式を有する株主BとがBの会社に対する議決権行使の方法について契約することが債権契約として法的に容認される（議決権拘束株主間契約）以上、AとBとの債権契約の効力によってAが直接にBの属する会社の意思決定に関与することができるのです。

会社法308条と309条の規定は、少数株主同士が結束して多数派株主に転移する場合があることを含意しています。契約構成主体が共に法的利益を共通にする同一の株式会社の構成員であるという、利益共通的擬制的共同社会の構成員同士との間の契約であることです。およそ単一の株式会社が同一の法的性質をもつ単位としての株式を多数発行しており、それら株式を個別株主の経済的出資出捐行為によって所持されている関係がある場合に、それら個別株主間において共通の目的をもって株主が結束して共通の利益を追求すべく意思を共通にして行動するとき、それら結束する株主らの意思的行動によって、他の株主に影響を与え、あるいは他の株主から影響を受けるが、それら株主が所有する同一の性質をもつ株式を発行している会社自体に対しては、一切法的影響を与えないと考えること自体、不自然でもあり不当でもあるというべきでしょう。

⑽ 債権の効力、強制執行との関係

論者は、意思表示の強制執行を可能とする条文が、民事執行法の中だけではなく、民法の債権の効力を定める規定中にも存在している事実（民法414条）を軽視しているというべきではないでしょうか。

債権契約が法律上の契約である以上、裁判所に訴え出れば裁判所は債権のもつ法的効力を軽んずる者に、約束を守れと命じます（民法414条、415条）。当該債権の発生原因が株主間契約にすぎないから会社に対しては法的拘束力

はないと申し立てても、裁判所が抗弁として扱う見込みはないことは現在までの判例の変遷を見れば、今や確実です。

　東京高裁令和2年1月22日判決（判例時報2470号84頁。株主総会において取締役選任議案に賛成の意思表示を求める事件）は次のように判示しています。「株主間契約をめぐる法的状況の十分な知識とこれに基づく会社経営の企画力がある株式会社間で締結された株主間契約であって、契約当事者の保有する株式の合計が発行済株式総数の全部又は大半を占め、内容が具体的で違反の有無を判断しやすく、方針や意図が明確な合意ほど、法的効力を発生させる意思の下に契約当事者が合意したという事実を推認しやすいことになる。その内容、方針、意図から法的効力を発生させる意思が明確に認定できる株主間契約については、契約に沿った議決権行使の履行を強制する内容の裁判（判決・仮処分命令）をすることが可能であり、契約に沿わない議決権行使により成立した株主総会議決について、定款違反があった場合に準じて、株主総会議決取消の判決をすることも可能であると考えられる」。それが金銭給付請求訴訟であれば仮執行宣言が付せられるであろうし、作為または不作為を目的とする債務が判決で確定すれば執行裁判所は代替執行を命じ、代替執行ができない場合であれば間接強制命令が発せられ（民事執行法171条、172条。なお、謝罪広告請求事件最高裁昭和31年7月4日判決・民集10巻7号785頁の田中耕太郎裁判官の補足意見参照）、意思表示給付請求訴訟であれば判決確定をもって意思表示が擬制されることになります（同法117条）。意思表示を求める仮地位仮処分による場合は同様に仮処分決定の成立によって意思表示が擬制されるのです。なぜなら、それが債権の効力だからです。この問題は株主間契約の履行の強制に関わる重要な問題ですから、下記の履行強制の箇所で詳説します。

2　株主間契約の特性

(1)　株主間契約の目的

　民法の「債権契約」は金銭請求権を発生させるだけではありません。つまり「金銭に見積もることができないものであっても、その目的とすることができる」のです（民法399条）。特定物の引渡しを請求する債権や、コメ、水、株式など種類のみを特定した要物契約たる消費貸借債権（同法587条）がありますし、選択する範囲だけを特定した債権（同法406条）、特定の作為または不作為を請求する債権は、たとえば、肖像画を描くことを求めるもの、一定範囲の土地に入らないこと、一定の範囲内の土地内で一定音量以上の音量を立てないよう不作為をもとめるものなど、その範囲は極めて広いのです。

　論者が、株主間契約は相手方の株主を拘束する法的効力はあるけれど、相手の株主が約束を破り約束と違う議決権行使をしたとしても、その議決権行使は違法になるわけではない、したがって株主間契約は相対的効力があるだけだ、との指摘をよく見かけます。しかし、なぜ、そのようなことを強調するのでしょうか。そのような強調に特に意味があるとは思えません。逆に、債権契約であっても、損害賠償請求の根拠となり強制執行や仮処分執行の根拠となることを強調することにこそ意味があるというべきではないでしょうか。

(2)　債権契約における訴訟・強制執行

　債権契約とは、物の所有権とか担保権などの物権に関する担保設定契約などの物権契約とは異なり、ある特定の人（または法人）と別の特定の人（または法人）との契約であって、ある特定の人が別の特定の人にある行為をさせる作為請求権または不作為請求権を取得する契約類型を包含しています。従業員が会社の株式をその額面額で取得し、その際会社との間で、同人の退職に際し同株式を額面額で取締役会の指定する者に譲渡する旨の合意は有効であるとされます（最高裁平成7年4月25日判決・集民175号91頁）が、その法

的効力はその契約当事者間だけに留まり、第三者には及びません。このこと
から契約の当事者である株主と株主が、契約当事者間以外の者を取締役に選
出すると契約し合ったとして、現にその契約に従い、株主総会において同契
約に従った議決権行使をしたが、その結果、その特定の者を取締役に選任す
ることができなかったとしても、それだけでは、特段契約違反になるとこと
はありません。

　ところが同じ株主である一方当事者が約束に違反して契約で約束した内容
とは違う議決権行使をしたとすれば、その特定の者が取締役に選出されたか
否かとを問わず、契約違反に問うことができます。ただこの場合は、損害が
発生していない場合がほとんどでしょうから、損害賠償請求訴訟の提起は無
理であろうし、特段契約違反を問擬する実益がない場合がほとんどでしょう。
しかし、株主総会の開催前に契約の当事者が裏切り、その契約で約束したと
おりには議決権行使をしないことが判明したときは、他方当事者はその違約
をすることが判明している相手方を被告として契約を守れという訴訟（給付
訴訟、または、特殊な場合には、契約を守る義務があるとの確認訴訟）を提起す
ることが許されます。さらに進んで、原告が勝訴したときは、その株主間契
約の効力による勝訴判決の強制執行は可能だとして、その強制執行はどのよ
うな方法によるべきか、あるいは、その勝訴判決前に仮処分が可能ではな
かったかなど法的問題が発生することになります（株主間契約の履行強制（第
二編第二部）の箇所で後述する）。

(3)　株主間契約は有償双務契約とは限らない

　ここで、有償契約について簡単に触れておきます。有償とは、契約の一方
当事者の相手方に対する約束に対して、相手方が当該一方当事者に対し対価
を交付する約束をしている、という意味です。対価とは法的拘束力をもつと
評価できるに足る確かさをもった相手方の約束をいうのであって、金銭ない
し金銭の支払約束とは限りません。約束の履行として交付される財物は一定
の資産であったり、一定の行為であったり、一定の不作為であったりするこ
ともあります。双務とは当事者双方が相手方に相互に法的義務の履行を要求
できる権利義務関係があるという意味です。売買はその典型です。そうでな

い契約を片務契約といいます。その典型例は贈与です。株主間契約は双務契約が通常でしょうが、片務契約であるものはまったくないとまでは言い切れないでしょう。相手方に一方的に法的義務を負う場合がないわけではないと考えられるからです。

　しかし、世の中にある契約のほとんどが、有償双務契約であり、有償双務契約のほとんどが法律上の強制執行が可能となる債務名義を取得する根拠となり得ます。債務名義とは、強制執行法上の名称で、裁判所による確定判決とか仮執行宣言付き判決とか、執行受忍文言が付された公正証書（執行証書ともいう。民事執行法22条5号）などのことで、強制執行権限を表章する法律上の根拠を意味しています。株主間契約は通常有償双務であり、したがって債務名義を取得する根拠となりうる契約です。

　しかし、逆からみて、強制執行が可能な株主間契約は有償双務契約である、といいうるかといえば、そのように限定しなくてもよいでしょう。取締役の業務内容を拘束する株主間契約には、少なくとも直接の双務性がない場合があるからです。たとえば、株主の全員が、株主ではない特定の者を取締役に選任すること（会社331条2項）に同意している場合には、全員が対抗的双務関係にあるわけではなく、全員が同一方向に向いている契約ですから、合同契約というべきであり、双務契約とはいえないからです。このように株主の全員が同意している株主間契約も債務名義を取得することができる根拠となりうるし、したがって強制執行が可能です。

　上記のように、株主間契約はすべて有償双務契約でなければならないわけではありません。相対する株主間において一方の株主が相手方株主に対して一方的に法的負担を引き受けることとなる契約を株主間契約の範囲から排除すべきではないと考えるからです。組織再編行為のうち金銭を使用しない形のスプリットオフや、金銭を対価としない、ある種のスクイズアウトをしようとするときには、特定の株主からの反対給付を期待しないで自己の有する株主権を当該株式発行会社に対して権利放棄することによって実現することがありうるからです（拙稿『会社分割をきわめる』（民事法研究会、2020年）243頁、256頁）。

3　株主全員の同意

(1)　全員の同意

㋐　株主全員合意の効力

　全株主（種類株式の場合は当該種類株式の株主全員。ただし黄金株式の場合は一株式だけで黄金株導入の目的が達成できるので全員合意を論ずる実益がない）が同一の株主間契約の契約当事者として締結している場合には、当該契約の効力は、公序良俗に反することがない限り、定款以上の法的拘束力があると考えてよいはずです。会社設立段階における定款変更には株主全員の同意を要する（会社法26条、32条、33条9項）が、それ以降の時点における定款変更には特別決議をもってすれば可能である（同法466条）からです。当該株主間契約において同意の対象とされた事項が法律上定款に定めることが許容されている事項であるか、あるいは株主総会において議決することが容認されている事項である場合には、当該事項に全株主が同意している株主間契約は定款と同様の法的効力、ないしそれ以上の効力を有すると考えてよいでしょう。したがって、当該全株主同意事項は全株主を拘束すると考えてよいし、さらに、会社自体をも拘束すると考えてよいはずです。しかしこのテーゼは会社財産の処分行為にも妥当すると考えてもよいのでしょうか。

㋑　取締役報酬等についての株主全員合意の効力

　会社法上、取締役の報酬、賞与その他取締役が職務執行の対価として株式会社から受け取る財産上の利益（役員退職金を含む）は定款に規定することを第一義とし、その定めがない場合には株主総会において議決することが要求されています（361条）。取締役同士のお手盛りによって会社財産が取締役のために自由に処分されることを防遏する必要があるからでしょう。だとすれば、取締役職務対価の支出には株主全員の同意を要するとする株主間契約には会社法361条の定款と同等以上の効力があるとするか、株主総会議決以上の株主意思の合致があるとみなすことに異論はないでしょう。しかし、もし当該会社においては従来から発行済株式の99％以上を実質上保有する代

表取締役Ｘが決裁することによって株主総会の議決に代えてきたという慣行が事実として認定できる事例において、退職取締役ＹがＸに退職慰労金の支払を催告したところ約10日後に当該会社から退職慰労金額相当額の送金がなされたという事実関係のもとにおいては、退職慰労金請求権が発生していたとみなしてよいでしょうか（Ｙには不当利得返還義務はないとしてよいか）（最高裁平成21年12月18日第二小法廷判決・集民232号803頁参照）。

　これに対する回答としては、会社法361条について、定款や株主総会議決という会社法が規定する法的儀式を通過することが強行規定体系である会社法としては重視すべきであると考えるか、会社財産を処分する実質上の権限を有する者による処分であるといえるかが重要であると解するかによって回答は異なるでしょう。私は後者を採ります。会社法361条は会社財産の処分を許容できるのは十全の財産処分権限を観念できるか否かという原則に立つ規定であろうし、この事例の場合、この原則を少しも踏み外してはいないからです。ただ一定の形式に一定の会社財産の処分の実質が伴うのが通常であるという日常的平安の前提に立って立法化されているだけであって、特定の形式にだけ一定の実質が伴うのであると断定しているわけではないからです。

(ウ)　取締役選任についての株主間契約の効力

　取締役の選任について、株主総会決議によらないで当該全株主間契約によって取締役を指名することも許されてよいでしょう。全株主が当事者となって株主総会において議決すべき事項を定めている議決権契約である場合には、総会決議が当該議決権契約内容に違反するときは株主総会決議無効の確認を求める訴訟の提起が可能です。また、決議の無効も主張できます。このような考え方は、中小規模企業の少数株主にとって有意義な武器になるでしょう。特に、拒否権行使として有効に作用します。

(エ)　株主間契約の利害関係のある第三者への効力

　全株主同意の効力が定款を上回り株主総会議決を上回ると考えられる局面は会社内部の事項に限られ、利害関係ある第三者との関係で適用があるとはまず考えられません。

(オ)　全株主合意が争われる場合

　裁判実務上、全株主合意の効力が争われる可能性がある事例では、全株主

合意の効力が論理として争われるのではなく、全株主の同意があると事実認定できるだけの間接事実が認められるかといった事例が最も多いでしょう。全株主の同意があることを証する書面自体が存在しないとか、存在はするが他事記載が甚だしく意味がつかみにくいなどの、事実認定にかかわる場合です。一般に中小企業が訴訟で争う事例の多くが、法的な理論や解釈が問題になる事例ではなく、契約の成立、変更、消滅にかかわる証拠の存否か、証拠書類の解釈が問題になる事例が多いからです。

(2) 事実認定の困難さ

株主全員の同意が認定できる場合、一人会社の理論で割り切る理論建ては正鵠を得たものでしょう。が、訴訟で、合意の存否ないし効力が争われる事例では、中小企業であっても、法人税法上の同族会社であって、名義株（名義だけであるとの合意が両者間にある場合）とか瞞着株（株主権は相手方に譲渡したと相手方を騙し、その実株主名簿を変更しないままにしている株）、それに借株などを利用して当該会社の株式全部を掻き集め特定の一人だけが「親分」として所有ないし支配している場合もかなりあるでしょう。このため、この種訴訟では事実認定をめぐる争点は複雑に分岐し、法的争点も詐害行為（あるいは会社分割との関係では会社法764条4項）、法人格否認の法理など、かなり複雑な法律問題が発生することが多いのです(最高裁昭和47年3月9日判決・集民事105号269頁参照)。したがって、全株主が同意している事例であるといっても、すべての事例で、法的論点がスッキリしているというわけではない点は注意が必要です。

4 株主間契約と定款

(1) 定款との比較

会社法上の団体法的意思決定の仕組みは、まず、会社法に定められています。株主総会決議、取締役会決議にみられるように法定された多数の株主と、

法定された数の取締役が、原則として、特定の一カ所に同時に集まって討議を重ね、多数者の意思を集約して各参加者の個別の意思をいわば蒸留した団体意思なるものを擬制的、観念的に形成する仕組みです。個々別々の株主の意思を団体全体、つまり会社の意思に擬制し転化するための技法は、まず、すべての会社に適用される会社法に根本規定があり、次いで、個別の会社に適用すべき個別の基準は各社の定款です。定款はまず株式会社の設立段階で発起人が定款を作成し、発起人全員がその定款に署名しまたは記名捺印をしなければなりません。設立時定款には会社の目的、商号、本店所在地、出資される財産の価額、発起人の氏名、名称および住所など会社の骨格になる事項が記載されます（会社法26条、27条）。これらの事項が記載された定款は登記され（同法911条3項）、会社の株主および債権者は誰でもその内容を閲覧請求することができます（同法31条2項）。定款の作成方法はこのように厳重です。作成後も内容を変更することが認められています（同法466条）が、そのためには総株主の議決権の過半数を有する株主が出席し、出席した株主の3分の2以上の賛成がなければなりません（同法309条2項）から、その変更は容易ではありません。定款に比較し、株主間契約はその内容の柔軟性に加えて簡易、軽便で契約当事者の合意さえあれば何の手続も必要がなく作成でき、かつ内容を変更することができますから、使いやすいという特徴が指摘できます。

(2)　定款類似の株主間契約

(ア)　定款と株主間契約の異同

　定款は、いわば会社の憲法であり、株主と会社機関と会社自体を拘束します。これに比し、株主間契約は一次的には株主同士を拘束するに過ぎませんが、会社法全体の中に置かれた株主間契約は株主を拘束するだけではなく会社自体を拘束する場合があり定款類似の働きをしますから、定款と株主間契約の関係は本書の一貫しての重要なテーマに位置づけられることになります。

　定款の作成にも定款の変更にも株主総会の法的儀式を通過する必要があり、そのために履践すべき手続は厳重であり、これを実際に遂行するには、かなりのコストを要するのが通常です。これに対し株主間契約の締結は、株主の

意見を集約するための履践すべき手続や形式があるわけではありません。株主間契約は、何らかの外部的強制があって締結されるものではなく、成立のために特別な儀式を要するわけではなく、特別に費用を要するわけでもありません。契約当事者が特定の目的があって自ら進んで締結するものですから、自己の利益を実現するための手段として締結されるという特性があります。

このような特質から株主間契約が利用される局面やその適用範囲は極めて広範囲に及ぶことになり、公開会社相互間の長期にわたる企業結合や比較的短期間を予定するにすぎない合弁企業において利用されることもあり、他方では非公開会社の特定事業遂行を目的とする企業連合や同族会社、非公開会社や小規模会社内部における会社支配権の掌握をめぐる株主連合にも利用されることもあります。

㈠　定款に記載することの意味

定款記載事項には、定款に記載されなければならい株式会社の設立に必要な絶対的記載事項のほか、定款に記載しない限り効力がない相対的記載事項、定款に記載しなくとも効力があるが、ただ明確化のために記載する任意的記載事項に区別されます。

重要なことは、次のような点です。

① 任意的記載事項であっても、あるいは、定款に記載しても何の効力もない無益的記載事項であっても、定款に記載した以上は、定款変更の手続（会社法466条）を執らない限り変更はできないこと、それに、

② 株主総会の決議の内容が定款に違反したことが株主総会決議の取消しの訴えを提起できる原因とされていることです（会社法831条1項2号）。

このことを梃子として、剰余金分配の計算方法とか、重大な投資に踏み切るか否かを決定する株主総会議決のための特別な議決に必要な定足数要件の加重や、特別な役員を選任するための株主総会議決に必要な定足数要件の加重など議決権加重案件について、会社にとって重要案件であることから、それらの議決のためには総株主の3分の2以上の賛成を要すると記載して、定款の任意的定款記載事項のうちに含めることが考えられます。しかし、

③ これらの事項は、定款記載が必須の要件ではありませんから、定款に

記載しなくとも、総株主の３分の２以上の同意を得た株主間契約で同じ効用を実現する方法が考えられます。そうである以上、将来ある事項を議決するに必要な賛成者の割合を変更しておきたいときなど、定款変更手続をとる必要がないだけでも株主間契約のほうが便利です。ただし、この種の議論が受け容れられるためには、当該契約締結後に契約参加した株主がまったくか、ほとんど変更していない場合に限られるでしょう。

④　加えて、定款に記載した場合には、定款記載事項に違反した株主総会決議が行われた場合に、その効力を否定するためには、定款違反を理由とした株主総会決議取消訴訟を提起する方法によらねばならなりません（会社法831条１項２号）。しかし、株主総会決議取消訴訟を提起し勝訴するには、一般的には、他の訴訟類型に比較し立証に必要な証拠書類等の入手に手間取り、あるいは法廷証言による立証では極めて困難な事例が多いため、実に大変な時間と労力を使わねばなりませんから、株主総会決議取消訴訟提起の方法は、軽々に薦められる方法ではありません。

(3) 公　開

それ以外にも、定款に記載してもよいし、株主間契約で済ませられる事項も数多くあります。このように定款と株主間契約が投下エネルギー総量において等価の場合、いずれを選好すべきでしょうか。

現行法上、絶対的記載事項であれ、相対的記載事項であれ、任意的記載事項であれ、定款の変更は総株主の議決権の過半数を有する株主が出席して、出席した株主の議決権の３分の２以上の賛成によって議決する（会社法309条３項11号）定めですから、上場会社の場合であれ非上場会社の場合であっても、株主の立場からすると、総会議決より株主間契約によるほうが負担は少ないといえるでしょう。

株主総会決議よりは、株主間契約によるほうがはるかに負担が少ないことが明瞭だといえる場合があります。登記をしなければならないときです。株主間契約はいかなる場合においても登記する必要はありません。外部に公開する必要はないからです。

種類株式を発行しなければならない場合は登記しなければならない（会社

法911条3項7号）ことが典型でしょう。加えて、それら登記事項の変更がある場合にも変更を登記しなければなりません（同法915条1項）。種類株式の登記には登記に伴う登記法定費用のほかに、司法書士の種類株式設計コストが必要です。これら費用の問題とは別に、種類株式の種類の性質が登記を通して外部に公開されることによる社会的コストの問題があります。

　ここで社会的コストというのは、社会に知らせる必要性があるとは必ずしもいえないのに、重要な会社支配の仕組みや内部情報が外部に公開され一般社会に広く知られることによる社会的負担のことです。この負担は予想以上に大きい場合があります。「非公開会社」が種類株式の登記をしなければならない場合に登記によって「外部に公開」しなければならないとは、ほとんど冗談のように思えます。公開会社の場合は種類株式の内容は株式の性質にかかわる事項であるから当然外部に公表すべき重要情報というべく、余分のコストとはいえないのですが、中小規模の非公開社の場合は、種類株式にかかわる登記情報は内部的な会社支配の仕組みにかかわるにすぎないのですから、本来外部に知られたくない事項です。種類株式の登記があるばかりに、会社内部に内紛があるのではないかと疑いをかけられやすくなることもあります。特に、部外者には知られたくない性質が強い事項、たとえば、誰が議決権をいくつもっているかとか、剰余金についての配当額の決定方法などは、種類株式（会社法108条2項1号）によらないで属人株によることになるでしょう。属人株（同法109条2項）が選好される理由も登記手続が不要とされていることにあります（同条3項では、第7編第4章（登記）は適用するとされていません）。

(4) 定款を超えて

　根本的問題として、定款に表記されることは、誰もが、法的に回避できるのであれば、可能な限り回避したいと考えるでしょう。これには明確な理由があります。それは定款が多数派にとって会社支配に都合の良い道具であるという点です。裏返せば少数派にとって定款は「ベルリンの壁」なのです。数多くの少数派株主によって構成されている会社としては、種々の意見を表明して容易にはまとまれない少数派をまとめ、外部世界に会社の意思の存在

を納得させなければなりません。少数派は過半数以下であるからとか3分の2以下の存在に過ぎないから無視してよいと認識されるためには、価値観を転換することを可能とする黄金の取り決めを必要とします。過半数以下であるものとか3分の2以下のものは、そうであっても存在していることに違いがないのに、無視してよいものと価値観を転換させる濾過装置が定款なのです。

　この意味で定款は多数派株主が少数派株主を支配するのに都合の良い便利な性質をもっています。多数派が少数派に「定款を守れ」と号令できることの実益は、多数派は定款を変更して何らかの規律を定款に書き込むことができる優越的地位にあるし、自分たちに都合の悪くなった条項は定款から消し去ることもできるだけの支配力である3分の2以上を抑えているからです。少数派は3分の1以下の勢力に過ぎず、定款という厚い鉄扉の前になすすべもありません。少数派にとっては定款は錠前付きの鉄格子であり「嘆きの壁」といえるでしょう。

　公開会社においても少数派の置かれている立場は非公開会社と論理上は同じですが、実際には大きく違います。公開会社であれば、配当があり、株式自体の値上がりの可能性と、眼の眩むような譲渡の自由が備わっています。つまり株式に財産性があるのです。これに比し非公開会社の少数派は惨めです。万劫かたく資金拠出の負担をしているのに、配当はなく、税務上の株式評価額は上がっても市場の「値段」が騰がるわけではなく、譲渡制限がかかっているのが普通だから、転売は極めて困難です。長期にわたり資金を提供し続けた株主であったのに、経営陣に参加できるわけではない。退職金はないし、永続勤務の表彰状もない。大企業においても中小規模企業においても、機会さえあれば、定款の鉄壁を乗り越えて同じ立場にいる株主同士が手を取り合って会社支配権を掌握する道はないかと考え始めるのは自然な流れです。彼らが定款を超えて、株主間契約の道を模索し始めるのにはもっともな理由があるというべきでしょう。そうです。定款を超えて株主間契約は前に進むのです。

5　株主間契約と種類株式

(1)　戦前における株主間契約

　株主間契約の歴史は、想像以上に古くから始まっていたに違いありません。会社支配の武器が株式と名づけられたことを知った時から、それら投資家たちは、より数多くの株式を、できれば直接に、できなければ間接的に、手に入れようと謀ったに違いないからです。手持ちの資金量の上限が入手できる株式数の上限を画する以上、自分と同じ目的をもつ同じような立場にいる株主たちと密約を結んで同盟を組み、多数の株式を結束する把ね紐を握って会社を思うままに支配できる立場に立とうとしたに違いないのです。株主たち多数派は、その誕生の時から、単独では会社支配権を手に入れることに難渋している少数派株主たちと手を組み、支配権争奪目的の株主同盟を組織したことでしょう。これが株主間契約の原始形態ではなかったかと推定されます。しかし、他方、株式会社制度は国家主権が下賜する対外的有限責任主義という国家特許によって誕生したことから、株式会社の対外的有限責任を基礎づける内部規律である定款も、内部機構である取締役も国家主権が付与する特許を前提として構築されているものと認識されたがゆえに、単なる私人である株主たちがいかに同盟を結び徒党を組んで株主間契約を結ぼうと、私的投資家たちの力は弱く、それら内部規律や内部機構に変更を加え、その法的効力を左右することは許されないとの考え方が、欧米においても、日本においても、戦前までは学説の主流でした（たとえば、松田二郎『株式会社の基礎理論』（岩波書店、1942年）631頁は、「惟ふに議決権は権利なりと雖も会社の利益の為行使せらるべきものたる以上、単なる利己的利益の為にのみ之を行使するは、本来の限界の逸脱にして、権利の濫用に外ならぬのである」と述べています）。

　戦前においてはもっぱら巨大企業間のコンツエルン結成と無数の群小企業を支配する巨大企業連合体コンゴロマリットの結成に株主間契約が利用されました。事業独占、企業寡占による企業間競争の減少によって民衆の疲弊がもたらされた経緯があったことから、かかる巨大企業体の膨張を抑制するた

めの論理的契機として、株主同士の契約によって法の定めた株式会社定款の
効力や会社の機関の権限に変更を加えるべきではないと考えられました（桑
田果「株主間契約㈠」法学協会雑誌118巻（3号・54頁）396頁）。

(2)　戦後の株主間契約

　ところが戦後になり、欧米諸国においても我が国おいても、所有と経営の
分離が深化、拡大し、その行き着く先、所有から独立した企業自体が産業界
を独占し、企業独占の弊害が説かれ、中小規模企業間の競争による事業便益
の受容をよしとする考えが広まり小規模企業が無数に叢生しました。この点、
現代日本において叢生する中小企業の数が多いことをとらえて、日本の経済
的後進性を示すものであるとの議論を策するものがいますが、誤りであり、
むしろ経済的先進性においてとらえられなければならないのです。これら小
規模企業体は定款や会社機関は国家から授与ないし下賜されたものであると
の考え方を拒否し、株式会社は株主のものであるという主張を基礎にして、
定款も会社の諸機関も株主の意思によってつくられたものであり、資本金を
拠出した株主の意思によって運営されるべきものであるとの考え方が広く受
容されるようになりました。

　一方かかる小規模企業群の自由な競争は極めて激烈であったため、会社支
配権の奪取のため大株主に対抗するためには少数株主同士が協力し合うべき
だという考え方が広まりました。かかる少数株主たちは「定款の自由化」の
ような迂遠な方法ではなく、より直截に、簡便に、かつ小回りが利く株主間
契約の方途が強く模索され、その延長上で、総株主が同意するときは、法規
も定款も無視することが許され、ただ株主間契約のみによって会社を運営す
ることが許されるのだという、我が国おける「一人会社の理論」に酷似した
地平まで突き詰めたものであったのです（浜田道代『アメリカ閉鎖会社法』（商
事法務研究会、1974年）参照）。しかし、この考え方は株式会社を「株主同士
の契約で出来上がった民法上の組合」であるととらえながら、他方、債権者
との関係では（無限責任の組合ではなく）株式会社のもつ有限責任主義の外皮
を装っているところに矛盾があるのだという意識的な内省がなかった、と私
は考えます。

　このためか、我が国においては株主間契約の考え方は直線的には受容されず、株主間契約の理論に依拠して推奨された配当優先株主間契約ないし配当劣後株主間契約、残余財産分配の優劣株主間契約、多数議決権ないし無議決権株主間契約、会社に対する取得請求権株主間契約、会社による優先株式買取権株主間契約、それに取締役等選任権付株式等の少数派株主を守るためのバラエティに富んだ株主間契約の考え方の一部が平成18年5月1日施行改正会社法の一環として種類株式の中に取り込まれることとなったのです（葉玉匡美編著『新・会社法100問〔第2版〕』（ダイヤモンド社、2006年）18頁、207頁参照）。この歴史的な経緯は、種類株式という異形は、普通株式ではない特殊な株式の出現を許す一種の株主間契約の母体から出生してきたことを示唆しています。したがってまた、種類株式が実現しようとする目的は、そのほとんどが株主間契約によって代替可能なことを根拠づけることになるのです。

(3)　種類株式か株主間契約か

　このため戦後文明諸国で意識的に究明されてきた株主間契約の理論は、我が国においては、種類株式としての道を歩むほかなかったかにみえました。しかし普通株式を種類株式に変更するには定款変更の手続をとらなければならないこと（会社法322条1号ロ。なお、葉玉匡美「議決権制限株式を利用した買収防衛策」相澤哲編著『新・会社法の解説（別冊商事法務295号）』（商事法務研究会、2006年）264頁参照）、それら種類株式を発行するためには定款に定めがなければならないこと（同法108条2項）、種類株式よりもはるかに使い勝手がよい属人株についても定款に記載されなければ利用できないこと（同法109条2項）、それに、種類株式はその発行する株式の内容を登記しなければならないことが挙げられます（同法911条3項7号）。加えて、種類株式に関する会社法の条文自体が日本語として意味がとりにくく、このため使い勝手が悪く、コストの面からも敬遠されることが多いのです。

　しかし、種類株式自体は明治32年の商法制定時から存在していた（配当優先株）こと、公開会社にとってはものの数ではない程度のコストであったから、公開会社や合弁会社、ベンチャー企業においては広く利用されるようになりました。トラッキング・ストック等剰余金配当の計算方法に特殊性をも

たせたもの（会社法108条2項1号）、敵対的企業買収に対する防衛策として拒否権付き種類株式を用いるもの（同項8号）、株式数に比例しない数の取締役、監査役を選任できる種類株式（同項9号イ・ロ）などで、種類株式はダイナミックな変貌を株式会社にもたらしました。しかし、難解なうえに煩雑で、種類株式を導入した一社の法人登記簿謄本が小六法並みの厚さになるほどコストを要することなどが重なって、中小規模企業においてほとんど普及するには至りませんでした。とはいえ、中小規模企業が種類株式を頻繁には使用しようとしなかった理由として、使い勝手が悪くコストが高くなることだけを指摘するのは妥当ではないでしょう。中小規模企業が種類株式に取り組もうとしても、それ以上の重大な障害が横たわっていたからです。

(4)　種類株式と課税

　まず、課税実務との関係があります。種類株式が導入された平成13年当初から、実に長期間にわたり、種類株式が課税実務上どのように扱われることになるのか判然としなかったことがあります。相続税申告手続を代理する税理士にとって、中小規模企業の事業承継に繁用される「取引相場のない株式」について、課税実務上の基準である財産評価基本通達に種類株式についての適当な規定が置かれていないことが決定的でした（我が国における株式評価に関する基準は相続財産評価基本通達に依拠する慣行があります。幾多の税務訴訟判決がこの慣行を肯定的にとらえています）。加えて、税法上の新規定が登場する際には必ず公刊される解説書も、種類株式については刊行されず、種類株式について課税がどうなるか皆目見当がつかないため、税理士たちは依頼者に種類株式を使うようにと勧める気にはなれなかったのです。税理士が納税額を抑える方法を工夫したとしても、税務否認され巨額な税額納付を迫られ、依頼人がその結果納税を余儀なくされたとき、税理士の工夫によってもたらされると期待していた成果が実現せず逆に納税額の増額として結果することがあります。この場合、その納税額全額をまるまる不法行為による損害であるとして、税理士の依頼人が原告となり当の税理士を被告として訴求してくる実例はこの日本では著しく数多いのです。その種の税務訴訟において、裁判所はといえば、税務当局の見解をそのまま採用するのが厳然たる通弊です。

自然、税理士たちは種類株式を回避する道を選ぶことになったのです。

(5)　種類株式と相続税財産評価

　ようやく、平成19年2月19日になり、中小規模企業の事業承継に利用されることが期待される配当優先無議決権株式、社債類似株式、拒否権付株式の三種類について、中小企業庁は国税庁に対して「相続等により取得した種類株式の評価について（照会）」を発しました。これに対して国税庁は要旨次のように回答しました。配当優先無議決権株式の評価は、類似業種比準方式による場合は配当金により、純資産方式による場合は既定の基本通達により、社債類似株式は、基本通達の利付公社債の評価により、拒否権付株式は普通株式として評価する、というものでした。この回答により税務実務家たちは、国税庁が、議決権の制限や議決権の存否は、株式の相続税財産評価には影響を与えないものとして取り扱う方針を明確にしたのだと受けとりました。これを踏まえ、弁護士や税理士たちは、議決権制限種類株式は中小規模企業経営者らの相続税対策としての税法上のメリットを約束するものでは全くないと理解したのです。

(6)　親族外事業承継政策

　戦後の日本社会は、第一次ベビーブームと、それを引き継ぐ第二次ベビーブーブを迎えた後は、日本社会の基底部に不可逆的変化が起きたのでしょう、第三次ベビーブームは到来しませんでした。このため平成10年ころから社会の隅々に至るまでが少子高齢化の激動の波が押し寄せることとなりました。中小規模企業経営者たちは自分の親族内に後継者を得ることが困難になり、だからといって養子を得ようとしても社会全体が、家督相続制度や家の制度を忘却の彼方に押し流してしまっており、事業承継の観点からすれば優れた制度といえる成年養子制度まで忘れ去っていました。金融庁までが、顧客に後継者が得られない場合は選択肢の一つとして廃業を検討させよ、と金融機関に行政指導する事態が到来したのです。自然、事業を承継しようとする中小規模企業経営者は親族以外に後継者を得る方法を真剣に考えるほかに道はなくなりました。政府は親族外事業承継政策を始め、税法の世界に親族外事

業承継税制を持ち込む決断をしました。これは、大英断であったというべきでしょう。

(7)　特例事業承継納税猶予制度と種類株式の排除

　平成21年に始まった事業承継税制は、その後何度も改正され納税者にとって有利な制度変更を積み重ねてきましたが、平成30年度に至りドラスチックな特例事業承継納税猶予制度（租税特別措置法70条の7の5以下等）が導入されました。認定承継会社の非公開株式を相続によって取得した経営承継相続人は、納付すべき相続税額のうち当該非公開株式にかかる納税額を当該承継相続人の死亡の日まで納税猶予を受けることができるという特例を骨子とするものでした。贈与による場合については、経営承継受贈者が認定贈与承継会社の非公開株式を有していた者から贈与を受けたときは、当該贈与者の死亡の日までその贈与税の納税を猶予するというのです。従来の課税実務世界の常識を引っ繰り返すほどの大転換でした。しかし、問題がありました。

　この非公開株式とは「議決権に制限のないものに限る」とされ（租税特別措置70条の7の2第1項、70条の7第1項、70の7の5第1項）、かつ「議決権に制限ない」ものとは、会社の株主総会に議決権を行使できる事項の全部または一部についても制限がない株式をいうのであり、株主総会において議決権を行使できる事項の全部または一部について制限がある株式は税務上の特例株式から排除されたのでした（租税特別措置法通達70の7−1(1)）。その理由を問えば、大幅な納税猶予と免税の特典を享受できる資格を得るに値する者は、他の納税者の、妬みを買わないよう、順調な事業継続を実現するに足る万全の支配的議決権を掌握していなければならない、議決権に制限のある株式による会社支配は、万全に当該会社を支配しているとは言い切れない、という理由によるものと推認されます。

①　この結果、会社法108条2項3号の総会議決対象事項制限種類株式、同項8号の黄金株（拒否権付株式）は、これら特例事業承継納税猶予制度から排除されることになりました。

②　また、会社法109条2項が容認する総会議決権無議決権属人株や議決権制限属人株も排除されることとなりました。

③　加えて、「経営承継受贈者以外の者」でさえ、黄金株（拒否権付株式）を有していないことも要件とされています（租税特別措置法施行令40条の8第10項2号）。経営を承継しても、その承継者以外の者が、拒否権株式を握っていたのでは経営承継者の事業承継は順調には推移できないということでしょう。

④　なお、合名会社、合資会社、合同会社の出資についても非上場株式等として株式と同様に扱われます（租税特別措置法70条の7第2項2号ロ）。

　適当な親族内事業承継候補者をもたないため親族外特例事業承継税制の適用を真剣に検討している中小企業経営者と、やはり同じ理由から種類株式、属人株の導入を真剣に検討している中小企業経営者とは、かなり高い確率で重なり合うことを考えると、上記種類株式が特例事業承継納税猶予制度から排除されたことは、重大な制度設計上の欠陥であるというべきです。このようにして、少子高齢化を原因とする事業承継の困難さを克服するために親族外特例事業承継税制が導入されたのにかかわらず、皮肉にも、万全なる親族外事業承継の実現の観点から、無議決権属人株、議決権制限種類株式や黄金株（拒否権付種類株式）など重要な機能を担う種類株式、それに属人株が、親族外事業承継特例税制から排除されたのでした。

　このため、種類株式に期待された機能を、複雑な手続を必要としないし、極めて低いコスト類似の機能（同一ではない）を実現できる株主間契約が、再び脚光を浴びることとなったのでした。

(8)　定款、種類株式、属人株に対する株主間契約の優位性

(ア)　定款、種類株式、属人株の検討

　定款、種類株式、属人株、株主間契約の四種類の法的、税法的性質について検討してきました。では、このいずれが会社を使いこなすにあたり最も優れた方法であるといえるか、を検討します。

　定款は、会社自体と、会社の諸機関、株主の三者を拘束して会社内部を秩序建てる会社の憲章です。その効力の及ぶ範囲は広範であり、定款違反の株主総会決議は手続違背であれ内容違背であれ総会決議取消訴訟の提起をもって担保されています（会社法831条1項1号・2号）から、その拘束力は強力

です。定款を自由に操る者は会社自体を自由に操ることができる、とまで
いっても言い過ぎではありません。しかし定款の内容を変更するには総株主
の3分の2の勢力を掌握しなければならず、公開会社、中小規模企業を問わ
ず、多数派株主であっても容易に実現できることではないでしょう。また、
少数株主たちが自己の権益を守るために定款を利用しようとしても、事実上、
少数派のゆえに、その実現は期待できません。

　種類株式の法的性質は、一見、株式の「内容」を変更してしまい、その結
果、普通株式に比較して、議決に至る会社法上の通常の議決経路を変更させ
たり（その例として会社法108条2項9号）、議決の内容自体をも加重変更して
しまう（その例として同項8号）ようにみえます。他人が支配している会社
を買収するにも、他人から買収の標的とされている自己の会社を防衛するに
も、その性能の点では優れた武具であることに間違いないのですが、種類株
式の導入のためには定款の変更を要し総株主の3分の2を掌握しなければ実
現できず、登記コストもかかります。総じて種類株式に関する会社法の規定
は煩雑で整理がされておらず、公開会社にとっても中小規模企業にとっても
使い勝手はよくはないのです。そのうえ相続税法上の株式評価にあたり種類
株式をどう考えるべきかにつき条文も通達もない期間が長期にわたったため、
課税実務にかなりの負担をかけてきた事実があります。さらに中小規模企業
経営者の渇望の的である非公開株式の相続および贈与による課税猶予とそれ
に引き続く事業承継税制による免税を受けることの妨害物になっている始末
で、種類株式に関する会社法の規定は税法に対する目配りが足りないという
べきでしょう（とはいえ、法人税法も、分割型分割の規定の仕方において会社法
に目配りが足りないのですから、どっちもどっち、ではありますが。拙著『会社
分割をきわめる』（民事法研究会、2020年）192頁以下）。

　属人株は登記を要請されないだけに使い勝手はよいのですが、公開会社に
は使えないから会社支配の普遍的道具にはなり得ません。

　このように定款、種類株式、属人株はそれぞれ特徴があり特定の目的のた
めには有用性があるにはあるが、それぞれ難点があり、株主たちが会社内部
で経済的有利性と自由を求め、ヘゲモニーをめぐって斗うために使う道具と
いう点ではいずれも、どれに優位性があるとはにわかには断定し難いところ

といわざるを得ません。

⑷　株主間契約の検討

　これに対比し、株主間契約には次のような特性があります。

①　株主間契約は、自己一人が保有する議決権数では会社内部に自己のヘゲモニーを確立することができないことを自覚する比較少数株主たちが利害を共通にする同じ立場にいる他の比較少数株主と結束し、すでに有力株主たちを結束して多数議決権を制して会社を 恣（ほしいまま）に支配している多数派株主に立ち向かい、会社内部で自派の利益と自由を求め、ヘゲモニーをめぐって争うための道具という性質を持っています。この意味で、株主間契約は極めて実践的な決意を秘めた道具です。

②　株主間契約はそもそも法令に規定された法的制度ではありません。したがって、法令に違反しない限り、使い方を自由に設計することが可能です。民法上の債権契約の一種ですから、その効力は原則として相対的であり、そのため契約の効力が会社に及ぶことがあっても特定の制限下で及ぶに過ぎません。

③　しかし、株主間契約の効力相対的関係性のゆえに、株主は会社（当該株式発行会社と当該株式の発行会社以外の会社を含む）自体と契約を結ぶことが可能であり、すべての会社執行機関とも契約を結ぶことが可能であり、自然、その機能は幾重にも累積しうるし、そのゆえに複雑な構成が可能です。

④　定款と対比しても、総株主が単一の株主間契約に同意すれば定款と同じ働きをします。総株主の同意は、公開会社ではほとんど実現不可能でしょうが、中小規模企業においては日常的に可能です。

⑤　株主間契約の締結を実現しようとすることによって特段のコスト、負担が加重されるわけではありません。この事実は、特に中小規模企業にとっては特筆すべき優れた特色といえます。

⑸　諸外国における株主間契約の法的効力の有効性

　株主間契約は、主として、一対一で相対する株主間、ないし多数の株主間において、相手方株主の議決権行使の仕方を拘束する契約を包含しています。かかる議決権拘束契約は、アメリカ合衆国においては、それが制定法上の枠

組み、たとえば、制定法上会社の業務は取締役によって執行されねばならないから取締役の業務執行を拘束することとなる株主間契約の効力は認められないという考え方を典型例として、制定法が定める会社法の枠組みを否定ないしは制限する株主間契約の効力は永きにわたって否定されてきました。しかし現在においては、一般的にみて、株主は特定の個人を取締役に選定することができるし、取締役を解任する権限を有することから、株主同士が特定人を取締役として選定し合うことを相互に協定する株主間契約の法的効力は一般的に承認されているとみることができます（浜田道代『アメリカ閉鎖会社法』（商事法務研究会、1974年）、ロバート・W・ハミルトン（山本幸太郎訳）『アメリカ会社法』（木鐸社、1999年）157頁以下）。特に、株主全員が当該議決権拘束株主間契約に同意している場合には、その法的効力を認める点において一般に承認されているとみてよいでしょう。その法的有効性が承認されている契約自由の原則の下に、公序良俗（民法90条）に反しない限り、法律上有効であると考えられます。ヨーロッパ主要国においてもおおよそ同様と理解してよいようです（菱田政宏「株主の議決権行使と会社支配」（酒井書店、1960年）129頁以下、森田果「株主間契約（六・完）」法学協会雑誌121巻1号1頁以下）。

(エ) 株主間契約はどこまで認められるか

重要なことは、拘束性をもつ同一方向を向いた議決権を集約する株主間契約の手法が法的に肯認されるかどうかです。たとえば、一定期間は議決権を行使しない契約、議決権委付契約、議決権売買契約、議決権を年余にわたり代理行使する契約、民事信託契約による議決権信託、議決権行使資格の譲渡（菱田政宏・前掲書160頁以下参照）など、他の株主あるいは株主以外の者（特定の場合には会社自身）との契約締結が有効として肯定されるか否かです。この点について一般的に否定すべきであると主張する論稿は、現行の学説の中には、見当たりません。

そうである以上、制定法との関係、特に定款との関係で株主間契約の効力がどこまで認められるか（株主間契約と定款との関係につき、W.J.M. ファン・フェーン（田辺真敏訳）「株主間契約とオランダ会社法—株主間契約のコーポレート・ガバナンスへの影響—」修道法学40巻1号61頁以下参照）とか、取締役である株主の議決権行使を他の株主がどこまで拘束することができるか、取締役であ

る株主に対して、会社外部の債権者でもある会社の株主が当該会社を債務者
とする金融借入限度額を一定額以下にするよう規制する契約とか、当該取締
役が一定期間、当該債権者株主の承諾なく第三者と新規の取引を開始するこ
とを禁止する、などに類する、自由な活動を制限する意味でかなりセンシ
ティブな問題を抱える株主間契約事例においては慎重に検討されなければな
らないという留保を措くとしても、株主間契約の法的効力を肯定できる範囲
は、契約自由の原則の旗印の下、まことに広範に広がっているといえます。

　特に本書が注目したいのは、議決権拘束株主間契約に基づき契約の履行
（たとえば、ある特定の議決権行使をせよ）を訴訟をもって相手に請求すること
ができるか、訴訟に勝訴したとして（あるいは勝訴以外の方法によって）債務
名義を取得したとして、ある特定の議決権行使をせよと強制執行することが
できるのか、できるとして、いかなる方法によることが許されるのか、そし
てそれらよりも特に実務上極めて重要な論点は、当該議決権拘束株主間契約
に基づいて仮地位仮処分命令を取得できるか、取得できるとして、ある特定
の議決権行使をせよとの仮処分命令の執行が認められるか、満足的仮処分は
認められるか、どうかです（株主間契約の履行強制（第二編第二部）で後述
する）。

㈹　我が国の学説・判例の動向

　ところで我が国の学説判例の動向も、欧米諸国における変遷過程とほぼ同
じ流れであるといってもよいようです。

　大東亜戦争遂行中の昭和17（1942）年7月岩波書店刊行になる松田二郎『株
式会社の基礎理論』は、株式共益権を「恰も立憲政体の下にありて、国民が
出生なる事実により一定の公権を当然に取得すると其趣を同じくし、謂わば
共益権は一の身分権である」と、株式会社を戦争遂行中の国家と二重写しに
した株式会社論を披瀝しています。株主権は「権利なりと雖も、会社の利益
の為行使せらるべきものたる以上、単なる利己的利益の為にのみ之を行使す
るは、本来の限界の逸脱にして、権利の濫用に外ならぬのである」とまで、
身を縮めて「私」を「公」に転換する強硬路線を走っています（同書631頁）。
まことに理解しやすい論理ではあります。これでは株主間契約は認容せられ
る余地はまるでなく、「権利の濫用」になること明白です（大隅健一郎『新版

株式会社法変遷論』（有斐閣、1987年）128頁も、判断の自由を妨げる契約であるとの理由で議決権拘束契約を無効といわねばならないとしています）。

　戦後は上記のように主として欧米の学説判例を研究する学者学徒による貢献と努力によって、現在においては、学説上は、一般に、株主間契約の法的効力を肯定するのが通説的立場であるといってよいでしょう。

(9)　画期的な判決

　戦後の傾向としてはつい最近まで、株主間契約の法的効力を認める学説（有地平三「議決権行使に関する所謂『プール契約』㈠」法曹會雑誌8巻6号83頁がおそらく最も古い学説であろう）、判例は、数件程度、存在はしてはいたものの、みるべきものがまことに僅少でした（判例、学説の概観として、稲庭恒一「判例にみる株主間契約」明治大学法学部創立130周年記念論文集（2011年）59頁以下）。

　しかし、偶然、本書執筆にかかって間もなく、東京高裁は令和2年1月22日判決（判例時報2470号84頁）をもって、株主間契約の法的効力を正面から肯定しました。画期的な判決です。この判決の骨子は次のように宣言しています。「そうすると、株主間契約に基づく当事者の主張については、事実認定の問題として、個別の株主間契約ごとに、会社法その他の関係法令の趣旨を考慮に入れて、前記の各要素を検討の上で契約当事者たる株主の合理的意思を探求し、当事者双方が法的効力を発生させる意思を有していたか、法的効力を伴わない紳士協定的なものとする意思を有していたにすぎないか、法的効力を発生させる意思を有していた場合における効力の内容・程度（損害賠償請求ができるにとどまるか、契約に沿った議決権行使の履行強制ができるか、契約に沿わない議決権行使により成立した株主総会決議の決議取消事由を肯定するか、契約の終期など）について、契約当事者の意思を事実認定した上で、当事者の主張する法的効果が肯定できるかどうかを判断していくことになる」と。

　この判決の第1審判決である東京地裁令和元年5月17日判決（判例時報2470号95頁）も、「本件取締役選任合意は、本件会社が新ビルを建築しようという場面において、新ビルに係る権利関係を確認した上で、その建築等を新

たな取締役の下で促進すべく締結した契約書の中で、取締役の人選について具体的に定めたものであるから、法的拘束力を有すると解するのが相当である。仮に、本件取締役選任合意に法的拘束力を認めないのであれば、本件会社の取締役の選任が進まず、新ビル建築へ向けた業務が進まないという事態も生じうるのであり、それでは本件契約書を締結し、取締役の人選について具体的に定めた趣旨に反する」としている。

　この地裁、高裁の判決は日本における株主間契約に関するこれまでの法的論争に終止符を打った判決として高く評価すべきです。その理由の第一は、株主間契約が法的効力をもつといえるかどうかを問う、いわば空中戦レベルの議論は止めを刺された点です。株主間契約の法的効力は揺るぎない基礎をもつに至ったと評価できます。第二に、特に強調したいのは、当該株主間契約の法的効力がどこまで及ぶとみるべきかは、当事者がどこまで法的効力をもたせようとする意思を有していたかについての事実認定の問題であると指摘している点です。まことに適切な指摘です。特に上記東京高裁判決が当事者間の株主間契約の法的効力の程度・範囲は（株主間契約に法的効力はあるかという抽象的かつ無限定な論理によってではなく）当事者の意思についての事実認定によるのだと喝破している点は、民事訴訟における事実認定の確かさと法的効力の関係という、契約法論一般に通じる極めて波及力の大きい課題に正面から応える内容も持っており、高く評価します。

6　支配権をめぐる攻防

(1)　種類株式は株式の種類か

　このように、定款、種類株式、属人株との対比において株主間契約は、これら三者に対して優位性があることを指摘してきました。特に、種類株式というものを、株主全員の同意があるわけではない場合と株主全員の同意がある場合とを区別して規定するのであればまだしも、この区別をしないまま、種類株式をなぜ会社法という基本法に規定する必要があったのか明確な理由

がないことが示唆できたと思います。

　定款については、会社というものが独立した法人格をもつ存在として観念される以上、会社自体と会社の機関および株主を一律に拘束する基準が必要であり、したがって、独特の憲法的性質をもつ規定として定款が必要である理由があります。属人株も株式の種類であるかのようにみえますが、ある「特定の人」との関係だけにおいて株式の権利の内容を違えることができると定款に記載することができる（会社法109条2項）というのですから、論理上、属人株は「株式の種類」ではなく、定款の効力問題に収斂します。種類株式については、どうしても種類株式を会社法に規定しなければならない必然性を根拠づける理由が見当たりません。株主間契約で代替できるからです。

　さらにもう少し突っ込んで考えると、株主間契約に、なぜ優位性があるかといえば、会社法立法関係者たちが、会社法というものをこの日本においてどのように利用することが望ましいと信じていたか、という点における、哲学の貧困さに由来するようにも思えます。

　定款における株式の位置づけにおいても、種類株式においても、属人株においても、三者とも、法文上、一見、株式の性質を規定しているようにみえます。しかし、株式の客観的な性質を規定しているのではありません。普通株式が種類株式になったといっても株式に質的変化が起きたわけではないのです。定款に種類株式に相当する株式の特殊な取扱方法が規定され、その観念をとらえてあたかも異質な株式が顕現したかの如く種類株式と仰々しい名称を冠したに過ぎません。会社法108条2項に規定された種類株式はその典型です。同項6号（取得条項付株式）の規定は、表面上、会社が取得することができる株式の性質を定めているように見えますが、その実、会社が一方的に取得することが可能であると会社に取得権限を創設しているにすぎない規定であって、株式の性質が変わったわけではないのです。同項7号、171条1項1号の全部取得条項付種類株式の規定も、一見、会社に取得される運命下にある株式の性質が規定されているようにみえますが、会社は当該株式を取得することが可能であると、会社を主体とする視点からする権限創設の規定です。株式の性質が規定されたものではないことは、仮に、全部取得条項付種類株式が会社に取得された後は、定義上、会社による再度の取得があ

り得なくなるはずであるから取得後に全部取得条項付株式の種類の変更が起きなければならないはずです。そうであるのに、会社による株式の（取得前に比較し）取得後も、株式の性質に変更がないことが明瞭です。

　同じことを会社法178条1項（自己株式の消却）で点検してみるに、会社が取得した後はその種類の性質が消失しなければならないのに、消失するわけではありません。また会社が取得した後に同法121条の株主名簿において、種類株式がすでに会社に取得されてしまった、というのにその変更が記載されるわけでもありません。株式の「種類」といえど、それは名のみに過ぎないではありませんか。

　会社が取得することができる株式であることを規定したいのであれば、取得できる株式を特定するための、いわば色付け方法さえ規定すれば済んだはずです。そうであれば、いかにも新しい特殊な株式が誕生したかのごとき「全部取得条項付種類株式」などという大げさな名称（会社法171条項）はまったく必要ありませんでした。

　剰余金の配当についても会社法は、剰余金配当についての「株式の種類」の一種であるとの観点から規定していますが（108条1項1号・2項1号）、剰余金の配当を受けられるか否かを権利の側から、いわば権利の枠組みとして規定しているだけであって株式の種類の規定ではないのです。実際に剰余金の配当を受けられるかどうかは、そもそも分配可能額がなければお話にならないのであるし（同法461条1項8号）、結局、その都度、まったく別個の論理によって決定される仕組みが用意されている（同法454条以下）のであって、実際に剰余金の配当を受けられることが保障されているわけではまったくありません。いわばご都合主義の誹りを免れないでしょう。残余財産の分配についての種類株式も同様であって、種類株式としては残余財産の分配が受けられる種類として規定されています（会社法108条2項2号）が、履行期の到来している弁済すべき債務額が大きければ分配すべき残余財産のあるはずもないのです（会社法502条）から、その実、残余財産の分配を必ず受けられる株式の内容ないし特性を定めているわけではありません。したがって株式の種類とはいえないのです。

　譲渡会社承認要種類株式（会社法108条2項4号）も、取得請求権株式（同

項5号）も、取得条件付株式（同項6号）も、会社法は種類株式という用語を使っていますが、この三種類とも、当該株式の固有の性質を定める「株式の種類」ではありません。いずれも、そのような「性質の義務」か「性質の権利」をいうものにすぎないのです。剰余金の配当（同項1号）と、残余財産の分配（同項2号）と、株主総会における議決権行使できる事項（同項3号）に関しても「株主権行使対象」たる株式の種類としてでなければ規定できないという本質的な問題ではありません。

(2)　権利か義務か

　一般的には、権利の対象側から把握するほうが扱いやすくなる（効率的である）という意味合いで、適切な場合もありますが、「株式の性質」と謳いながら、その実、「権利行使対象」たる株式についての規定ではなく、「権利行使主体」側からの規定であるのは、会社法立法関係者の哲学が、会社法の構造というものは、株主総体のうちの多数派が、その意思を、少数派の意思を無視して、無理やり貫徹する体系にしなければ社団としての会社の意思は構成できない、ただ、そのような真実を権利の体系として露骨に表現すべきものではない、と信じている態のものであるからだと推測されます。

　株主間契約の考え方はこの点、柔軟です。契約当事者の一方が権利と義務をもっており、他方も権利と義務をもっているとの両者対等の前提に立つ有償双務契約の枠組で把握できますから、権利からとらえると同時に義務からもとらえる懐の深いとらえ方です。たとえば、会社法は、会社が、死亡した株主の相続人に対して、その株式を会社に売り渡すよう請求することができるとの法的構成を計画するとき、会社法は会社の売渡請求権として構成しています（174条）が、これを、その相続人が会社に買取りを求めたときは、会社は買い取らなければならない（会社の株式買取義務）と、なぜ構成できなかったのでしょうか。売渡請求権として構成するにしても相続による株式の拡散を懼れるため売渡請求権を欲しがる者は実は会社ではなく相続人ですから、相続人の株式売渡請求権と構成するか、相続人の買取義務と構成するのが本筋でしょう。立法関係者は、会社の義務として構成されれば、そもそも欲しくもない株を買わされるのは困るし、額が巨額であれば資金調達に困

難を来すこともあるし、したがってそのような構成は避けたい、と考えたのでしょうか。逆にいえば、会社の権利として構成したのでは、相続人の側に売りたくない場合があるとは考えもしなかったのか、あるいは、切羽詰まって売る必要性に迫られている場合は無視し、無理やり取り上げればよい、と考えたのでしょう。それにしても、会社が相続人に対して相続株式の売渡しを請求する場合には定款にその旨の規定を要するし、請求する都度株主総会の決議を要する（同法175条1項）として会社の売渡請求を掣肘する規定はあるものの、当該相続人は当該相続株式についてのみならず当該相続以前から自己固有の財産として所有していた株式（相続とは関係のない株式）についてまで当該株式の株主は当該株主総会での議決権行使ができなくなる（同条2項）点について、当該相続人をそこまで追い詰める必要があるのか、極めて疑問であり、不当な規定であると考えます。株主間契約を重視する立場からは、会社と相続人との任意の売買によって決せられることがらであるから、そもそも規定を置く必要がないし、置くべきではないことになります。あるいは、会社が求めた場合と相続人が求めた場合の両方の場合について規定を置き、ただ爾後の処理手続だけを規定すればすむことでした。会社法175条2項のような極端に不当な規定は削除すべきです（後述します）。

　これに対し、従業員持株会の会員たる株主が有する株式については、一般には、会社の買収権限として構成されるのではなく、退社の際には会社に株式を一定の方式で算出される価額で売却しなければならない売却義務として構成されていることを挙げ、いつも、常に会社の権利として構成しているわけではないと反論されるかもしれません。しかし、これには特別の意味が隠されています。従業員持株会は従業員のための福利厚生向上のための制度であるから低額の配当還元価額による売戻しが認められているといわれていますが、その実、経営者の従業員持株会を用いた相続税対策——取引相場のない株式の価額は税法上、株式を売却した者は誰かを基準として決定されるのではなく、株式を取得した者は誰かを基準として決定される（財産評価基本通達178、188等）ことに注意——が大目にみられていることに隠された真相があるのです。

　取締役の選任行為についても、ある特定の有能な人を外部から呼んで取締

役に選任すべき義務とか（会社法331条2項に関連）、逆に、株主の義務として、特定の者または特定の株主は取締役に選任しない義務とか（取締役排除義務）、権利として構成するより義務として構成するか、義務を創設したほうが適切な事項は数多くあります。

　このように、会社法108条2項規定の種類株式についても、109条2項の属人株についても、立法者が実現しようとした、それら株式の果たすべき機能の観点からみて、あたかも株式が硬質な物的性質を有しているかのごとき強引な構成をとるのではなく、法律上の義務として柔軟に構成することが可能であるし、むしろ義務として構成するのが、本筋であったのです。にかかわらず、なぜ会社法は権利として構成したのか、立法関与者たちに問うてみたいと思います。

⑶ 「支配の分配」か「支配権の争奪戦」か

　しかし、私が、このように株主間契約は定款、種類株式、属人株に対して優位性があると主張している理由は、定款や、種類株式や、属人株の法的性質論は、現実に会社に出資をしている生きた中小規模企業株主たちとって、株主間契約の論理ほどに有意義な論理ではない、ということを指摘したいからです。これが優位性の意味である。しかし、私が現行会社法立法関与者たちに問いたいことは、定款、種類株式、属人株などを主として権利の体系として構築したことを非難したいからではありません。また、中小規模企業の立場から構築しなかったことを非難したいからでもないし、少数派株主の立場から構築しなかったことを非難したいからでもありません。そうではなく、大企業においても、中小規模企業においても、また多数派にとっても、少数派にとっても、企業経営を支配できる方法を重視しなかったのかを問いたいからです。現実の会社内部では企業の支配権をめぐって、人の一生を賭けた、人間的な苦悩を伴う熾烈な争いが行われており、その支配権の獲得に向けて法的技術行使が繰り広げられています。実際の企業内部闘争においては、企業経営の支配権は多数派が握るものであり少数派は握ることができない、というほど単純ではありません。企業経営の支配権は資本を支配する者が握るのです。少数派は企業経営権を握ることができない、と言えても、それはそ

ういうこともあるというに留まります。なぜなら、少数派も他の少数派と連合すれば多数派になることができることもあるからです。多数派が少数派に転落することもいくらでもあります。この論理は大企業においても中小規模企業においても、まさに現在の少数派にも、現在の多数派にも妥当する真実です。

実質上、少数派株主にとって重要なことは株主間競争に勝利することです。少数派にとって株主間契約の論理に依拠することによって多数派になることができるのでなければ、株主間契約の論理も実質的には意味がありません。株主間契約の理論は、活動的な会社内部における支配権をめぐる戦いにおいて、有利な立場に立とうとするものにとって利用価値のある論理なのです。

株主間契約の論理は、ときとして「支配の分配」の論理であるといわれています（浜田・前掲書参照）。分配には、相争う者がそれぞれ支配権を手に入れることができるというニュアンスがあります。会社法適用の実質的場面において、多数派といっても、初めから多数派であったわけではありません。昨日まで少数派であったものが、株主間契約の論理を用いて今日は多数派になったということが実際に起きています。今日の少数派が明日は多数派になれるかもしれないし、今日の多数派が明日は少数派になり下がるかもしれないのです。しかし、支配権を掌握する者が現れれば、これに抗ってきた者たちは支配層から追放されることとなるのですから、この意味で支配権は誰かが分配してくれるものではないといえます。奪い取るほかはないものであるから、「支配の分配」ではなく、「支配権の争奪」戦である（一例として、東京地裁昭和56年6月12日判決・判例時報1023号116頁参照）。この意味で株主間契約の論理は、会社を支配する者にとって、いかなる目的のために多数支配を獲得したのか、それは多数派にとっていかなる実益があるのか、また、少数派にとって、多数派になることは可能か、それはいかにして可能になるのか、そしてそれはいかなる実益を約束するものであったのかが、問われることとなることを意味しているのです。

多数派にとって実質上株主間契約の論理に意味がある理由は、多数派を構成する一人ひとりの株主の中には、単独で過半数を握るものはいないが、複数の株主が株主間で契約を結び株主連合を形成することによって総株式議決

権の過半数を握ることができるからです。この場合の過半数を握ることの実質的意味は、少数派が、会社に誰かが出資している資本を利用する対価を当該出資者に対して負担することなしに（つまり多数派になるための対価を支払うことなく）利用することが可能になり、少数派を無償の資本獲得者にすることができたことを意味します。つまり自己の資本を節約することができたことを意味しています。この意味で支配権の争奪戦とは、多数派になるための対価を、つまり自己資本を、いかに節約するかという闘いのことなのです。

⑷　支配権争奪株主間契約関係図

〈図〉　会社を支配するものは誰か

多数派＝資本節約図
業務提携図

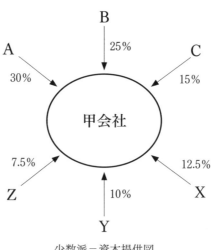

少数派＝資本提供図

　上図は、例えていえば、次のようなことを意味しています。
　甲会社の株主はそれぞれ単独では甲会社の多数派を握ることはできないが、AとBとが共同戦線を張ることによって議決権の過半数を握ることができ、AもBも甲会社の取締役に就任することがき、その二人で甲会社の通常業務の内容を決定し支配することができます。あるときからAとBとCとが手を

握り、三人で70％を支配するようになり、甲会社を公開会社である乙会社の
子会社にすべく株式交換の準備を進めることとしました。このとき、なぜA
がBと組むことができたのかを調べてみると、AもBもその乙会社の系列に
なる自己独自の事業会社を経営しており、相互に業務提供していたのでした。
また、AにもBにもCにも乙会社の資本がそれぞれ投下されていることが判
明しました。三者とも甲会社がX、Y、Zを抑え込んでいる以上、甲会社に
それ以上、自己資金を資本投下しなくとも甲会社を完全に支配でき、資本を
節約できることから手を組むことにしたのでした。

　このときX、Y、Zの三者は合計で30％の議決権をもつだけで、甲会社の
役員でもなく、配当も受け取れず、甲会社で何かを実現しようとしても実現
できるだけの支配力をもっていませんでした。多数派のために単に資本を提
供しているだけにすぎなかったのです。そこでX、Y、Zは共同してAに対
して対抗することを決意し、「次の株主総会で甲の取締役に就任させるから」
とBとCに提案し、「退職時にはBとCのそれぞれの長男が甲会社の取締役
に就任することに協力する」と約束し、かつ「Aを取締役から解任し、甲会
社に期間収益があるときは全株主が配当を受けられるよう株主総会で議決し
よう」、そして、「Aが計画している株式交換によって乙会社の子会社になる
計画が株主総会に提案されたときは共にその提案に反対し、公開会社である
乙会社とは組まず、甲会社独自で生きられるよう独自路線でいこう」と提案
しました。

　上記のいずれの連携計画においても、ABCの三者の内部で相互に相手方
に提案している提案内容は、いずれも相手方と甲会社における議決権の行使
にあたっては、約束どおりに一致団結して同一方向で議決権行使をするとい
う前提合意があることは明瞭です。X、Y、Zのそれぞれが協力関係を約束
し合ったその前提になった条件も、同様に、相互に意思を共通して同じ議決
権行使をするという確認でした。この意味で、上の図は二重の議決権拘束契
約を示している図でもあります。このようにさまざまな株主間契約の数多く
の類型のうちで最も重要な契約は議決権拘束契約であることを示唆していま
す。

7　譲渡制限株式と譲渡承認契約

(1)　株式譲渡制限の効力

(ア)　定款変更を必要としない譲渡承認

　株主間契約は、一般には、特定の株式発行会社の株主と同じ会社の他の株主との民法上の契約です。他方、定款は、当該株式を発行した会社の自己自身の戸籍であり（会社法27条）、設立発起人の報酬と設立経費の制約であり（同法28条）、株主に向かって遵守することを要求する法的基準（同法29条）です。しかし、株主の3分の2以上の賛成で定款を変更することが許容されていることから、株主全体の3分の2以上の株主が参加する株主間の契約によって定款変更があったのと等価値の会社運営上の取り決めをすることが許されているといえます。もちろん、その契約内容が会社債権者を害するような内容であるときは、その法的効力は規制されると考えなければなりませんが、会社債権者を害することになる法的取組み一般が規制対象になると考えられるのですから、それは何も株主間契約に特有の法的制約というべきではありません。

　したがって、たとえば、株式発行会社に対して株式譲渡制限に関する会社法136条と137条のいずれかに該当する株式譲渡承認請求がなされた場合に、総株主の3分の2以上の同意が得られたとすれば、会社法139条の株主総会決議によらないで、136条、137条の譲渡承認請求に対する承認が与えられたものと取り扱うことが許されるはずです。この取扱方法が許されず、定款に規定された承認機関である株主総会または取締役会が承認を与えたのではないから法が定める手続がとられていないことを理由に承認（同法139条）は得られていないとされるとき、3分の2以上の株主らは株主総会開催手続をとり定款を変更して別途の機関または特定の者が承認手続をとると規定することができるのですから、同条1項ただし書を充足することができると考えることが許されるでしょう。この意味で3分の2以上の賛同があるときは定款変更手続を必要としないで承認を与えたとすることも許されると考えられま

す。したがって、会社法139条2項以下の手続遵守は必須の要件ではなく、会社として譲渡を承認したものとみなされる同法145条（譲渡承認の擬制）が類推適用される場合がありうると考えられます。もちろん、そのように処理されたとしても会社債権者を害するわけでもありません。ただ、手続の透明性は要求されるとしなければなりませんから、総株主の3分の2以上が同意した旨が明示されていなければならないし、手続の経過は書面に記載して残されなければなりません。同一書面上に同法145条1項の譲渡承認請求者と会社とが、合意のうえでそのような手続をとったとの記載があればより安定的です。

　また、少なくとも、総株主の同意がある場合には上記のような考え方は異議なく承認されるでしょう。上記の議論が受け入れられないとしても、総社員の同意がある場合には定款変更手続をとらなくとも総社員の同意によって直ちにその効力を生じる（大審院大正5年10月14日判決・民録22輯1894頁）とされた事例もあることから、定款変更手続をとらないでも会社法145条の擬制承認があったものと扱ってよいでしょう。

(イ)　譲渡承認手続が履践されていない場合の譲渡の効力

　会社はその株式の譲渡について会社の承認を要するとする譲渡制限を設けることができます。株式会社が会社法136条または137条1項の承認をするか否かを決定するには、株主総会決議か、取締役設置会社にあっては取締役会の決議を要するとされています（同法139条1項本文）。ただし、定款に別段の定めがある場合にはこの限りではないともされているのです（同項ただし書）。

　しかし、定款に特段の定めがなくとも、譲渡承認請求がない場合においても、譲渡の効力について、一人会社の株主がした株式譲渡は、定款所定の取締役会の承認がなくても、会社に対する関係においても有効であるとされていますし（最高裁平成5年3月30日判決・民集47巻4号3439頁）、譲渡当事者間では譲渡の効力は肯定されるが会社に対しては対抗できないとされているに留まります（最高裁昭和48年6月15日判決・民集27巻6号700頁）。株式の譲渡制限は会社からみて好ましくない者を株主に参加することを容認しない会社防衛機能を果たすものであるとしても、株主からみて譲渡制限規定は憲法上

の財産権に対する制限であることを考えると、譲渡承認がない株式譲渡の効
力が目いっぱい肯定されてよいと考えます。

　株式譲渡制限を定める定款を変更する株主総会決議は、議決権加重がない
限り、定足数は過半数、議決は3分の2以上の株主総会決議によって可能で
す（会社法466条、309条2項11号）。そうである以上、同法139条1項規定に規
定される譲渡制限株式に対する承認について、同法137条、138条の譲渡承認
請求手続を履践することが絶対的に必要であるとまではいえず、総株主の3
分の2以上の同意があれば、同法139条の承認決定があったものと解してよ
いと考えられます。つまり、その譲渡は会社に対しても対抗できると解する
ことができます。ただし事実認定上の堅固さは必要であすから、総株主の3
分の2以上の同意は書面化されているか、それと同等以上の確からしさの徴
憑は必要になるでしょう。

(2)　別れの餞別

　譲渡承認を請求された会社が当該承認をしないと決定した場合は、会社は
当該株式を買い取らなければなりません（会社法140条1項）が、実務上、会
社と譲渡承認請求者との協議（同法144条1項）によって当該株式の売買価格
が決定されることはまずありません。そうなれば会社または譲渡承認請求者
は裁判所に売買価格の決定の申立てをすることになります（同条2項）が、
裁判所による価格決定非訟手続は非効率でかなり時間がかかるし、裁判所が
示す売買価格は、実務上、かなり低い価格になります。伝統的には、裁判所
が示すこの種の株式売買価格は、売買価格の決定を請求する株主が、会社か
ら追い出される場合には高めに、会社から自ら出ていく本件のような場合に
は安くなると、一般に信じられています。

　株式譲渡制限株式についての譲渡承認手続の一環としての株式売買価格の
決定手続の法的性質は、一種のキャッシュアウトであるにもかかわらず、
キャッシュアウトの典型例である全部取得条項付き種類株式の取得とか（会
社法171条以下）、特別支配株主の株式売渡請求（同法179条以下）とは、かな
り性質が異なります。後者二者は会社が新に将来に向かって進展していくた
めに、足枷ともなる一部の株主を犠牲者として切り捨てるという性質がある

から、犠牲となる少数株主を追い出すための株式買取価格の形成のためには
条文上も判例上も当該株式発行会社が高度の公正さを維持することが、少な
くも論理上は、要請されています。しかし、譲渡制限株式の譲渡不承認によ
る売買価格の決定手続は新たな事業に向かって会社が進展していくその犠牲
者のために株式を買い取るという性質は皆無であり、真実は会社支配株主の
支配権維持のために会社から去りたい株主の株式は買い上げてやるのではな
く、ただ、別れの餞別は送ろう、というような性質です。その売買価格の決
定基準も「会社の資産状態その他一切の事情を考慮せよ」（同法144条3項）
という、まことに広大無辺、かつ、無内容であって、基準性が皆無です。決
定や判決を書くとき、このような規定がなくても、裁判官は常に、一切の事
情を考慮しているものです。

　裁判所はこの場合、通常、会社の将来キャッシュフローとか、公開見込み
などは無視し、簿価純資産価格を基に算出します（会社法141条2項、会社法
施行規則25条）。しかし裁判所は株式譲渡制限の仕組みである、この株式の売
買価格の決定局面で抑制的な姿勢をとるべきではありません。財産権の不可
侵を定める憲法29条1項に違反しかねない権限行使をすべきではないからで
す。かかる非上場株式の売買価格決定手続の煩雑さ自体が、十分譲渡の自由
を制限する目的を達成しているともいえるからです。それ以上に売買価格を
制限する論理が成立する余地はないと考えます。

8　株主間契約解除条項、共同企業解散契約

　株主間契約の実務上の意義は、二株主当事者間で株主間契約が締結される
場合には契約当事者同士が当該株主間契約を相互に遵守しながら共通の目的
の実現を期して当該株主間契約を遂行することによって相互に利益の取得を
実現することにあるし、多数当事者間で株主間契約を締結する場合はそれに
よって共同企業としての株式発行会社を共同して運営していくことにある、
のが通常でしょう。しかし、契約当事者それぞれが独自の利益実現を期して
株主間契約を締結していることから、時として、期待がすれ違い相互の利益
は一致せず衝突し、妥協しようにも、妥協できない切羽詰まった局面に遭遇

することが時として避けられません。二当事者間契約でも、複数当事者による合弁事業においても、そのような切羽詰まったデッドロック局面を打開するため、（契約一方当事者に株主間契約の不履行があったことを理由とする契約解除ではなく）、あらかじめ株主間契約を合意解除できる規約を定めておくとか、共同企業株式会社を解散すべき事由を規定して置くことが賢明でしょう。

　株主間契約は民法上の契約ですから、契約当事者間で契約締結以前の状態に復帰することは契約の解除と理解すべきでしょう（民法540条以下）。同条は解除には契約に基づく約定解除（契約によって解除権を留保する場合）と法の規定に基づく法定解除（法律の規定によって解除権を取得する場合）とがあると規定しています。約定解除とは当初の契約で当事者の一方または双方に解除権を与えている契約であって、解除自体は当事者の一方だけの意思表示によって解除の効力が発生する場合です。したがって、両当事者の合意によって解除する場合は「解除契約」と呼ばれ、一方当事者の意思表示による解除ではありません。

　民法は当事者の一方が解除権を有するときはその解除は相手方に対する意思表示によってすると定めている（540条1項）。民事紛争の中でも、相手方の債務不履行を解除原因とする契約一方当事者による一方的な解除権行使は複雑かつ微妙な事実認定を要とすることが多く、解除権の行使を肯定し難い場合が珍しくはありません。そのような場合に備え、株主間契約における解除の規定は両当事者の合意による解除（解除契約）を原則とすべきであり、デッドロックに陥った場合にも、いずれの当事者もデッドロックに陥った事実を解除要件として摘示したうえ（相手方の債務不履行を要件としないで）双方当事者の合意によって解除できる旨（解除契約）を明確に規定することが望ましいでしょう。

　共同事業が株式会社組織を通じて行われる契約であった場合には、契約の解除だけでは両当事者間の契約関係は終了しません。会社の解散と清算に至らねばならないからです。ところで会社の解散には特別決議を要します（会社法471条3号、309条2項11号）。このことから、総株主の3分の2以上の同意で解散すべきことを定めた解散株主間契約には解散と同一の法的効力を認めてもよいはずです。しかし、解散の登記の申請には、解散事由の発生を証

する書面の添付を要求されています（商業登記法71条２項）し、解散事由の発生を証する書面とは株主総会の議事録を指すと考えられます(同法46条２項)から、株主総会解散決議の書類を整えなければなりません。しかし、過半数の３分の２以上の同意が得られている場合ですから特段問題なく株主総会解散決議の書面は作成されるでしょう。

事業が株式会社による場合は、かかる解散契約に何が解散事由に該当するかをあらかじめ定めておかなければなりません。重要事項の議決にあたり何れの当事者も過半数を獲得できなくなったときがその典型事例でしょう。株主間契約が二当事者間の契約である場合には、契約の解除は当事者間の合意成立が解除要件とする合意解除が望ましく、株主間契約が複数当事者間の共同企業による場合には、当事者間に合意成立が不能に陥ったことを解散原因とするのが望ましいでしょう。

契約当事者が単に二当事者だけである場合には解散事由が複雑化するおそれはまずありません。しかし、契約当事者の数が３以上の複数にわたる場合には利害が錯綜しやすく解散事由は複雑化します。しかし、３年以上赤字が続いた場合とか、特定の取引先との取引額が一定額以下に減少した場合などには、あらかじめの解散事由の定めがなくとも、株主の一人が代表取締役に向かって解散手続をとることを要求したにもかかわらず代表取締役が１か月以内に総会招集手続を執らないときは、（非公開会社においては会社法305条１項２項以下の株主提案権による提案手続をとらなくとも、）過半数の３分の２以上の同意が記載された書面に基づいて会社法305条１項の株主提案権規定に相当する請求をしたときは、取締役は、事実上、臨時株主総会をあくまで開催しないと抵抗することは難しいでしょう。

9　株式会社は社団か組合か

株主間契約の法的性質を論じるにあたっての古典的な会社性質論である、会社は社団か組合かを論ずる（松田・前掲書114頁以下）必要はないと考えます。一人会社は株式会社法からみれば一人の株主が支配しています。しかし株主間契約の立場からみれば一人会社は一つの議決権が支配しているように見え

ます。つまり、一人会社という表現をとる局面においても、株主が一人だけの場合だけを指しているとは限らず一つの議決を複数の株主が支配している場合もあります。このように株主間契約論の立場からみて、一つの議決権を何人で所有しているかは特別の意味がある議論ではありません。また一つの議決権をいかなる組織が所有しているかも意味がない議論です。このため、一人会社はそれを外部からみるとき組合にみえる場合もあるといえます。公開会社は社団に見えます。

　株主間契約は、一人会社にも公開会社にも妥当するし、民法上の組合と社団との間にも成立します。なぜなら、社団も特定の会社の株式を所有することが可能であり、組合も組合財産として特定の会社の株式を所有することが可能だからであり、かつ、それになんの法的障害はないからです。したがって、組合と組合、組合と社団との間にも、株主と株主との関係が成立しうることを確認するだけで十分であって、株主間契約の立場からはそれ以上に会社は組合か社団かについて深入りする必要はありません。

第三部
株主間契約の種類

第1章　共同事業開始段階での
株主間契約

1　組　合

　共同事業であっても会社形態をとるとは限らず、組合契約によるものもあります。組合契約による場合は民法の規制を受けることになります（民法667条以下）。ベンチャー企業へのベンチャー投資組合による投資は、第三者割当てによる募集株式発行の一類型であると考えられます。

　日本における投資を目的とするファンドは投資事業有限責任組合か、アメリカの州法に基づくリミテッドパートナーシップの形態をとるとされています（江頭憲治郎『株式会社法〔第8版〕』（有斐閣、2021年）786頁）。

　わが国では、中小企業協同組合法に規定される企業組合や、弁護士法人、税理士法人などいわゆる士業法人（サムライ法人）は、出資持分の定めがある組合と同様、構成員の脱退の際にその持分の払戻しをするにあたって、その持分価値をどのように評価するかという難問に起因して発生する紛争が極めて多くあります。その理由は組合契約や企業組合、それにサムライ法人においては出資割合が定まっていても、一つには損失および利益の分配の割合について明快な取り決めがなされていない場合が多いからであり、その場合

は、規定（民法674条）上は、各組合員の出資の価額に応じて定めることになっているが、その出資の価額についての税法上の評価方法も計算方法に明確さに欠けるところがあるから、評価規定がないのと大差はないといえます（種五誠二「組合契約における構成員課税の在り方」税務大学校論叢66号243頁以下参照）。

　株式会社を設立する前に、当該設立後の会社の株主となることが予定されている出資者間で交わされる契約の法的性質は組合契約とも考えられますが、組合契約が成立した後、さして間を置かず組合契約の目的である会社設立事業が成功する（会社が設立される）と同時に組合は解散することとなります（民法682条1号）から、組合契約と構成する実益がほとんどありません。停止条件付株主間契約と考えたほうが実態に近いと考えられますから、本書では株主間契約の一類型として扱っています。本書では、これ以上、組合契約については扱いません（組合契約については、杉本泰治『株主間契約』（成文堂、1991年）355頁以下参照）。

2　議決権拘束株主間契約

(1)　議決権拘束株主間契約

　議決権拘束株主間契約とは、契約締結者単体では株主総会の議決内容を支配できない少数派株主が、自分と同様、単体では株主総会の議決内容を支配できない別の少数派株主と手を携えることによって、多数派を形成し、そうすることによって株主総会における議決内容を支配することを目的とする特定の株主間の契約であって、株主総会における議決権行使の方法を一方的に、あるいは相互に拘束することによって特定の目的を実現しようとする契約です。事実として、現に実行されている株主間契約の多くがこの類型です。この契約締結の目的としては、今期決算書類の承認、取締役選任方法の決定、取締役報酬額の決定、新規事業の立上げなど会社運営方針等に及ぶのが通常です。このため、この種の株主間契約では定款との棲み分けが問題になりま

す。

(2)　定款か株主間契約か

　必ず定款に記載しなければならない絶対的記載事項や定款に定めがなけれ
ば効力が生じない現物出資や財産引受など相対的記載事項は別としても、定
款に記載しなくとも法的効力があるが、株主のほか会社機関全員が知ってい
ることが望ましい任意的記載事項については、その変更には議決権の3分の
2の賛成を要する堅固性があることを理由に定款に記載することが選好され
るでしょう。この種の事項としては、株主間で簡単には変更する予定がない
事項、たとえば、合弁事業体では資本政策、資金借入担保差入政策、金融機
関による担保権実行後の求償権の処理方法および損失が発生した場合のその
負担割合などは定款に規定されるべきでしょう。

　これらに対し、後に変更しても合弁事業の遂行自体が不能になるわけでは
ない事項、たとえば、取締役頭数割り振り、配当政策、融資獲得責任規定（誰
が銀行融資を取得する責任を負うか）、それに先買権、解散事由などは株主間
契約に規定されることが多いでしょう（前田雅弘「契約による株式の譲渡制限」
私法1989巻51号236頁以下参照）。

　もう一つ、定款で規定されるか株主間契約で規定されるのかを区別するこ
ととなる重要な区別基準は、参加株主全員が知悉していなければならない性
質の事柄については定款で規定されるでしょうが、利害を共通にする株主は
知っているが、他の株主には知られたくない内容を含む場合には株主間契約
が選好されることになるでしょう。特定の者を取締役に選出することを定款
に規定すれば強行法規違反としてその規定は無効になると考えられますが、
同じ内容であっても株主間契約で締結される場合は当該契約当事者間では有
効として認められるでしょう。

3　株主間契約と取締役合意書

(1)　デッドロックの発生原因

　会社運営の基本方針について議決権行使を相互に拘束し合う違約金付きの株主間契約がよく見受けられます。しかし、他方、名称としては「議決権拘束株主間契約」と名乗っていても、その実質において株主間契約とは言い難いものもよく見かけます。それらのうちでも特に問題とすべきは、契約当事者双方を身動きならないデッドロックの状態に追い込み、会社自体を破滅に導きかねない構造になっている契約です。このような局面が現出する事例は、契約の当事者の一方または双方が株主であると同時に取締役ないし代表取締役である場合です。その意味ではデッドロックが議決権拘束株主間契約の本質に根差して発生してくる問題というわけではありませんが、取締役会が事実として存在し、それなりに取締役会としての機能を果たしている企業において「株主間契約」の名称の下に締結された契約がデッドロックの発生原因になっていることがあるのです。

(2)　株主総会運営方法取締役合意書

　デッドロックの原因をわかりやすくするため具体例を示しましょう。

　株主Ａは取締役として株式総数の21％を所有しており、株主Ｂは代表取締役として30％を所有しています。つまりＡもＢも己一人では過半数に手が届かず、単独である限り、いかなる議題についても自己の意思を会社の意思に転化することはできない状態です。そこでＡとＢは相互に妥協し合わなければ株式総数の51％を支配できないことから、今後は株主総会におけるいかなる議題についてもＡもＢも事前に合意するものだけを議案として株主総会にかけるものとし、議決権の行使についても、賛成であれ反対であれ、双方が事前に合意したとおりに賛否の議決権行使をするものとすると合意し、かつこれに違約した者は相手方に対して違約金を支払う義務を負うと約束し合い、相互に当株主間契約の存在自体を外部に固く秘匿することを約束し合った、

とします。

　このような場合、AとBが協働すれば会社支配の可能性は確立する、と一応はいえます。しかし、です。Aが自己の勢力下に置く取締役の数とBが同様自己の勢力下におく取締役の数が拮抗しており、たとえば、自己をも含めて4対4であるとします。このため、取締役会で議決に至れないことが頻繁に起こります。この場合、Bが取締役会においても自己の支配権を確立しようと意図し、たとえば、取締役1名増員を株主総会の議題にしようと真剣に考慮することが起こり得ます。しかしAは取締役会で4対5となり劣勢になることを懼れ、それゆえに強固にこれに反対します。Bも妥協しようとしません。何度取締役会を開いても両者間に妥協が成立せず、定時株主総会の招集日がいよいよ切迫しても妥協が成立しません。代表取締役であるBとしては、定時株主総会の議題として、（取締役の任期は1年であったとする）取締役8名の選任、それに取締役1名の増員、取締役報酬額の決定、決算書類の承認を予定していたが、取締役1名の増員について、どうしてもAとの妥協が成立しません。このため取締役8名の選任、取締役報酬額の決定についても議題とする合意が成立しないのです。Bが予定していた議題のうちAが同意した議題は決算書類の承認のみであったため、定時総会招集期限ぎりぎりでBは、取締役1名の増員を諦め、決算書類の承認の議題一つとして株主総会招集に踏み切りました。この場合、決算書類は当然承認されますが、取締役1名の増員も、取締役8名の選任も、取締役報酬額も議決されなかったことになります。このため、前期の取締役は全員任期満了により期末をもって退任になり、正規の取締役は一人もいないことになります。もちろん、前期の取締役が、新に取締役が選任されるまで、なお役員としての権利義務を有することになります（会社法346条1項）から会社の運営ができなくなるわけではありませんが、AとBとの信頼関係は崩壊し、取締役会においても株主総会においても、円滑な議事進行はできなくなり、会社の重要案件を取締役会でも臨時株主総会でも議決することはできず、何事も決まらなくなり、結果、会社全体がデッドロックに陥るでしょう。

　この一例は二つのことを示唆しています。一つは、株主間契約の使い方を間違えると紛争を解決するどころか、むしろ紛争を拡大しかねないことです。

二つ目は株主間契約の有効性を発揮できる場合というのは、契約関係に入った株主の力関係（権限関係）が平等である場合に限られるということです。上記事例においてAとBとの関係は、民法上は一種の契約関係といえますが、契約内容として、株主総会におけるいかなる議題についてもAもBも事前に合意するものだけを議案として株主総会にかけるものとし、議決権の行使についても、賛成であれ反対であれ、双方が事前に合意したとおりの賛否の議決権行使をするという内容であって、株主同士が株主総会においては議決権の行使方法を約束し合うことを骨子とする株主間契約とは働く場が違います。Aは株主である以外にヒラの取締役として取締役会の一員であり、Bは株主である以外に代表取締役です。Bは取締役会において議長であり、株主総会との関係で議案提出権限を有しています。BはAが有していない会社支配権限を有しており、その力関係は圧倒的に強い。平等ではないのです。株主Aの有する権限と、株主Bの有する権限との結合を契機とする契約ではなく、取締役と代表取締役間の株主総会の運営に関する契約ですから、上記事例におけるAとBとの契約の性質は、上命下服関係の約束であり、平等者間の株主間契約とはいえず、むしろ株主総会運営方法取締役合意書というべきでしょう。

4　合弁企業

(1)　合弁企業での課題

　共同事業開始段階での株主間契約が問題になる事例のほとんどが合弁事業にかかわる場合でしょう。株式会社組織をもってする合弁事業において一貫して登場する共通の難問は資金調達局面に現れます。合弁事業参加会社のうちどこが、またはどれだけ資金拠出責任を負うかという問題と、どちらが、どれほど合弁事業における議決権支配力をもつことになるかは、事実上は比例関係にありますが、どの合弁事業参加希望企業も資金拠出額を減らすことを望み、他方議決権支配力については投資額に比して増大することを望むの

が常ですら、二律背反の願望に身を焼かれ、この間の矛盾は激しくなります。この矛盾を解消ないし和らげる目的をもって事業参加者間で株主間契約が締結されることがあります。ところがこの種の株主間契約はその法的性質において種類株式類似の働きをすることがあり、このため株主間契約は種類株式と同等の法的効力を有するといえるかという、株主間契約論にとって極めて重要な論点を提供することがあります。

(2)　株主間契約は種類株式に代替するか

　合弁事業会社Ａの発行になる株式のうち、ある特定の株主が有する甲株式とそれ以外の株主が有することとなる乙株式との間で比較すると、たとえば甲株式には譲渡制限があるが、会社による買取保証と会社収益の多寡にかかわらない利益の受領権限が保証されており、甲株式の取得価額が、Ａ社株式の取得のために通常要する価額に比して有利な価額である場合には、当該Ａ法人の他の株主である乙株式の株主らに損害を及ぼすおそれがあるのではないかと認められることがあります。東京地裁平成27年９月29日判決（判例タイムズ1429号181頁）は、法人税法61条の２、法人税法施行令119条４号規定の有価証券（株式）取得価額に関連して有価証券の取得価額が当該法人の他の株主等に損害を及ぼすおそれがあるか否かが争われた事案ですが、株主間契約が種類株式（内容の異なる株式）に代替することができるかという論点を提起した事件でもあります。

　この事件は概略、タイ王国所在の関連法人（Ａ）が発行した新株式を、親会社にあたる内国法人が額面価額で引き受け、その振込金額を当該株式の取得価額として計上してその年度の法人税確定申告をしたところ、当該株式は法人税法施行令119条１項４号に該当する有利発行有価証券に該当し、当該有価証券の取得価額はその取得のために「通常要する価額と見るべきである」から、当該「通常要する価額」と払込価額との差額は受贈益として益金の額に算入すべきであるとして、当該親会社内国法人が法人税の増額更正処分を受けたため、原告内国法人は有利発行との認定を争い更正処分の取消しを求めた事案です。

　この事案で、原告は、「原告株主と原告以外の株主との株主間契約」によっ

て、「原告が有する（Ａ）株式と原告以外の株主が有する（Ａ）株式とでは、（株式）譲渡制限、（原告による）取得価額による買取保証及び（Ａからの）配当受領権において内容を異にしており、……原告以外の株主は、保有するＡの株式を額面金額を超える価額で第三者に譲渡することはできず、（Ａからの）配当受領権もＡの業績にかかわらず一定の金額を受け取ることができるという取決めになっていたのであるから、本件増資により、なんら損害が生じるおそれがない。すなわち、本件増資の払込金額の増減にかかわらず、原告以外の株主がＡから受け取る金額には変動がなく、また、将来株式を譲渡する際、（Ａによる原告以外の株主に対する譲渡承認拒否により）譲渡益を得る見込みが最初からないのであるから、その期待権が損なわれることもない。そして配当請求権は、放棄されているのであるから、その希薄化が具体的な経済損失として現れることもない」。㋐「したがって両者は内容の異なる株式に該当する」、と主張した。

　これに対し裁判所は要旨、次のように判示して原告の主張を退けました。㋑「原告が上記主張の根拠とするのは、株主間契約であって、当該契約は、Ａと株主との権利義務関係を拘束するものではないし、また株式の内容自体を変えるものでもない」、㋒「原告が主張する上記差異が存在するとはいっても、それは原告がＡの実質的な親会社である場合に限り事実上存在するものにすぎない……。すなわち、株主間契約とは別に、Ａが原告の意向を受けて株主間合意とは実質的に異なる内容で原告以外の株主との間で株式の買取をしたり、利益配当をしたりすることが不可能と認めるべき事情はな」い。

　上記㋐の部分、つまり「原告株主と原告以外の株主との株主間契約」によって、「原告が有する（Ａ）株式と原告以外の株主が有する（Ａ）株式とでは両者は内容の異なる株式に該当する」こととなったという原告の主張は、株主間契約によって同一の株式発行会社の発行になる株式が、株主対株主の契約によって「内容の異なる株式」つまり種類株式に転換したのだという主張と同旨の主張にみえます。まことに興味深い主張です。しかし、上記原告の主張では、株主間契約の本質が、少数株主と少数株主とが協力し合い、そうすることによって多数派株主に転化し、会社との関係で株式が質的変換を遂げるところにあることが全く理解されていません。単一の株式発行会社の株主

と他の株主との間の契約によって、無媒介に、当該発行会社と株主との間で
株式の質的変化が発生するものではありません。本件事案においては原告が、
Aに対する親会社であって、つまり50％以上の支配権（会社法2条4号、会
社法施行規則3条3項1号）を有する株主であって、単独でAを支配しており、
したがって原告は、原告と原告以外の株主との契約の内容を単独でも変更で
きる立場にあるというのです。およそ原告は株主間契約の効力を主張できる
はずがないのです。原判決は正当です。

(3)　量は質に転化する

　しかし、上記判決において、「原告が上記主張の根拠とするのは、株主間
契約であって、当該契約は、Aと株主との権利義務関係を拘束するものでは
ないし、また株式の内容自体を変えるものでもない」とするところは一見正
当にみえるが、厳密性に欠け、正当ではなく、一般化されてはならないもの
です。つまり、株主間契約は、株主対株主の契約であって、当該株式発行会
社と株主との関係を直截かつ無媒介に規律するものではありません。この点
はこの判決のいうとおりです。ところが、もし当該株式発行会社の、一株主
との株主間契約に参加している他の株主の総和が、当該株式発行会社の株主
の全員である（最高裁昭和60年12月20日判決・民集39巻8号1869頁参照）とした
らどうでしょうか。逆に特定の株主一人を除き他の株主は全員名義株主（最
高裁昭和47年3月9日判決・判例時報663号88頁参照）であったらどうでしょうか。
また、株主間契約に参加する株主の有する株式の総数が発行株式総数の3分
の2以上であったらどうでしょうか。当該株主間契約は、A社に対する議決
権数の増大に比例して「A社と株主との権利義務関係を拘束するもの」にな
りうるし、また「株式の内容自体を変える」ものにもなりうるのです。
　会社と株主との法的関係は静的に固定化したものではなく、当該一人の株
主が有する議決権数が発行済株式の総数なのか、3分の2なのか、単に一な
のか、つまり議決権数割合を係数として変化し、流動化するものだという理
解が株式会社哲学の基礎になければなりません。つまり量は質に転化するの
が株主間契約の神髄なのです。

⑷　借入責任に関する株主間契約

　借入責任に関する株主間契約とは、直接には、借入れする責任はいずれの参加企業が負うかを定める契約条項を指していますが、実務では、資金貸付会社（通常、銀行）に対して「担保責任」を負う会社を意味します。上場会社同士の合弁契約（棚橋元「合弁契約における株主間の合意とその効力」判例タイムズ1074号45頁参照）でも借入責任条項を入れるのが普通で、それを担保責任と呼称しています。しかし、法的担保責任を負う旨を明記した条項ではなく、借入債務最終返済責任ともいうべき性質で、貸付銀行に対して、「合弁事業体が弁済できない場合は当社が責任を負います」という旨の一札を入れるものに該当します。これだけでは法律上の弁済責任を負ったことになるとは解せられませんが、合弁事業に参加する上場会社の間とか、それに合弁事業参加企業と資金貸付会社との間でも、これだけの文言に過ぎないのに、法律上の保証責任を負ったものと認識されています。

⑸　撤退方法に関する株主間契約

　事業失敗時の合弁事業体構成員会社の撤退法方法に関する株主間契約——合弁事業体自体を解散消滅させるのではなく、合弁事業自体は継続するが、その構成員が自分だけは合弁事業から撤退したいという場合です。合弁事業体自身が構成員会社の合弁事業からの撤退方法を規定する場合もないではないでしょうが、それでは契約内容が煩雑になるのは避けがたいでしょう。合弁事業体構成員会社が所有する合弁事業体会社の株式の先買権（自己が所有する株式を有償で他に売却したいときに、その売却条件と同じ条件で先に当該株式を買い取る権利を与えておく契約）を定めることによって撤退問題を処理している事例が普通でしょう（浜田道代『アメリカ閉鎖会社法』（商事法務研究会、1974年）73頁参照）。

第2章 中小企業における株主間契約の種類

1 中小企業会社の少数株主——その1

(1) 剰余金を源資とする役員報酬

　株主間契約の観点からみると、中小企業とは代表取締役社長およびその周辺の役員たちは支配的立場にいて多数派を構成し、他方「頼まれ株主」や、従業員株主などは少数派を構成してその間には流動性がまったくなく、支配株主たちと少数株主たちとの間は構造的利益相反関係にあり、その両者の間に株主間契約が成立する余地はまずないのが普通です。多数派は会社法が定める剰余金を源資とする適法な配当金を収受するほかに、取締役として、あるいは従業員として要職を占め、「事実上の剰余金を源資」とした高額な役員報酬、従業員としての給与名目の高額の「利益」を法人税法上の損金名下に手に入れているのです。これに反し、少数派株主は、通常配当金も受け取れず、取締役に就任することも不可能であり、要職について高額の給与に預かることなど望むべくもありません。

　現代の日本社会では公然とこのような恥ずべき不条理が横行しており、税理士たちは事実は剰余金であるのに名目上損金として会社外に流出しているこれら不公正、かつ不当な利益を取得する方途を会社経営者に助言して糊口を凌いでいる現実があるのです。

(2) 取締役の任務懈怠

　かかる不公正を糾す観点に立脚した法的手法は現行会社法にはまったく規定さえ置かれておらず、放置されています。これが、現行会社法が中小企業を横目にみて、大企業だけを向いて立法化されていると非難される理由の一

つです。

　これに対し、少数派株主が原告となり「不当に低い額の剰余金配当を決定する株主総会決議について、特別利害関係人である多数派株主の議決権行使によって著しく不当な決議が成立した」と主張して株主総会決議取消請求の訴訟（会社法831条１項３号）を提起する方法とか、「取締役がそのように不当に抑制された額の剰余金配当を定める議案を株主総会に提出することが取締役の任務懈怠（善管注意義務違反または同法109条１項違反）にあたる」と出訴する方法が提案されています（久保田安彦＝湯原心一「閉鎖会社の配当政策と株主間の構造的な利益相反（上）（下）」商事法務2278号４頁、2281号39頁）。鋭い提案だと思いますが、この種の訴訟は、訴訟遂行費用負担の不安のうえに、立証が、相手の懐の内を探るに似て困難を極めることが予想されます。特別利害関係人側からの内部情報が漏れ滴れてくる見通しがない限り、実務弁護士としては二の足を踏むのではないでしょうか。

2　中小企業会社の少数株主──その２

(1)　多数派になる機会

　訴訟が無理なら素手で闘うしかありません。貧乏で力のない少数派にも、株主間契約で闘う方法が天賦されるときがあります。構造的相反関係がある会社で少数派株主の一員にすぎない者は少数株主の悲哀から逃れられないとあきらめ、意図的には多数派になろうとはしないのではないかと思われますが、必ずしもそうではないのです。少数派にはそれなりに多数派を新規に形成するチャンスが与えられる場合があるからです。少数派でありながら多数派になる機会を窺がう者には、多数派株主を構成する一部フラクションが独立した多数派となる機会を窺い新規に支配株主グループを形成しようとしている場合などには敏感に反応し、新規に多数派を構成する仲間になることを多数派の中の一派に提案する道があるからです。つまり構造的相反関係があるにしても、利益または損益で結び付く関係は、また離合集散の保育器でも

あることです。

このように多数派の中に新規の分派を結成できる契機があると睨む少数派はその可能性ある分派に新規に株主間契約を締結しようと申し入れることになるでしょう。申し入れられた分派からみれば、その申出を受け容れれば一挙に多数派を形成できるだけの魅力ある申出であるかもしれないのです。

(2) 拒否権株主間契約

もうしそうであれば、当該分派は新規申入れ少数派に対し、味方に引き入れるため、拒否権を当該少数派に与える内容の拒否権株主間契約を締結することを提案する道を模索するでしょう。拒否権とは、ある特定事項について株主総会で議決しようとするときは、当該権利を保有する株主の同意を要するとする権利です。株主総会の議決の外にある種類の株主を構成員とする種類株主総会の議決を要するとする規定（会社法108条2項8号）によく似た性質です。しかし種類株式導入に伴う定款変更（同条2項）の煩雑さがなく、単に両者間にその旨の合意が成立すれば効力を有するに至るのですから簡便です。

この要求を受けた少数派株主は当該分派株主から事の成否を決定づける拒否権という強力な権限を与えられることになりますから、引換えにそれに見合うだけの強力な「反対給付」を与えようとするのも当然でしょう。当該少数派株主らは分派株主に対して、拒否権の受け容れにあたり拒否権行使対象事項の範囲を明確にしてくれと求めるとともに、拒否権対象議題とは別の議題については、必ず我々少数派株主は分派株主の指示に従い、その指示と同一内容の議決権行使をすると約束すると回答するのが通常の対応でしょう。つまり取引条件としての新規の議決権拘束契約の申入れです。新規多数派を形成しようと考える分派株主は拒否権株主間契約を相手に与え、少数派株主はこの議決権拘束約束を受け容れようと回答するのが通常の反応でしょう。ここに両者の協力関係が成立し新規の多数派が成立するでしょう。

株主間契約が広く通用し、普遍性をもつ理由は、当該契約締結により契約当事者の一方だけが利益を受けるのではなく、その契約当事者の双方が相互に利益を受けるところにあります。この意味で、株主間契約の成立は妥協の

産物であるといえます。このように、拒否権付き議決権拘束株主間契約が成立するときは、拒否権株主間契約は、議決権拘束契約に吸収されて一本化し、外形上議決権拘束契約だけが成立します。加えて、このようにして成立する議決権拘束契約は、契約当事者双方にとって明確な多数派利益の享受が受けられる契約ですから、契約当事者双方にとって当該株主間契約の存在自体を隠蔽したい動機が双方に働き、相互に相手方による秘密の暴露を禁圧する高度の必要性が生じ、結論として、双方に巨額違約金の約定が受け容れやすい心理メカニズムが働く構造になります。世上によく見る違約金付き株主間契約はこのようにして成立するのが一般でしょう。

3　議決権委付契約、議決権売買契約、資格譲渡契約

(1)　議決権委付契約

　議決権委付契約とは、議決権行使の仕方を無償で契約の相手方に対して委付（委ね渡すこと）する契約です。相手方に委付されるのは議決権行使の仕方を決定する権限であって、議決権の行使それ自体ではありません。したがって委付契約がなされていても委付されるのは議決権行使の方法の決定だけであって議決権の行使それ自体ではありませんから、外部からみれば委付した者は従前どおり議決権の行使をすることになり、委付したこと自体が外部からはみえません。仮に、総株主中の一人が、他の株主全員から議決権委付を受けているとすると、全員が一斉に同じ議決権行使をするのですから、整然たる全会一致の議決権行使がなされたようにみえます。

(2)　議決権売買契約

　議決権委付契約は議決権売買契約に類似しています。議決権売買契約は、株式の売買を伴わない議決権だけの売買契約です。つまり契約の一方当事者である株式議決権の売主が、当該売買契約の有効期間中は、相手である買主

が指示するとおりに議決権行使をすることを約束する契約です。したがって議決権売買契約は議決権行使の仕方が契約の一方当事者の指示に従って他方当事者が議決権行使をするということになります。他方当事者の議決権行使の仕方を指示し規制するという点において委付契約も議決権売買契約においても、議決権拘束契約の一類型です。また、議決権を売却した者からみれば、その議決権行使の意思表示の内容を決定する権限を任せたのであって、意思表示すること自体を議決権買取人に任せたわけではなく、議決権行使の意思表示をする権限自体はなお保有していますから、意思表示行為自体を相手に任せる代理とは異なります。ただ議決権売却人は議決権買取人の指示に従って議決権を行使する義務を負うことになるのですから、議決権を委付された者の指示に従って議決権を行使することを約する議決権委付契約と、議決権売買契約とは類似性が高いといえます。ただ、議決権委付契約は無償で委付するのですから、有償性の点で議決権売買契約とは異なります。

　議決権委付契約が有効か否かを判断するにあたっては、当該委付契約が会社には不知の間の行われる私的利益のためだけに行われるものであっても、会社の利益を害するわけではなく、第三者の利益を害するわけでもないのですから、公益には反しない場合は有効と考えてよいでしょう。

　議決権売買契約は金銭のやりとりが付きまとうことから忌み嫌われ、頭から法律上無効とする考えが有力であったと思われますが、その理由では論理上、議決権売買契約そのものが法律上無効である理由になるわけがありません。議決権売買契約が公序良俗に反するか権利濫用に当たる事実関係がある場合には、それを理由に無効とすれば十分でしょう。

(3) 資格譲渡契約

　契約によって自己の有する議決権を相手方に譲渡する方法の一つとして「資格譲渡」の方法があります。株主権を譲渡するのではなく、株主たる形式的資格の移転の下になされる株主権行使のための授権です。株主が他人に自己の株主権そのものを譲渡することなしに株主の外形的地位をつくるものである点において「名義株」に酷似しています。株主権の資格譲渡は、他人に株主権特に議決権を行使せしめる方法としてドイツ、オーストリア、スイ

スにおいて広く行われ、特にドイツにおいては、銀行が得意先より寄託された株式（寄託株）の議決権を行使すること（銀行議決権）によって各企業に対して一大勢力を振るうに至りました（菱田政宏『株主の議決権行使と会社支配』（酒井書店、1960年）184頁以下）。

(4)　解散契約

　解散契約は会社自体の会社法上の解散を結果する契約です。したがって契約とはいえ対立する二当事者間の契約では意味がなく、会社法471条3号、309条2項11号所定の議決権を行使することができる株主の議決権の過半数（ないしは3分の1以上の割合を定款で定めた場合はその割合以上）を有する株主が出席し、出席した当該株主の議決権の3分の2（これを上回る割合を定款で定めた場合にあっては、その割合）以上に当たる多数をもって議決される可能性がある契約でなければ意味がありません。したがって、通常、会社の発行する全株式を所有する株主全員が当事者となり、株主総会を開催し、その決議内容が上記解散要件に該当する以上の議決権の賛成を得ることを要件とする契約の締結をすることになるでしょう。しかし、このような方法をとるときは、株主総会において上記議決が得られるまで解散できるかどうか判明しないことになります。

　解散契約を締結する当事者としては、たとえば、連続3期以上にわたる赤字の継続とか、創業開始後5年以上にわたって売上げが何億円を上回らない場合など、そもそも収益獲得の目的を掲げて資本を結集し新会社を設立し収益獲得に邁進してきたが、これでは新会社を維持すること自体に意味がほとんどなくなった事態に至ったときは、確実に当該会社を解散して投資した資金を別な事業に振り向けたいという意図で解散契約の締結を企図するのが通常ですから、一定の経済指標を一定期間以上未達の場合は確実に会社の解散を実現したいはずです。むしろこのような意図のもとに締結される契約だけを解散契約というべきでしょう。

　したがって、解散契約は当初の合同出資契約書（合弁契約書）の中に規定されるのが通常であり、一定の解散条件を定め、当該条件を充足するときは全当事者が株主総会を開催し解散を議決すること自体に賛成する旨が規定さ

れるでしょう。いわば停止条件付解散議決合意書の形をとるのです。

　さらに会社を解散せざるを得ない事由が客観的に定まることが事前に判明しているとき、たとえば、特許の期限切れによって合同企業の終息が事前に確定的に判明するような場合は、特許の期限れを解散事由の発生として定款に定める方法（会社法471条2号）もありうるでしょう。

4　違約金付き議決権拘束株主間契約

(1)　違約金の増額と減額

　違約金付き議決権拘束株主間契約の問題点は、当事者の一方だけが相手方に違約金の支払を約束していることではありません。この手の株主間契約は、支配株主グループが二つあり、その一つだけでは完全支配力に欠けており、相互に相手方グループと協力しなければ過半数を支配ができない、つまり力関係が拮抗しているグループ間でみかける契約類型です。

　自分のグループだけでは会社支配ができないだけに、相手方グループを強く自派グループに引き留めておきたいのに、相手方グループが逃げ出そうとするのではないかと恐怖心が相互に働き、会社の規模、売上高、収益力など当該会社がもっている客観的経済力に比較し、違約金の額が不相当に巨額になりがちです。平成29年の民法改正（令和2年4月1日施行）以前の時点においては損害賠償額の予定を定めていた民法420条は、「当事者は、債務の不履行について損害賠償の額を予定することができる。この場合において、裁判所は、その額を増減することができない」と規定していました。この条項の存在が一因となって、平成6年ころ以降のバブル経済崩壊時期には、どうみても異常なほどに巨額な違約金額（私が経験した最高額はビルの建築代金50億円で、特定の時期までに工事が完成しない場合の違約金が同額の50億でした）を定める契約が散見されました。そのため暴利行為抑制の見地から同条項は改正になり、裁判所による損害額の予定を増減できないとの制限規定（後段部分）が令和2年4月1日から削除されたのです。このため同改正以降は、

議決権拘束株主間契約における違約金の額も裁判所によって「減額」される可能性があることとなりました。

　しかし、それと同時に裁判所の裁量で違約金を「増額」することもできるようになったと解すべきだと主張している人々もいます。確かに改正前民法420条の文字面では「増減」であったから、これが削除された以上、「増額」することもできると読むことができるようになったのではないかと考えられるのですが、もしそのように読むことが正しいとすれば、それは損害賠償額は算定困難であるから「損害額を予定する」違約金として、あらかじめ定まった額を規定しておくことを認める、という違約金の定義に反することになるのではないでしょうか（この意味で旧民法の「裁判所は、その額を増減することができない」という規定は、違約金の性質に忠実な規定であった）。また、改正前民法では「裁判所は、その額を増減することができない」と規定されていましたが、バブル期における異常に巨額な違約金を正常化する意図で令和2年の改正により「その額を増減することができない」を削除した意味がなくなってしまうではないかと考えます。したがって改正された現民法420条の読み方としては、〔債権者が違約金の上限としてこれだけは欲しいと指定していたとしても、公序良俗に反するか社会常識に反するほどに高額であるから裁判所の裁量で減額することができるが、他方、債権者が違約金の下限として、この程度は欲しいとしていていたのであるから、その額が公序良俗に反するか社会常識に反するほどに低額であるなどということはあり得ないのだから、裁判所は増額することはできない〕と読むのが妥当だと考えますが、どうでしょうか。

(2) 違約金の税務処理

　しかし、これにより、実務において違約金額が抑制されるかといえば、にわかには期待しがたいとろろです。なぜなら、一つには、この種の違約金を株主間契約に規定する当事者は、合弁事業にみられるように、両社とも会社である場合が多く、したがって違約金が業務上発生したものと認識されやすく、このため損金として税務処理される可能性が高いこと、二つ目に、この種の契約は、会社法上自由であるべき株主総会における議題の提案について、

法律上望ましくはない拘束を相互に相手方に要求する性質のものであり、裁判所における審理の場で公然と主張するにはお互いに二の足を踏むようなニュアンスを含みやすく、そのためおのずから秘匿性が高く、お互いに法廷に事案を持ち出すことを敬遠するからです。

　しかし、この種の契約が契約当事者によって厳重に守られ、契約として強靱といえるかといえば、必ずしも、そう言い切れないでしょう。なぜなら、目が飛び出るほど高額な違約金の定めがあるといっても、例外規定として、「損害が軽微にとどまる場合には違約金の請求はできないものとする」との（理論上矛盾する）規定を文中に挿入している実例もみられますし、違約するにはそれなりのエクスキューズを用意することはさほど難しくはないし、法廷において違約であると断定しうるだけの事実関係の立証も困難な場合がありうるからです。また判決では勝訴したとしても、この種の事案では、違約者が数億円に及ぶ資産をそもそも初めからもっていないなど、強制執行が円滑に達成できるとは限りません。それに加え、多額の違約金額による威嚇は、より多額の利益の前には弱いからです。言葉を換えれば、この手の露骨なまでの高額約束をする人たちは、契約を破っても十分勘定が合うだけの利益が得られる見込みがあれば、迷うことなく意図的に違約するからでもあります。

第二編

株主間契約の効力

第一部
議決権拘束株主間契約

1　議決権拘束契約

(1)　組合との関係

　特定の株主と他の特定の株主との契約が締結され、当該契約に違反する債務不履行があった場合においては、当該債務不履行株主との間の契約を解除すること、当該債務不履行株主に対して損害賠償を請求すること、契約内容の履行を債務者に強制することが可能であることは、民法上の一般原則（民法414条）が定めるところです。しかし、その結果、当該債務不履行を犯した株主は当該会社の株主ではなくなってしまうわけではありません。株主と他の株主との契約関係は、当該株主以外の他の株主たちを共に抱え込んでいる会社という名の天蓋に包まれた利益共通団体を構成しているのであって、相互に同じ会社の構成員としての濃密な共同出資と共同利益追求という粘着力によって結合されています。単に民法上の孤立した一人が赤の他人との間で結んだ契約関係とは根本的に異なります。

　その異質性は、株主間契約が民法上の組合に類似した法的結合関係に由来するものとらえ直すことができます。民法は、組合契約を各当事者の出資と共同の事業を営むことを約することによってその効力を生ずると規定しています（667条1項）。株主間契約はともに出資した株主同志の契約である点と、相互に共通の収益活動に従事することを主眼とした契約関係である点において、民法上の組合との類似性を指摘することができます。

　もともと、非公開会社においては、公開会社の場合とは異なり、株主と株主との間には濃密な人間関係が維持されているのが通常であり、会社資産に対する個々の株主の会社内部における支配権行使も特定の株主だけの独自の判断によって左右されているのではなく、株主相互間の協議と暗黙の同意によって形成されています。会社外部の債権者に対する行動様式も同様に株主相互間の協議と暗黙の合意によって形成されています。特に法人税法上の同族会社の概念は、資本の目からみる株主は個々に独立している存在ではなく、全株主が一体性をなすものとして把握されています。そのうえ非公開会社においては金融機関から融資を受けるための担保として代表取締役の個人連帯保証が恒久的に差し入れられています（保証人が会社の取締役である場合には平成29年改正民法で令和2年4月1日以降適用されている保証意思宣明公正証書の適用はありません）。そのため、非公開会社においては、外部的には株式会社の名の下に有限責任によって保護されているといってみても、金融機関による無限責任追及の槍が厳しく突きつけられており、この意味でも民法上の組合に酷似しています（民法675条2項）。この意味でも株主間契約の性質は非公開会社の実態に親和的です。

　組合契約の共同目的追求行為性から、民法は、その業務については総組員同意によって決定しまたは総組合員が執行することを妨げないとも規定しています（670条4項）。この点においても、株主間契約と組合契約との類似性が指摘できます。全株主が同意して成立した株主間契約の下に成立した株主間の結合関係はその全員を包括する株式会社の傘のもとに、その全員が出資をしてその全員が共同の事業利益を追求する関係にありますから、かかる共通の利益を実現するために構築された会社の機関である取締役ないしは取締役会をも、法的に拘束することができなければならないと考えられます。

⑵　総株主の同意ある場合

　特定の株主Ａと他の特定の株主Ｂとの間において締結された契約であっても、その契約が他の株主であるＣの利益のために締結された契約であり、あるいは当該ＡとＢとの契約は他のすべての株主の同意の下に締結された契約である場合には、株主Ｂが株主Ａとの契約に違約して債務不履行し、その結

果、利益の享受を期待していたＣの利益を奪うこととなる場合には、Ｃは自己の利益享受権を侵害されたとしてＢに対して損害賠償を訴求することが肯定されなければなりません（森田実「株主間合意の有効な範囲と損害賠償責任」判例時報1770号194頁）。つまり、全員同意の下に成立した株主間契約においてはＢのＡに対する義務は同時にＢのＣに対する義務を構成すると考えられます。

　このため、Ｃが取得するであろうＢに対する給付を命ずる債務名義（判決）によって、強制履行（強制執行）することが肯定されなければなりません。なぜなら、会社法が定める株主総会議決の効力発生は、総株主議決権の過半数以上（309条1項）、総議決権の3分の2以上（309条2項）、あるいは総株主の頭数の半数以上であって、総株主の議決権の4分の3以上（309条3項）のいずれかを根拠として成立するのですから、いずれにせよ会社法上の株主総会議決によって成立したとみなされる会社の意思は、過半数未満、3分の1未満、ないしは4分の1未満の少数派株主の意向を排除し否認したところに成立する多数派意思をもって会社の意思と擬制するところに成立しているからです。したがって、総株主が同意しているところに成立する株主の意思は、株主総会決議以上の法的効力を有するものとして承認されてしかるべきです。つまり、総株主の同意がある場合にはＢのＡに対する違約は、Ｂが他株主全員に対して違約したとされるがゆえに、Ｃに対しても違約であると認識されるのです。

(3)　株券発行がある場合

　このため、株主全員の同意が得られてはいない特定株主間の契約は当事者間だけで効力があるのに留まるのが原則であるというべきことになります（ただし、株主間契約が締約当事者である株主が拠出した資本を介して直接契約当事者ではない会社にも法的効力を及ぼすことがあることは先に述べたとおりです）。当該会社の株式の譲渡を受けて新たに株主となった新規株主に対しては、当新規株主が株主権を取得する以前に成立した全員同意の株主間契約の効力を主張することは許されないというべきでしょう。かかる契約の存在とその内容を知った第三者である新株主に対して主張できるに留まると考えるべきで

しょう。

このことから、いかなる事項が株主全員の同意がなければ実行することを得ないかをあらかじめ定めておき、その内容を新たに株主になる者に示して了解をとる手続をとることが要請されるでしょう。株券を発行している場合には、それらが株券の裏面に記載されていることが望ましいでしょう。事前に定めておくべき事項として、具体的には、

① 配当するか否かの基準

② いかなる手続によって取締役が選出されるか、いかなる手続によって代表取締役が選出されるか、取締役の報酬はどのような手続によって決定されるかといった基準、

③ 解散、合併、会社分割、株式交換、株式交付、全部取得条項付き種類株式の取得などの組織再編行為をするか否かを決定する基準（組織再編行為のように複雑に入り乱れる権利義務関係が交差する場面についてまで予測して組織変更の基準を規定することは実際上不可能に近いのですが）、

③ 新たに株主間契約に加入することが認められる者の決定基準、

④ 株主間契約の適用が及ばなくなる者（死亡を含む）の決定基準

などが考えられます。

⑤ 加えて、それら合意内容のほかに合意の存在を確認できる形式が重要です。日時を明記した書面に拠るべきでしょうし、全株主が署名捺印する形式が望ましいでしょう。更には、公証人の認証を受けた公正証書（公証人法58条以下）とすることが望ましいというべきでしょう。

(4) 取締役会拘束株主間契約

誰が代表取締役になるかをあらかじめ株主間契約で定めることができるのかについては、代表取締役の選任行為が取締役会の権限であることから（会社法362条3項）、株主間契約は取締役会決議を拘束できるのかという疑問に突き当たります。議決権拘束契約の効力の問題です。しかし、取締役会を設置するか否かは、現行会社法では、公開会社、監査役設置会社、監査等委員会設置会社、指名委員会等設置会社に義務づけられている（同法327条）に留まり、株式会社一般に義務づけられている法定事項ではなく、それ以外の会

社にとっては、法律によって強制された機関ではなく、定款で置くことがで
きると定めることができる任意事項にすぎません（同法326条２項）。加えて、
定款の変更は株主総会において株主の議決権の３分の２以上の多数をもって
決しうる（同法466条、309条２項11号）のですから、全株主の３分の２以上の
同意が認められる株主間契約においては、取締役会決議を拘束できると考え
ることには論理性があるといってよいでしょう。まして、全株主の同意があ
る場合には株主間契約は取締役会決議を拘束できると考えてよいはずです
（同旨、浜田道代『アメリカ閉鎖会社法』（商事法務研究会、1974年）50頁、江頭
憲治郎『株式会社法〔第８版〕』（有斐閣、2021年）352頁）。

　しかし、全株主同意による株主間契約としても議決権拘束契約の効力が認
められるということから、直ちに、二株主間契約の効力が全面排除されるわ
けではありません。議決権行使約束目的の株主間契約としての効力は認めら
れます（浜田・前掲書308頁）。その効力は通常は当事者である株主を拘束す
るに留まりますが、特定の議決権行使をする旨の株主間契約においては当該
契約を守った議決権行使を介して直接に会社を拘束することがあることはす
でに述べました。

2　種類株式は助けにならない

(1)　種類株式の使用範囲の縮小

　株主間契約の内容を定款に定めた種類株式（会社法108条１項８号の黄金株）
として規定することによって、契約違反の多くを定款違反としてしまうこと
ができます（江頭憲治郎『株式会社法〔第８版〕』（有斐閣、2021年）64頁、注１）。
取締役の選出について通常の株主総会議決のほかに、特定の種類株式の株主
総会の議決を要する旨を定款に規定したとすれば（会社法108条１項９号）、
種類株式の株主ＡがＸとの約束を破り特定の種類株式の株主総会において、
株主Ｘの選出議決をしなかったとすれば、Ｘに対するＡの契約違反に留まら
ずＡの違約は定款違反となってしまうということです。ただし、この種類株

式に関する規定を登記しなければならず、この規定は外部に公表されてしまうことになりますから、定款違反としてしまうことによる副作用も甚大になることがあります。

　しかし、副作用を論じる前に、種類株式を用いて株主間契約の有効性の範囲を拡大しようとする考え方には賛成できません。種類株式はすでに会社法の命ともいうべき株主総会に株主の英知を集めて会社を運営するという、いわば会社法の聖堂を十分踏みにじってしまっているからです（後述します）。逆に、株主間契約の使用範囲を拡大することによって、種類株式の使用範囲を縮小すべきだからです。

(2)　議決権拘束株主間契約の法的効力の制限

　株主間契約をめぐる最大の課題は、株主総会や取締役会において、議決権行使の仕方を約束し合う議決権拘束契約の法的効力をどう考えるか、です。議決権拘束契約とは議決権を行使する権限をもっている株主が、ある特定の議題について議決権行使の仕方を、たとえば、ある一定の議題について、賛成するか反対するか、または棄権するかについて、同じ会社の他の株主、あるいは他の会社の株主、ないし第三者と、民法上の義務を負う（議決に賛成する、ないし反対する、あるいは棄権するなどの特定の議決権行使の義務を負う）契約をいいます。

　まず、契約自由の原則からみて、議決権拘束契約一般が無限定に禁止されるとする根拠はないと考えられます。次いで、議決権拘束契約を定款で禁止することができるかを考えてみます。かかる議決権拘束契約禁止条項を定款に規定するためには、とりあえず、同じ会社の株主の議決権の過半数を有する株主が出席し、出席した株主の議決権の3分の2以上の多数をもって議決されなければなりません（会社法466条、309条2項11号）。しかし、かかる多数による議決によって、ある特定の株主の法的契約締結権限を、当該多数派の利害が何ら害されてもいないのに、制限できるとすると、相互に法的には同格の立場にいる者が、ただ3分の2以上の多数の立場に立つことによって他の少数派である株主が有する法的権利を、対価の有無を問わず当然に、制約することを許容することになってしまいます。それは明らかに契約自由の

名を借りた過剰な規制であるというべきでしょう。このため、議決権拘束契約の法的効力を、定款に記載することによって一般的に制約することはできないというべきです。

　ただ、個々的事実関係に照らし、他の株主の利益を害することを目的とした契約である場合など、株主権の権利濫用が認められるとか、全体としての会社の利益が害せられる場合には、公序違反として議決権拘束契約が無効となる場合（無効確認訴訟が認容される場合）がないわけではないと、個々的に構成することが妥当と考えられます。このような論理は、同一の会社の株主間における議決権拘束契約に妥当するだけではなく、当該株主とその会社の外部にいる第三者との間の議決権拘束契約においても、一方当事者である株主は同じ会社の中にいるのですから、同様に妥当すると考えられます。当該会社内部の全株主が当事者である場合は当然に効力が肯定されます。

3　譲渡制限ある株式

(1)　譲渡制限ある株式の無承認譲渡の効力

　少し問題が複雑になるのは、譲渡制限がかかった株式（会社法136条）に関してです。甲会社のA株主の有する株式が譲渡制限株式であり、譲渡には株主総会の承認を要する場合（同法136条、139条に該当する場合）であって、全株式につき株式譲渡制限規定が定款に定められている場合（同法107条1項1号・2項1号イ）を考えてみます。当該甲会社のA株主が当該会社の株主ではない第三者Bに当該譲渡制限株式を有効に譲渡するには、甲会社の全株主の3分の2以上の株主が承認する旨の議決を要することになります。全株主の3分の2以上の株主が承認する議決の下に定款変更ができるのですから、定款上、譲渡制限規定がないことと等価といえます（同法309条2項11号、466条、なお、旧商法の下では、定款を変更して株式の譲渡につき取締役会の承認を要する旨の定めを設ける場合には総株主の過半数にして総株主の議決権の3分の2以上の多数をもってこれをなす、と定められていました）。

　AがBに譲渡することについて株主の過半数が出席する株主総会で3分の
2以上の承認が得られない場合、AがBとの間で、Aが株主総会で3分の2
以上の承認を得るべく自己の議決権を行使するよう議決権拘束株主間契約を
締結すること自体については会社法上の制約がないでしょう。しかし、Aが
Bと、甲会社内部における議決権行使方法についての拘束契約を締結し、か
つAが他の株主を説得して多数派を構成し株主総会で承認が得られたところ
まで持ち込むよう説得する義務を負う旨の契約を結んだときは、おそらく、
譲渡制限制度の趣旨を潜脱するものであって（甲会社にとって望ましくない株
主を排除する建前をとっているのに、それを否定するように他の株主を説得する
のは許しがたいという意味で）許されないという意見が提示される可能性は
あるかもしれません（江頭・前掲書〔第8版〕236頁注3参照）。したがって、
当該会社のA株主が当該会社の株主ではないBに当該譲渡制限株式を譲渡す
る契約をしたけれど株主総会で承認が得られなかった場合には、議決権拘束
株主間契約に付随する説得義務と正面衝突することがあり得そうです。しか
し、そうみえたとしても議決権拘束株主間契約と衝突するわけではなく、付
随する説得義務と衝突するにすぎないというべきでしょう（土肥一史「議決
権拘束契約の効果と執行可能性(1)(2)」福岡大學法學論叢21巻2号81頁・22巻2号
199頁参照）。

　それでは、AとBが、AがBに自己の株式を譲渡するとの株式譲渡契約を
締結したが甲会社の過半数の株主が出席する株主総会において3分の2以上
の株主の賛成が得られない場合には、Bが株主間契約をAと締結したとして
も意味がないことに帰するのでしょうか。

　この点、最高裁は次のように判示していました。「商法204条1項但書きは、
株式の譲渡につき、定款をもって取締役会の承認を要する旨定めることを妨
げないと規定し、株式の譲渡性の制限を許しているが、その立法趣旨は、
もっぱら会社にとって好ましくない者が株主となることを防止することにあ
ると解される。そして、右のような譲渡制限の趣旨と、一方株式の譲渡が本
来自由であることに鑑みると、定款に前述のような定めがある場合に取締役
会の承認を得ずになされた株式の譲渡は、会社に関する関係では効力を生じ
ないが、譲渡当事者間において有効であると解するのが相当である」（最高

裁昭和48年6月15日判決・民集27巻6号700頁）。

(2)　譲渡制限制度と議決権拘束株主間契約との関係

　この最高裁昭和48年6月15日判決は、A株主が甲会社の株主ではないBに譲渡制限株式を譲渡する契約の有効性を肯定しており、ただ、定款に取締役会の承認を要する旨の定めがある場合に当該譲渡承認を得ないでした譲渡契約は会社甲には対抗できないと判示しています。したがって、ただ株主名簿の名義書換えはできないことに留まるというにすぎません。この判示内容からすると、A株主が甲会社の株主でさえないBに譲渡制限株式を譲渡する契約の有効性は、定款で3分の2以上の株主の承認を必要とするかどうかとは関係なく肯定されることになります。そして、この判決の論理によれば、この株主Aの株式の第三者Bに対する譲渡がその効力を発生した後においても、Aはなお当該会社甲との関係においては甲会社の株主であり続けることになりますから、Bは当該会社甲の株主Aと議決権拘束契約を結び、AからBへの譲渡についての事後的な承認（会社法137条）についてAに他の株主に働きかける説得義務を負わせ同承認を得られるよう努力してもらう、という構成をとれば株式譲渡制限制度と議決権拘束株主間契約とは矛盾する局面はないことになります。

　なお、上記の株主Aが事後的に議決権拘束株主間契約の当事者となった場合に、AからBへの譲渡についての甲会社における事後的譲渡承認決議に参加できるかという点については、Aは自己の利害にかかわる総会議決には参加できないのではないかという見解があるかもしれません。しかし、Aは自己の利益の実現のためにBへ譲渡することについて甲会社から承認を得ようとするのであるし、そうしたからといってAのBに対する譲渡を甲に対抗できないのですから、Aは甲に対しても甲の他の株主との関係でも依然として甲の株主であり続けるだけにすぎないのであるし、したがって甲会社の株主との関係においては新たに誰の利益をも害することにもならないので、当然事後的承認決議に参加できると考えてよいことになります。

　つまり、定款によって全株式に譲渡制限がかけられている会社においてもなお、当該会社の株主と第三者との間において議決権拘束株主間契約を締結

することに支障となる問題はないと考えられることになります。

⑶ 自己を拘束する自由

たとえば、取締役選出を議題とする株主総会において、特定の株主同士が取締役候補者の中から特定の者を選出する旨の賛成議決権行使をしようと約束し合い相互の協力によって、株主一人だけでは実現できなかった目標を、相互の契約関係を通して実現しようとする場合を考えてみます。

この点に関して、株主総会が有する法的権限は法が創設したものであり、法が定めた多数決によってのみ「総会それ自体の意思」が決定されるとする多数決原理を、私人である株主が自由に勝手に変更することは認められないとする考え方が、日本でも欧州でも長い間強固に主張されてきたといわれています。このような考え方をする者からすれば、「本来決議なるものは各参加者の各場合における自由な判断によってなさるべきことを前提とするものであって、この判断の自由を妨げる契約は決議そのものの性質と決議を認める法の精神に反し無効といわなければならない」（大隅健一郎『新版　株式会社法変遷論』（有斐閣、1987年）128頁）ということにもなるでしょう。

しかし、このような考え方には「判断の自由」は「人間精神」の外部的にのみ保障されるものであるという、大きな誤解があります。かかる誤解は、ヒトは本来木偶の坊であって、自己自身では判断ができない存在であるとみなしているのと同断です。判断の自由とは、自ら自己を規定する自由のことですから、同時に、自己を拘束する自由のことであるという理解が欠如しているというべきでありましょう。

すでに自分の思うままに振る舞うことが不可能である拘束下に置かれていると自覚する者としては、自己と同様の立場に置かれた者と、意を共通にして、自分はこれこれをする、あるいは、しないという自己拘束の約定を相手方に与えることによって、相手方から自分はこれこれをする、あるいは、しないという同様の自己拘束の約定を得ることができるのです。特に有償双務契約においては、積極的な任意の自己拘束判断の交換によって契約が成立するのですから、かかる判断に自由がないなどといえるはずがありません。積極的に自己を拘束できるものだけが自由でありうるからです。

　このように株主間契約を肯定する考え方は、会社法上も法人税法上も、株主が有する株主権というものは、その権利帰属者である株主が、株主権放棄を含め、第三者の権利を害さない限り、自己の意思だけで自由に処分することができるという考え方に立つものなのです。

　この株主の自由は、取締役や監査役の自由と対比してみるとき明瞭になります。取締役も監査役もその意思において判断し、その選択において行動できる権限は株主から選ばれ、負託されたことに由来しています。したがって取締役も監査役も誰からも拘束されず自己のみの決断で自己を拘束することは許されません。この意味で取締役も監査役も自由ではないといえます。これに対比し、株主の権限は誰かに選ばれたから、あるいは誰かに付託されたことに由来するわけではありません。この点は重要です。自己が株主であることを自己資金の拠出と自己の意思で選んだことのみに由来しています。このように株主の自由を拘束できるのは本質的に自己のみなのです。会社法上、株主は会社に対して、したがってすべての会社機関に対して、出資の義務を履行している以上、何らの義務をも負う存在ではないからです（会社法104条）。

　これを株式会社の実務に照らしてみても、次回株主総会において特定の候補者を取締役に選出する目的をもって株主に対する多数派工作は日常的になされているところであり、議決権を一定の目的に向けて集約する行動が違法性を帯びるという非難に正当性があるとは考えられません。

(4)　意思表示を命ずる仮処分

　議決権拘束株主間契約が法的に有効でもあり、法的拘束力があることは現行の民事執行法、民事保全法からも裏づけることができます。議決権拘束株主間契約は契約当事者である相手方株主に向かって、特定の議決権行使という特定の意思表示をなすべき義務を創生する契約です。かかる契約の民事執行は「意思表示をなすべきことを債務者に命ずる」判決その他の債務名義（強制執行を可能にする文書の総称。民事執行法22条）が成立したときは、債務者はその確定または成立の時に意思表示をしたものとみなすと規定されています（同法177条）。登記申請手続の構造は、登記権利者と登記義務者との共同行為として構成されています（不動産登記法60条）。しかし判決による登記は

単独でするほかはない（同法63条）以上、登記義務者の意思表示の擬制は必然です。つまり意思表示を法的に強制する株主間契約の構造も不動産登記法に規定された登記手続と同じ構造といえます。株主の意思が会社の意思に転化する法的儀式として、法定された一定数の株主同士の協働行動を必要とするゆえに、株主同士の共同行動を不可避とするにすぎません。議決権拘束契約はそういう契約です。契約違反に対し単に損害賠償請求しかできないのであれば、株主の意思を会社の意思に転化すること自体が否定されることとなりますから、違約した株主意思は、株主間契約の効力によって、したがって判決によって擬制されるのです。これが株主議決権拘束契約の原理です。

　また、意思表示をなすべきことを債務者に命ずる仮処分については、判決の確定前に、仮処分命令により判決が確定した場合と同一の状態を実現させることは許されないのではないかとの観点から、許されないとする考え方が古くからありました。そのように判示した大審院判決もあったことは事実です（大審院大正2年3月14日判決・民録19輯128頁）。しかし、考えてみると、意思表示を求める請求権は本案判決確定前に発生することがありうることは当然であるし、また本案の請求として意思表示を求めているとしても、仮処分決定としては「意思表示の結果としての一定の法律関係」を仮定的に発生させれば十分であることを考えれば、本案判決確定前に仮処分により暫定的に請求にかかる権利状態を仮に定めることが許されないとは考えられません。私立大学の授業料滞納による復学についての復学許可を求めた仮処分異議事件について大阪地裁昭和40年10月22日判決（下民集16巻10号1579頁）は復学許可を求める仮処分決定を認可しています（東京地裁保全研究会報告七「意思表示を命ずる仮処分」判例時報1249号3頁）。このように意思表示を命ずる仮処分が許されないとは考えられません。その手続については、民事保全法に規定があり、強制執行の例によることとされています（52条）。

4　株主間契約の効力を否定する裁判例

　現時点における我が国では、学説としては株主間契約の法的効力を肯定するものが多数説とみてよいでしょうが、判例上は、株主関係契約の法的効力

が肯定されている事例はまだ数が少ないところです（東京高裁令和2年1月22日判決・判例時報2470号84頁参照）。しかし、その原因は、法曹界一般に、資本主義を旗幟とする民法、会社法における株主間契約の果たす重要性についての認識がいまだ高くはなく、裁判例自体も数少ないことによるものであって、裁判所が株主間契約の有効性を否定しているからとみるべき根拠はありません。

(1)　紳士協定のようなもの

　ただ株主間契約の一部の効力を否定した裁判例があるにはありますから、検討する必要はあります。その事案の骨子は次のような内容でした。

　昭和29年に、原告と被告とがともに経営権をめぐる紛争を解決するため訴訟外の和解をし、その和解契約（民法695条）によって、以後、双方がそれぞれ取締役に選出するよう合意し、それ以後、その和解の趣旨に沿って双方が取締役にそれぞれ選出されてきたが、昭和44年の株主総会において原告は、被告が原告を取締役に選出すべき法的義務を負っているにもかかわらず和解契約に違反して原告を取締役に選出すべく株主権行使をしなかったという事案です（東京地裁昭和56年6月12日判決・下民集32巻5～8号783頁）。

　裁判所は、和解といっても15年前の、訴訟外和解（裁判官の主宰の下に成立した和解ではない私的和解という意味）であり、和解書面もつくられておらず、紳士協定のようなものであるなどとして法的効力を認めませんでした。この判決は、株主間契約の有効性に対して二点の疑問点を提起していた、として検討だけはする必要があるでしょう。

　一つは、株主間で取締役を選任する合意に法的効力を認めると、取締役の選任を株主総会の専権事項としている（会社法329条）法の趣旨に反するのではないかという点です。

　もう一つは、15年前の合意を主張することは、取締役の任期を2年以内としている法の趣旨（平成26年会社法改正前は、任期は最長でも2年であった。商法256条1項）に反するのではないかという点です。

　しかし、この二点ともが、我が国においても、商法会社編の強行法規が取締役会とか株主総会に与えている権限規定に少しでも介入する考え方を排除

しようとする権威主義が一般に強すぎる傾向にあることの一事例でしょう（この傾向は、政治における国民国家の成立が遅れた国に、より顕著であると思われますが、それは本書の主題ではないので割愛します）。しかし実際には、現行会社法はすでに、旧商法のように、株主総会の権限を絶対的なものとはみなしていません。現行会社法においては、種類株式の肥大化によって株主総会の権限は弱体化してしまっており、すでに旧商法時代の株主総会の権威は跡形もないのです。

(2) 種類株式による株主総会の権威失墜

まず特定の種類株式が株主総会で議決権を行使できる事項を制限することを許容してしまっています（108条2項3号）し、株主総会で特定の事項が決議されたとしても、それ以外に黄金株と呼ばれる特定の種類株式の種類株主総会に株主総会議決を否定する権限を認めてしまっています（同項8号）。さらに、取締役または監査役の選任につき特定の種類株主を構成員とする種類株主総会に選任権限を与えてしまっているのです（同項9号）。つまり現行会社法は、取締役も監査役もすでに株主総会の権限であるとは必ずしも言い切れないところまできてしまっている。また、取締役の任期も2年から10年まですでに大幅に延長することを許してしまっており（同法332条2項）、その分、株主総会権限は弱体化しているといえます。

(3) 属人株による株主総会の権威失墜

さらに決定的に株主総会の弱体化を基礎づけているのは属人株（会社法109条2項）の導入である。そもそも株主は、自己株式を除き、株主総会においてその有する株式一株につき一個の議決権を有するとするのが大原則である（同法308条1項）とする原理の上に成り立つものでした。ところが属人株は株主ごとに議決権の数を異にすることを容認するのですから、たとえば、ある株主は一株につき一議決権であり別の株主には一株であっても議決権が千であることなどを許容することになります。このようにある特定の株主は一株しか有していないのに千の議決権を有する場合であって、他の株主は属人株ではない通常の株式しか有していない場合には、株主を招集し株主総会

を開くまでもなく議題が株主総会を通過するか否かは、株主総会を開く前に、事前に判明していることがあり得ます。かかる属人株式が発行されている会社では、株主たちに株主総会の招集をかけても参集する株主は誰もいないでしょう。かくして、討議を通じて株主の総意を集約するという株主総会本来の使命は溶解してしまっているのです。

これらからわかるように、種類株式と属人株は、株主総会の開催という会社法上の最も聖なる命を、圧殺してしまったのです。

(4) 株主総会決議取消訴訟

このように株主総会の権威はすでに失われてしまっており、株主間で取締役を選任する合意に法的効力を認めると、取締役の選任を株主総会の専権事項としている法の趣旨に反するのではないかとか、15年前の合意を主張することは取締役の任期を2年以内としている法の趣旨に反するのではないかという心配は、時代遅れの杞憂に過ぎないというべきでしょう。

しかるに、議決権拘束契約に違反する株主総会議決とか取締役会議決の事前の差止め（保全訴訟としての仮地位仮処分）に関する限りは、訴訟法上立証方法が制限されている（民事保全法13条2項、民事訴訟法188条。立証方法が疎明に限定される結果、第三者を証人尋問することができない）ことからも、第三者の利害に絡む場合があることからも、認容決定を得ることは裁判実務上、かなり困難な場合があることは確かです（なお、名古屋地裁平成19年11月12日決定・金融・商事判例1319号50頁は、株主間契約に基づき議決権行使の差止めが請求された事例（スズケン事件）ですが、契約上禁止されている「株式の譲渡」に株式交換が含まれるとして請求した事案です）。

しかし、株主総会議決については事後的に、議決権拘束株主間契約に違反する議決権行使がなされたことより著しく不当な決議がなされたことを理由に、その株主総会決議の取消訴訟（会社法831条1項3号）に勝訴できる場合もあります（前述しました）。特に、すべての株主が同意して議決権拘束契約が締結されている場合には、その可能性は高いと考えられます（森田果「株主間契約（六・完）」法学協会雑誌121巻1号1頁以下）。

5　少子高齢化時代と株主間契約の新天地

(1)　少子高齢化のインパクト

　少子高齢化が静かに進行しています。大量の中小規模企業が後継者を得ることもできず、廃業を余儀なくされる事例が今日現在恐ろしいほど多発しています。これに対し民法も会社法も有効な対抗策を全く打ち出すことができていません。ところが中小規模企業の廃業の実態をよく知る相続税法が驚くべき対策を打ち出しました。平成30年に新設された特例事業承継税制度です。

(2)　特例事業承継税制度

　相続税制度と贈与税制度の体系を根幹から覆し、少子高齢化の進行に立ち向かい新たに親族外事業承継制度を打ち立てようとする税制です（租税特別措置法70条の7以下）。その制度の概略は、親族ではない第三者に事業承継財産たる非上場株式を贈与した場合においても贈与税納税義務を長期にわたって猶予し、贈与者の死亡とともに受贈者の贈与税納税義務そのものを免除したうえ、その非公開株式のみなし相続による相続税も一定の条件の下に猶予する仕組みです。

　しかし、この仕組みでは、最初の贈与者と最初の「第三者」たる受贈者（事業承継者）との間との法律税務関係は、かなり規制が厳格なうえに複雑であり、数十年以上の長期にわたって継続する関係です。その間には当事者の死亡、諸事情の変化によるやむに已まれぬ裏切りが、予期するとしないとにかかわらず発生するかもしれません。少なくともその可能性に備えるべきです。経営に慣れていない事業承継経営者がどれほど頑張っても経営はうまくいかないかもしれず、投げ出したくなるかもしれません。事業承継しようにも自分の子供たちには会社経営を担わせることはどうも無理だ、それならいっそ他人に任せようと決断した、しかしその他人に裏切られたとき、どうしたらよいのでしょうか（私は弁護士としてそのような経験をしたことがあります）。特例事業承継税制より優れた方法はないのか、贈与を元に戻すことができない

117

のか、先代経営者の実の子孫が十分経営に耐えられる年齢に達していたとすれば経営権を一度認めた他人から事業を取り戻すことはできないのでしょうか。これら疑問のように、長期的に企業経営の継続を確保しようとすると回避することができない難問が特例事業承継税制によって解決されたわけではありません。

　この観点からも、将来生起しかねない諸問題を予測する現経営者株主と第三者事業承継株主との慎重な株主間契約の必要性は極めて高くなっています。

　このように一見株主間契約とは無縁とも思われる少子高齢化に起因する大規模廃業の連鎖とそれへの対策である特例相続税法の分野において、従来では考えられもしなかった大きな変革が起きており、それに対応して会社法の分野においても親族外事業承継を法的にも税法的にも可能にする株主間契約理論の対応能力の涵養が強く要請されるのです。

(3) 株主間契約の非公開性

　少子高齢化に向かう時代においては、相続に依らない中小企業事業承継技術の開発が強く求められます。さまざまな方法が開発されている中で、株主間契約の技術が注目を浴びることになる理由はいくつもありますが、特に強調すべきは、株主間契約は公開を求められる方法ではない点です。株主と株主とが民法上の契約をすれば株主間契約は成立し、法的効力をもつのであって、定款や種類株式のような「法的制度」の一つではないから、登記や登録が必要となるわけでもなく、公開が求められるわけではありません。株主間契約の当事者の意思とかかわりなく、外部から公開を強制されることはないという特性は、株主間契約が広く社会に受け容れられられていく原動力になるでしょう。

(4) 特例事業承継制度と第三者のためにする契約の効力と三者間株主間契約の効力

　上記(2)特例事業承継税制度において、「先代経営者の実の子孫が十分経営に耐えられる年齢に達していたとすれば経営権を一度認めた他人から事業を取り戻すことはできないのか」と書いて、これが特例事業承継税制度の一つ

の欠陥であると指摘しましたが、株主間契約を巧く使えば、「経営権を一度認めた他人から事業を取り戻すこと」ができます。

　論理過程を明瞭にするため、次のような単純化した具体例で検討してみましょう。

　甲会社のオーナー社長は、妻に先立たれ、65歳になり、そろそろ甲会社の事業の承継を考えなければならなくなりました。この社長は若いころから会社大事の一念だけで働いてきたから、自己資産は甲会社の株式（株券発行）だけで、ほかに資産はありません。後継者候補（息子）はいるが30歳前で、とりあえず役員に就任させるにしても代表権を渡すことはまだ現実的ではない状況です。そこで幹部社員の中から50歳近くになっているのに独身で、子もいない、中継ぎ後継者候補を選び、期間10年間と限定して、事業承継税制を用いて中継ぎ後継者に甲株を渡し、10年経過したところで自分の息子に代表権と甲株券を贈与で譲ってもらうことを計画しました。もちろん、この10年の間に先代社長に相続が起きれば、中継ぎ後継者は遺贈で取得したものとみなされ、引き続き相続税の納税猶予を受けたのち、先代の息子に納税猶予の贈与をします。先代社長や中継ぎ後継者に相続が発生した場合には、先代社長も中継ぎ後継者も相続税の申告に加わらなければなりませんが、先代社長も中継ぎ後継者も独身で甲株以外に見るべき財産がありませんから、ほとんどが問題ないといえます。

　ところが、このような、中継ぎ後継者を中に挟んで実の息子に甲株式（株券）を承継せる方法は「事業承継税制の落とし穴」であって、使えないという見解があります（鳥飼重和監修『新・事業承継税制の活用法と落とし穴』（新日本法規出版、2018年）86頁）。この見解は、「つなぎで入った社長が、先代との約束を確実に実行してくれる保証はどこにもありません。約束を守らせるための契約を先代とつなぎ社長との間で締結すればいいではないか、とお思いになるかもしれませんが、そういった契約は先代とつなぎ社長との間でしか効力がなく、後継が会社に対してつなぎ社長の株を渡すように、などと主張できるわけがありません。つまり、後継者としては先代との約束があるから自分に株を渡すようにと、つなぎ社長に法的には直接要求できないのです」としています。しかし、この中継ぎ後継者を中に挟んで息子に会社株式（株

券）を確実に渡す方法は、すくなくとも三つはあります。

　最も簡単な第一の方法は、先代社長が中継ぎ後継者に甲会社株式全部を渡す契約をするときに、その同じ契約書が締結されるときに、その同じ契約書の中で、中継ぎ後継者が、10年経過した時点で、「第三者である先代社長の息子」に甲会社株式（株券）全部を渡すと（息子にではなく）先代社長に約束し、かつ10年経過した時点以前ないしはその時点において、その息子は中継ぎ社長に向って「自分はその契約における自分の利益を享受するとの意思」を表示することです。息子は、このような利益享受の意思を表示したとき以降、中継ぎ後継者に向って甲株券の引渡しを要求できる権利を取得します。この方法を「第三者のためにする契約」と呼び、民法537条、538条、539条に規定されています。この契約では、契約の当事者は、先代社長と中継ぎ後継者だけであるにもかかわらず、契約に加わっていない第三者である息子が中継ぎ後継者に対して直接に甲株券を自分に（債権者である息子に）引き渡せと中継ぎ後継者（債務者）に対して請求できる権利が発生するのです。

　その後もし、中継ぎ後継者が息子からの株券引渡請求を拒否した場合は、債権者の債務者に対する債務の履行請求を拒否したのですから、債務不履行として民法414条（履行の強制）や415条（債務不履行による損害賠償）が動き始めます。当然、中継ぎ後継息子からの強制執行からも損害賠償請求からも逃げようがありません。

　もう一つは、先代社長、中継ぎ後継者、息子の三者間で株主間契約を締結し、10年後には中継ぎ後継者は息子に甲株式を引き渡す義務があることを明確に規定することです。この契約に規定された息子の有する中継ぎ後継者に対する甲株券引渡請求権は、息子が原告となり中継ぎ後継者を被告として裁判を起こし、裁判で勝訴し、確定すれば、民事執行法167条（その他の財産権に対する強制執行）に基づき強制執行できます。事態が窮迫している場合は仮地位仮処分命令の取得も可能です（民事保全法23条2項）。株主間契約に基づく強制執行とか仮処分については後述する本編（第二編）第二部株主間契約の強制執行・仮地位仮処分で詳述します。

　なお、この株主間契約で規定される、息子の中継ぎ後継者に対する甲株券引渡請求権は契約が成立してから10年後に発生しますから、期間が長いため、

この種の約束は公正証書にしておくべきです。

　第三の方法は、訴え提起前の和解（または即決和解）という方法です。裁判上の和解の一種で、民事上の争いのある当事者が判決を求める訴訟を提起する前に、簡易裁判所に和解の申立てをし、紛争を解決する手続です。当事者間に合意があり、裁判所がその合意を相当を認めた場合に和解が成立し、合意内容が和解調書に記載されることにより、確定判決と同一の効力があります（民事訴訟法267条）。簡単なように見えますが、実務的には技術を要する手続ですので、本編（第二編）第二部で詳しく説明します。

⑸　資金力のない従業員持株会を事業承継媒体に転換する三つの方法

　世上、事業承継にまつわる法律的研究書籍も税法的研究書籍も数多く出版されていますが、それらの中で、事業承継の推進母体をどのように新たに構築するかに焦点を絞って論じているものは不幸にして多くはありません。しかし本書は今後、中小企業にも広く認められる従業員持株会が事業承継の母体となっていく事例が増加してくるのではないかと考えています。

　最高裁平成7年4月25日判決（集民175号91頁）は、定款で株式譲渡制限を規定している会社で従業員の退職の際、額面額で取締役会が指定する者に譲渡するという内容の従業員持ち株会規約の効力を肯定していますが、知ってか知らずか、最高裁は、経営者がどれほど自己の資産税の節税策として従業員持株会を利用してきたかについてはまったく沈黙しています。そのうえ、この最高裁判決は、会社側が従業員株主たちに額面額での売戻しを強制したことを適法として認め、キャピタルゲインを従業員に認めなかった点については、それを合理化する理由をまったく示していもいないのです。要するに、従業員持株会は踏んだり蹴ったりの扱いを受けてきたと言わねばなりません。

　しかし、最も踏みつけられた者たちは最も反発する力をもつに至ります。従業員持株会を構成している従業員たちは、中小企業だけなく大企業においても、当該企業の事業そのものに、当該企業の経営者たちと同等か、あついは経営者たち以上に事業内容を熟知しています。当該事業をどのように運営すれば収益がより向上するかも知っています。当該事業に最も接近した位置

にいる集団です。この一事をもってしても、従業員持株会は当該企業の事業承継を担い、あるいは推進するに最も適しているということができます。特に中小企業についてはそう言えるでしょう。

　しかし、従業員持株会には事業を「買い付ける」だけの資金力がありません。もちろん、資金を稼ぎ出す計画力や直ちに収益を稼ぎ出す力量がある従業員持株会もありうるでしょうが、ごく僅少でしょう。本書は資金力がない従業員持株会であっても、資金を稼ぎ出す能力がないとしても、母体会社（株式発行会社）の協力を得て下記に述べる株主間契約さえ締結することができさえすれば、従業員持株会自体を株式会社に転換し、その株式会社をもって事業を承継することができることを具体的に示します。

　すなわち、第三編各論の第二章において、二つの計画案を、森海津弁護士の計画——方法第1において母体会社にほとんど負債がない場合を想定し、短期間に従業員持株会に事業を「買い付ける」だけの資金力がなくても事業承継することができる方法を、計画——方法第2においては母体会社に負債があっても事業承継が可能な方法を詳細に展開します。そのうえで、第三章において吸収信託分割を用いて、長期間をかけて従業員持株会が少しづつ事業承継していく方法を詳述します。

　このような観点から、本書は、従業員持株会を事業承継媒体に転換する論理を提起するものです。

第二部
株主間契約の履行強制

第1章　基礎的留意事項

1　紳士協定

　日本の裁判所は、当事者間で契約があると主張しても、たんなる口約束だけにすぎない場合とか、書面が作成されてはいても、意味が判然とはしない内容であったりすると、単なる紳士協定として扱い、法的保護を与えていません（最高裁昭和42年12月21日・集民89号457頁、最高裁平成元年11月24日・集民158号181頁、東京地裁昭和56年6月12日判決・下民集32巻5～8号、東京地裁平成25年2月15日・判例タイムズ1412号228頁、滝沢孝臣「いわゆる『紳士協定』について――契約とその法的拘束力――」銀行法務21・650号38頁）。裁判官が契約に法的拘束力を与えるべしと考えるか否かの分かれ目は、その契約に有償双務性が認められるか否かで決まる、といって、まず間違いはないでしょう。有償双務性とは、どういう内容の約束と、いかなる内容の約束とが、対価関係にあるかという意味です。有償双務性がある契約は契約当事者双方が、相互に、契約の履行によって自己の欲する利益が実現されることを求める関係があるから、相互拘束力が強く、したがって契約それ自体を法的拘束力によって保護する必要が高いからです。

　しかしそうだからといって、およそすべての株主間契約は有償双務性がなければならないと主張しているわけではなく、また紳士協定に過ぎない株主

間契約は無意味であると断定しているわけでもありません。株主間契約というものは、少なくとも表面的には利害関係が衝突している場合のみに成立するとは限らないのです。たとえば、今後は株主双方の利益実現のため協力し合って会社のIPOを数年以内に実現することを約束しあう合弁事業体事例のように、少なくとも共通の利益基盤の上に立ち双方が同一の方向へ向かって相互に協力し合うことを約束する場合などに、紳士協定ともいうべき株主間契約が締結されることがあります。しかし、法的拘束力がない紳士協定にも、それなりの社会的効用はあるのです。

2　効力維持期間

　株主間契約を締結するにあたっての注意事項はいくつも指摘できますが、そのうちでも契約の有効期間には留意すべきです。当事者間で昭和62年に締結し昭和80年（平成17年）までの間の取締役の選任とその報酬について、株主総会と取締役会における議決権の行使の仕方を拘束する趣旨の株主間契約について、裁判所は、その効力は肯定はするものの、18年間の契約とは期間が長すぎる、法的効力は10年間に限るべきだとして11年以上の期間にわたる契約の効力を否定した事例があります（東京高裁平成12年5月30日判決・判例時報1750号169頁、河村尚志「株主総会・取締役会における議決権の行使についての合意の効力」商事法務1710号83頁参照）。10年以上の議決権契約が、期間が長すぎるにしても、法律上10年に制限される根拠を示していない点は論理上欠陥があるというべきでしょう。もちろん、そのような根拠があるはずがないからです。「裁判官立法」の悪い一例といえます（森田章「株主間合意の有効な範囲と損害賠償責任」判例時報1770号194頁参照、河村・前掲論文参照）。

　しかし、法律実務家としては10年以上の期間にわたる契約の効力を否定したくなる気持ちがわからないではありません。なぜなら、10年以上というのは、当事者が本当にそんなに長期間にわたって相手方を法律上拘束しようとする意思を有していたのだろうか、と疑問をもっても不思議ではないほど、長いからである。しかし、これはおよそ10年以上にわたる契約は効力がないという意味ではありません。10年以上にわたって相手方を拘束する必要があ

る場合には、裁判官に、これは本気で10年以上相手を拘束したいのだな、と思わせるだけの事実認定上の確からしさの徴憑が要求されるということです。結局、当事者の意思如何という「事実」の認定に関する立証の問題に帰することになります。

3　有効か無効の前に

　株主間契約について、書面にしておくことの重要性を強調したいと思います。書面さえも作成しないで、人の財産と人生を左右するような重大な事項を口頭の約束だけで済ましている事例が多すぎるからです。法的効力が問題になる局面は、争いになってから、それも裁判所に行ってからです。裁判が公の制度である以上、社会の一般人を説得するに足る根拠を要求するのは当然といってよいでしょう。最も優良な証拠は書面化されていることは万古不易の鉄則です（とはいえ、ここ数年の傾向として音声テープ、会話を録音したCD、それに写真、ネット上の映像を固定したもももも「文書に準ずる物件」（民事訴訟法231条）として法廷に提出されることが著しく頻繁になりました）。裁判所において、効力が認められること間違いない文書を作成しようとすれば、弁護士に事前に相談しなければならないにしても、コストをかけてない、単なる両者が署名捺印（三文判でもよい）した書付けでも残しておいてくれれば、弁護士が何とかしてくれるでしょう。

4　法的効力有無の判断基準

　株主間契約が、相手方に何かを義務づける内容であったり、その義務に違約した場合は損害賠償請求ができる旨が規定されている場合とか、相手方に義務づける内容が相手方の不作為（たとえば、当該株主総会には議決権行使をしないという約束）であったり、逆に作為（たとえば、その議題に反対するとの議決権行使をする）であったとしても、当事者間では任意の履行が期待されるだけの事情が認められる場合であって、その期待できる任意の履行が強制執行可能な内容であれば、その株主間契約に法的効力を認めてよいでしょう。

　まず、約束内容どおりの履行の強制が民事執行法上は無理だと判断される
場合であっても、損害賠償の請求ができる内容であれば、法的効力があると
いってよいはずです。損害賠償請求権は、とにかく相手があなたに何かをす
る義務を負うという約束（取締役に推薦する義務、議決権行使をする義務とか、
しない義務とか）が成立しており、相手がそれに違約をすれば、契約書に損
害賠償義務が規定されていなかったとしても、損害賠償請求権は発生すると
認識される事例は頻繁にあります。損害賠償請求権成立の法的要件は、「違約」
（つまり約束違反）であって、書面に「損害賠償請求できると書いてあること」
ではありません。損害賠償の額については書面に書いてある必要はまったく
ないのです。額は裁判所が決めてくれます。民事訴訟法248条は、損害の性
質上、その額を立証するのが困難な場合であっても、損害が生じたことが裁
判所の目から見て事実認定できる場合は、裁判所に事実関係に即して相当と
判断される損害額を認定する権限が与えられています。つまり、損害賠償の
「額」は、証拠によって立証することが必須であるわけではありません。裁
判所に損害額認定のための裁量権が与えられているのです。ただ、現実問題
として、損害賠償の「額」は裁判官でも判断が難しい場合が頻繁にあります
から、損害賠償の「額」を書面に記載しておくことは裁判官の負担を軽減す
ることにもなり、自己が有利になる手助けとなります。この点、税務の世界
で非公開株式の時価評価や相続不動産の時価評価が難しい（最高裁令和4年
4月19日判決・民集76巻4号411頁参照）のによく似ています。ただし、損害
賠償の「額」さえ記載してあれば、後は裁判所が万事してくれるというわけ
ではありません。損害賠償を請求する当事者である原告が、わずかであって
も兎に角損害が発生した事実を立証しなければならない訴訟法上の責任（こ
れを立証責任と呼びます）を免れるわけではないからです。

5　違約金

　債務不履行による損害賠償の「額」を書面に約定の一つとして記載してお
くことを「損害賠償額の予定」といいます（民法420条）。「違約金」と書いて
あれば損害賠償額の予定と推定される（同条3項）。損害賠償は金銭でしな

ければならないのが原則である（同法417条）が、金銭以外のものを賠償に充てることを予定することも許されています（同法421条）。これに関して、前述したように、平成29年改正民法が令和2年4月1日に施行されるまでは損害賠償の額の予定をした場合には裁判所はその額を増減することは許されなかった（改正前民法420条1項後段）のですが、この規定は削除されました。この削除の意味は、損害賠償の予定ができなくなったわけではなく、予定がなされている場合には裁判官はその予定された額が過大であることを理由に減少させることが許されるようになった、という意味です。

　訴訟実務上、損害が発生した事実を立証することはさして困難ではない場合（通常はそうである）においても、発生した損害の額を立証するのは極めて困難です。人身損害が発生した場合の損害賠償額の算定は、よく知られているように、金銭による算定がもともと不可能な人身、人命損傷による損害賠償額を算定するにあたり、人間を収益を稼得する能力がある「機械」とみなし、したがって人身損傷を機械の破損とみなし、次いで、機械の損傷を一定の稼得能力の減耗に置き換えるという作業をしたうえで、つまり、仮定の上に仮定を重ねて、やっとのことで算出しているのが現実です。まして、当該株主総会において当該議題に賛成するとの議決権行使を約束しておきながら、その約定に違反して反対するとの議決権行使をしたことによる損害を立証することは、通常、極めて困難です。したがって、契約書に「違約金として○○○円を支払わなければならない」と記載しておくことによって、損害賠償額の算出に伴う裁判官の負担を軽減することができるという意味において、株主間契約に実質的意義をもたせることができ、また優れた方法だともいえます。しかし、裁判官としては、減額する責任を免れたわけではなく、むしろ減額すべき場合にいくら減額したらよいかという算出責任が加わったのだから、責任は重くなったというべきでしょう。

6　取締役株主間の株主間契約

　株主間契約の締結により、当事者株主が相手方株主に対して一定の作為ないしは不作為を要求し、その履行を強制できるし、違反があれば損害賠償を

請求できることについては異論はないと思われますが、株主が同時に取締役である場合にはどうかは一考を要します。特に問題があるのは、株主間契約が双方とも同じ会社の取締役の間で締結されている場合です。

　会社の役員ではない単なる株主も会社に対して責任を負ってはいますが、その責任の範囲は株式の引受価額に限定されています（会社法104条）。引受価額の払込義務さえ履行してしまえば株主は会社に対し何らの義務も負わず、ただ権利を有するだけです。したがって、通常の株主間契約では会社に対して権利だけをもつ者と、やはり権利だけをもつ者との関係を検討すれば必要十分のはずで、会社に対する義務違反を検討する必要がありません。しかし、会社と取締役との関係は委任関係（同法330条）ですから取締役は会社に対して善管注意義務（同条、民法644条）を負い、かつ会社に対し忠実義務を負っている（会社法355条）。したがって、株主取締役は会社に対して株主としての権利とともに取締役としての義務を負っていることになります。

7　株主間契約上の義務と会社に対する取締役としての義務

　ここで問題とすべきは、すでに締結されている株主間契約の当事者が同じ会社の取締役である場合に、その株主間契約上の義務の履行行為が取締役としての会社に対する善管注意義務・忠実義務に違反するとはいえない場合と、取締役としての会社に対する善管注意義務・忠実義務に違反すると考えられる場合があることです。

(1)　株主間契約に違反するも善管注意義務・忠実義務違反はない場合

　具体例を挙げれば、株主総会（定時株主総会および臨時株主総会）において議決すべき議題を、事前に開かれる取締役会において株主総会で議題として提案する事項について、相互に相手方（一名のみとは限らないが議論を単純化するため一名のみの場合を措定します）の合意ある場合に限って株主総会に議題として提案することができ、取締役会において合意ができなかったときは

株主総会の議題とすることはできない、またかかる株主総会で議決権行使するについては必ず相互に合意したとおりに賛否の議決権行使をする旨規定し、かつ、かかる合意に反する行動をとる場合は株主間契約違反とし相手方に対する違約金支払義務を負うとの合意が、株主間契約として書面で成立している場合です。

　かかる契約は株主間契約といっても名ばかりで、その実、法的性質としては取締役会運営規約であるし、相互拒否権合意であるというべきでしょう。かかる合意が成立し書面化されているような事例は、各当事者の所有株式数がそれぞれ過半数に達していないが、両当事者の持株数を合わせれば過半数を超える場合が多いでしょう。つまり各当事者が相互に相手方と組むことによってのみ、会社を支配することが可能になる関係です（以下では簡略化のため当事者はＡとＢとし、Ａは代表取締役社長でありＢは取締役専務であるとします）。ＡとＢとが共同すれば会社支配の可能性はあっても、実は双方が支配下に置く取締役の数は拮抗しており、たとえば、３対３であるとし、Ａが自己の支配権を確立すべく、次回株主総会において取締役一名の増員を議題としようとするが、Ｂは取締役会で４対３となり劣勢になることに恐怖し強固にこれに反対し、何度取締役会を開いても両者間に妥協が成立せず、定時株主総会の招集日がいよいよ切迫し、痺れを切らしたＡは強引に取締役１名増員の議題を定時総会の議題の一つとして定時株主総会の開催に踏み切った、とします。

　Ａは、明らかに株主間契約に違反したというべきでしょうし、Ｂは訴求すれば違約金を取得できるかもしれませんが（ただし、前記のとおり、賠償額の予定を規定する民法420条は令和２年４月１日以降は改正され裁判所は違約金額を増減することが許されることになったから規定どおりの金額が認容される保障はなくなりました）、Ａに会社に対する善管注意義務違反・忠実義務違反があるとは必ずしもいえないでしょう。

(2)　株主間契約を履行するも善管注意義務・忠実義務違反となる場合

　次いで、株主総会において議決すべき議題を事前の取締役会において提案

する場合には相互に相手方の合意ある場合に限って提案することができ、ま
たかかる株主総会で議決権行使するについては必ず相互の合意に基づいて賛
否の議決権行使をする旨の合意が株主間契約として書面で成立している場合
であって、この合意に参画している株主の議決権数が総議決権数の3分の2
を超えている場合において、株主ではない第三者に対して募集株式の発行を
株主総会の特別決議で議決し（会社法199条2項、309条2項5号。江頭憲治郎『株
式会社法〔第8版〕』785頁参照）、その第三者は募集に応じて払込みを完了し
たが、その第三者が当該会社の取扱商品と同種の商品を扱う競争相手である
別会社の幹部であり、同人が当該会社の株主になれば営業上の数々の重要な
情報が当該競争相手の会社に筒抜けになるおそれがある、というような場合
を考えてみます。

　株主間契約からみれば、契約内容に即した適法な履行が行われているとは
いえても、当該株主間契約の当事者株主と当該会社との間では、当該会社に
対する善管注意義務、忠実義務違反の疑いは否定しがたいでしょう。そうで
ある以上当該取締役は会社に対する善管注意義務・忠実義務に違反してその
任務を怠ったものとして会社に対し損害を賠償する責任を逃れられません
（同法423条）。したがって、取締役が株主間契約の当事者である場合には、株
主間契約としては適法であっても、契約当事者である取締役が会社に対して
義務違反を犯す者であり、損害賠償責任を負う場合があるといわなければな
りません。

(3)　強制執行可能性と株主間契約の有効性

　上記いずれの事例においても、取締役を作為、不作為をもって拘束する株
主間契約を締結したとしても、強制執行の方法でその履行を確保することは
極めて負担が大きいでしょう。損害賠償請求の道しかないかもしれません。
取締役が特定の株主に対し作為義務（株主Aに対し○○する義務）を負う、な
いし、不作為義務（○○しない義務）を負う契約が締結されている場合を考
えてみるに、取締役は会社に対し忠実義務、善管注意義務を負っているから、
当該作為義務契約、不作為義務契約に特定された作為または不作為が、忠実
義務、善管注意義務に背反することになりかねない場合もあり、事実関係に

よっては、取締役の作為また不作為が第三者に不利益を与えることとなりかねない場合もあり得ます。このため、株主は当該取締役に契約に特定された作為または不作為の履行を強制できない場合があるかもしれません。しかし、作為ないし不作為の履行を強制できないということは、その株主間契約が無効であるという意味ではありません。債権契約としては成立しており、法律上有効であることにかわりはなく、忠実義務、善管注意義務に背反することになりかねないことが、その取締役の責めに帰することができない場合は別として、そうでない限り（当該取締役が当該契約をした以上は、その取締役の責めに帰すべき事情があるのが通常でしょう）、第三者に不利益を与える場合であっても、債務不履行がある以上は、当該契約を解除しまたは解除しないで、当該債務の履行に代わる損害賠償請求はできる（民法415条）ことは揺るがないというべきです。

8　適法、有効な株主間契約の一例

⑴　同意条項

　株主間契約の当事者の一方が同意しない限り他方当事者は自己の株式を譲渡、担保設定等の処分をすることができないとする条項です。合弁契約には必須の条項とされるが（江頭憲治郎『株式会社法〔第8版〕』（有斐閣、2021年）245頁）、合弁契約と限らず、たとえば、上場直前にある収益性の高い優良企業に対して巨額の投資に踏み切ろうとしている他の企業（投資家）としては、その高い収益力は当該収益性のある企業の有能な経営者の力量に大きく依存していると判断している場合などには、投資に踏み切る前に当該有能な経営者に同意条項の締結を要求することがよく見受けられます。この同意条項の典型例は、その有能な経営者が自己の有する株式を第三者に売却しようとするときは、事前に当該投資家の同意を得なければならないとする約定です。一種の拒否権です。投資に踏み切った後になって、その有能な経営者に逃げ出されるのを阻止するための何らかの同意を取り付けておきたいわけです。巨額の投資能力のある

会社（あるいは、巨大な組合）には有能な経営者はおらず、あまり資金力のない会社に有能な経営者がいる状況が、結構あり、そうである限り、この種の同意条項が意味をもつことになります。

(2)　先買権条項

契約の一方当事者が自己の株式を処分しようとするときは他の当事者に処分の意思を事前に通知する義務を負い、通知を受けた他の当事者は第三者より先に自己株式を処分したい株主から買い取る権利をもつ条項です。やはり合弁契約では必須です（江頭・前掲書246頁）。この当事者の一方がこの事業には将来性がないから早く合弁契約から足抜けして投資資金を回収して別の事業に振り向けようとするとき、他の当事者は、今は将来性がなくとも自社としてはこの分野に将来本格的な投資をする計画があるような場合に、この種の条項が意味をもちます。

買取価格をどうするかについて、抜けたいほうは高く売りたいし、抜けないほうは将来を考えているから安く買いたいから、揉めやすいところです。このことから、この場合に備え、この価額の決定方法（両社がそれぞれの費用負担で公認会計士に鑑定書の作成を依頼し、そのうち高いほうを取るとか、二つの鑑定書の価格を足して2で割るとか、さらにその鑑定費用はどちらがどう負担するかの条項）を約定し書面化しておくのが通常です。

(3)　強制売渡条項

一定の事実があったときは、無理やりその所有株式を他の特定の当事者に売り渡す義務を負わせる条項です。売りたくない者に無理やり売らせる点で最も法的問題を含む条項であるし、売買価格の決定についても揉めやすい条項です（江頭・前掲書〔第8版〕246頁参照）。私はこのような条項に法律上の効力を認めるべきではないと考えます。

従業員持株会契約では、従業員が退社するときは、従業員が入社するときに会社から株式を取得した時と同じ価額でその株式を会社に売り戻さなければならない、という理不尽な条項を呑まされている事例が極めて多いです。しかし、これは従業員持株制度の表向きの仮面であって、仮面の下の実貌は、

その株式は、実は、名義株なんだからと呟いています。名義株であることは
税法上複雑な問題を発生させます。実際には今までのところ、従業員持株制
度下の株式は名義株であるとして会社支配の従業員持ち株制度下の真実の株
主に所得税、相続税等の課税がなされたという事例は聞いたことはありませ
んが、従業員持株制度の実態から判断して将来ともないとは考えられません。
特に、財産評価基本通達に規定されている路線価に基づく相続不動産の評価
額を「総則6項」に基づいてなされた更正決定を合法であるとした最高裁令
和4年4月19日判決（民集76巻4号411頁）以来、強くそう思います。また、
従業員持株会が民法上の組合であるとき、組合員の株式共有関係が全員の
「合有」であるから、従業員持株会の財産が増加したとき、複雑な計算問題
が発生します。この点は第三編各論の中で詳細に検討します（第1章従業員
持株会による親族外事業承継の株主間契約（税理士　牧口晴一執筆））。

　最高裁平成7年4月25日判決（集民175号91頁）は、定款で株式譲渡制限を
規定している会社で従業員の退職の際、額面額で取締役会が指定する者に譲
渡するという内容の従業員持ち株会規約の効力について、有効であると判示
していますが、経営者の節税策については（当事者もこの点を争点にしなかっ
たようですから、訴訟法上の弁論主義の原則から、裁判所だけが非難されるのは
片手落ちですが）まったく沈黙しています（牧口晴一＝斎藤幸一『従業員持株
会の法務・税務』（中央経済社、2015年）212頁参照）。

　この最高裁判決は、有効とした理由の一つに、会社が従業員に毎年8ない
し30％の配当を与えていたことを挙げています。しかし、これが理由になる
はずがありません。なぜなら、「従業員たちが真実の株主である」としたら、
配当を受け取れることは当然のことだからです（それとも最高裁は、実際には
従業員たちは真実の株主ではなく、名義人に過ぎないのであり当該株式の所有者
ではなかったのだから、高額配当をもらっているのだから文句を言うな、といい
たいのでしょう）。

　また、この最高裁判決が、従業員株主たちに額面額での売戻しを強制した
ことを適法として認め、キャピタルゲインを従業員に認めなかった点につい
ては、それを合理化する理由をまったく示していない点は、卑怯ではないか
と思います。キャピタルゲインを認めないということは、それは、この株式

が「従業員の所有ではなかった」という理由しかないではありませんか。したがって名義株であった、と暗に、この判決はいっていると同じではないですか。

　結局、論理として、この最高裁判決は、従業員は「株主であった」から配当をもらえたのだといい、その直後には、従業員はキャピタルゲインがとれないのは「株主ではなかった」からだ、と言っているのと同じでしょう。この判決の論理は明らかに矛盾し、破綻しています。遠からず、この最高裁判決の論理が覆る時がくると私は確信しています。

9　違法、無効の判断基準

　一般に、ある株主間契約が違法か適法か、無効か有効かを考える場合に、その契約が契約といえる程度に合理的であり内容に整合性があれば、裁判上、違法とか無効とかになる可能性はまずありません。前述した、期間が長すぎ10年以上の部分は無効だという判決のほうが、無効である論拠を示すことなく頭越しの断定である意味において、判決としては間違っているのです。裁判上の違法、無効よりも重要なことは、民事執行法上、強制執行ができるかどうかです。なぜなら強制執行ができなければ、契約を締結した意味がないからです。次いで民事執行法上強制執行ができない場合は、民事訴訟法上も適法、有効になることはまずないからです。

　現行民事執行法は、往時（私が弁護士になりたての頃）に比べ、比較にならないほど民事執行の方法が明確になりました。したがって、議論の進め方としては、民事執行法上の強制履行が可能だから民法、会社法上も、適法で有効だ、強制履行が不能だから違法無効だと考えたほうが、優れていると考えます。

10　株主間契約の定款化

(1)　定款に記載する方法

　株主間契約は債権契約の一種であるから、契約当事者を相互に拘束するだけであって、株式の発行会社を直截には拘束しません。しかし、会社を直截には拘束しない場合であっても、結局議決権の行使を介して会社を拘束することになり、その結果、株主間契約を締結した目的を実現できる方法は今まで述べてきたように、いろいろな方法があります。しかし、契約の目的によっては、ストレートに会社を拘束したい場合もあります。その場合には、株主間契約の内容を会社の定款に記載するという方法があります。

　仮に、株主Bが株主Cと、特定人Aを取締役に選任する義務を負う株主間契約を締結したとしましょう。しかし、そのとおりAを次回株主総会で取締役に選任すると定款に記載したとすれば、それは会社法の強行規定に違反して無効と考えられます。しかし、特定の株主総会（複数でも可能）において取締役を選任するとの議決することができること、その決議のほかに、Bが甲種類の株式の株主で、甲種類の株式の種類株主を構成員とする種類株主総会の議決を必要とする旨を定款に定めたとすれば、甲種類の株主Bが賛成しない限りAは選任されませんから、甲種類の株主BはAが選任されるまで、事実上拒否権を行使できることになり、合法的にAを取締役に選任することを左右することができます（江頭・前掲書〔第7版〕62頁、鈴木正貴「株主間協定の法的諸問題」商事法務1043号24頁参照）。強行法規違反として無効になる株主間契約を「定款に定めた種類株式」にする（会社法108条2項8号）ことによって無理やり実現する方法です。実は、この無理やり戦法（私は、これを「無理矢理定款黄金株」と呼ぶことにしています）を使えば、剰余金の配当、残余財産の分配、株主総会決議事項、取得条項付き種類株式の取得など、株主総会の議決を要する会社の法律行為のほとんどについて、拒否権付き種類株式（黄金株）を定款に規定することができ、目的を実現できることになります。この意味で応用範囲の広い方法です。

　しかしこの方法では定款変更をしなければなりませんから、3分の2以上の多数派を制していなければ実現できません（会社法466条、309条2項）し、面倒な種類株式の導入とか、やはり面倒な種類株式の登記（同法911条3項7号）とかの手続をとらなければなりません。つまり、コストがかかるのです。中小規模企業では3分の2以上を制している多数派なら、このような定款変更と種類株式の登記手続という面倒な手続を執らないでも、ほかに、事実上同じことを結果として実現できる方法（いわば、「代表者非法律的便法」ともいうべき実力発揮方法）があるでしょうから、実際には、おそらく矛盾した話でしょう。

(2)　解散事由を定款に規定する方法

　もう一つ方法があります。定款を用いて株主間契約の内容を実現する方法として、一定事項を実現できない場合は会社の解散事由に該当する旨を定款に記載する方法です。特に株式譲渡制限がある中小企業に一定程度の投資をしている株主としては、取締役として経営に参画することができなければ低額の給料しか受け取れず、それでは生活もできないから、株式をもっている意味がありません。それならいっそ株式を手放し会社を解散してしまい投資資金を回収して他の事業に投資したほうがよいということにもなりかねません。このような場合に会社設立段階で次のような「デッドロック回避解散株主間契約」を締結したらどうでしょうか（江頭・前掲書〔第8版〕315頁）。

(3)　デッドロック回避株式買取請求または会社解散株主間契約

　会社設立の際、設立関与株主全員同意株主間契約として、次のような内容を約束します。
① 「自今以後、当会社の解散に至るまで、当会社の株主総会において、いかなる事項が決議されようとも、その時点で株主名簿に記載された株主の全員が賛成しない限り、一切の議決は無効とする」と明記した契約を締結します。
② 上記に違反して全員が賛成しなくとも議決を有効とすべきであると主

張する者がいるときは、その時点で当該者（複数の場合を含む）が有する株式の総数がその時点において当社が発行する株式の総数の3分の1未満であるときに限り、その者（複数の場合を含む）は自己の有する株式の総数を当会社に買い取るよう請求することができるものとし、その対価は当該請求者がそれぞれ当該株式全部を取得した最後の時点における取得価額と同額とすると定めておきます（この方式ですと法人税法上のみなし配当が働き、手取り額が大幅に減少するからこのような請求をする者は極少ないでしょう）。この場合には取得請求権付株式に関する、会社法108条2項5号イ、166条、167条の法意を準用するとします。仮に、同法166条1項ただし書に該当するとき（取得請求権行使になる株式の取得価額が分配可能額を超えるとき）はその時点における代表取締役たる個人が、当会社に代わり、同請求にかかる同株式を取得し同金額を交付するものと定めます。

③　前記②にかかる株式取得請求をなす者（複数の場合を含む）の有する株式総数がその時点において当社が発行する株式の総数の3分の1以上であるときは、その場合に限り、「当会社は会社法471条2号（定款に定める解散事由の発生）に該当する解散事由が発生したものとして解散する。その時点における代表取締役は解散手続を執るものとする」と記載し、「会社代表者は上記約定の実行に備えて適切な定款登記手続をなすものとする」と記して全員が署名捺印します。

次いで、上記①②③を定款に記載し、かつ登記（会社法911条3項4号）します。

株主全員同意会社の理論に基づき、株主間契約を締結するにあたり最も重要なことは、どうしても全員が意見を一つにできなくなったとき、どうするか、です。ある株主がどうしても生活のため自分を取締役に選任せよと頑張った場合などが考えられます。いわばデッドロックをどのように回避するかです。上記の①②③条項が定款として登記されていれば、デッドロックにならないよう全員が努力することでしょう。しかし、どうにもならないことはあり得ます。その場合に備えて会社を解散すると明記した契約を会社設立の当初段階に交わすことにするのです。そして上記③の手続をとることです。

第2章 強制執行・仮地位仮処分

1 債権の強制力

　強制執行には大きく分けて2種類があります。一つは、金銭の支払を目的とする請求権についての強制執行で、二つ目は、金銭の支払を目的としない請求権についての強制執行です。株主間契約に関する強制執行としては、損害賠償とか違約金についての強制執行は前者の執行になり、株式議決権行使の強制執行は後者になります。これらの執行方法はすべて民事執行法に規定があります。

(1) 法的強制力

　株主間契約は債権契約としての強制執行力を有します（民法414条）。およそ法の世界が他の社会科学と区別される本質的な差異は、法は最終的に国家が有する法的強制力によって担保されているところにあります。いったん両者間で約束された事柄を法的約束であると自覚する理由は、その約束が法的強制力によって担保されているところに淵源するのです。法的拘束力とは、法的に相手方をその意思如何にかかわらず、特定の行動をとるよう、ないし特定の行動をとらないよう従わせる法律上の強制力であり、それに従わない者に法的制裁を課す力のことです。

(2) 民法414条の意義

　令和2年4月1日から施行された平成29年改正民法は、その414条で、債務者が任意に債務の履行をしないときは、強制履行を裁判所に請求することができると規定しています。この条文の意味するところは極めて重要です。改正前民法にも、この414条とほぼ同趣旨の規定が置かれていました。この414条が定める強制履行とは、民事執行法の規定に従った直接強制、代替執行、間接強制、意思表示の履行の強制のことです。損害賠償の請求とともに、契

約に違反したときは履行の強制ができるところが債権契約の本質です。履行の強制は、民事訴訟法上の給付訴訟を起こして、確定判決を得て始めて可能になるのが通常の手続ですが、訴訟提起前の段階において、強制執行認諾文言を付した公正証書や即決和解調書を作成する方法もありますし、民事保全法に基づく仮差押え、係争物仮処分、仮地位仮処分をすることも可能というのが原則です。

　株主間契約も法律上の契約である以上、法律上の債権を発生させる根拠です。法律上の債権である以上、契約違反を原因とする損害賠償請求はもちろん、債務者が任意の履行をしない場合には、前述のように債権者は民事執行法、その他強制執行の手続に関する法令の規定に従い、直接強制、代替執行、間接強制その他の方法による履行の強制を裁判所に請求することができます（民法414条1項、最高裁昭和31年7月4日判決・民集10巻7号785頁参照）。加えて、民事執行法上の直接強制、代替執行、間接強制のいずれかの強制執行が可能な場合においても、それら強制執行とあわせて、ないしは独立して損害賠償請求することができると民法は定めています（同条2項）。このように民法が、慎重、かつ厳重な備えをしていることの意味は重要です。

　主として民法、会社法を学んでこられた読者の注意を喚起したい点は、従来も現在も、民法414条に規定された強制執行について学ぶことが講学上軽く扱われてきた事実です。山のようにある民法や会社法についての成書の中で民法414条に、明瞭に、規定されている強制執行について解説を加えたものを私は見たことがありません。それら成書の著者たちは意図的に強制執行の解説を回避しているとみるべきでしょう。これは、およそ民法や会社法を解説する成書としては片手落ちです。現実のこの社会の中でその法的効力が実現するのか、否か、実現するとして、どのような方法によるのか、どのような過程を通してなのかを知らないでは、実は、法的効力を学んだことにはならないのです。法における正義は、強制執行においてこそ、終局的に実現するのです

(3) 強制履行方法

判例によって株主間契約の適用範囲が大幅に拡大されるようになりました。

その結果、株主間契約の契約当事者たる株主に対する広範かつ豊饒なまでの契約法上の法的債務の創生を可能にしました。しかし株主間契約によって創生される相手方株主に対する法的債務の種類数の増大と、その種類の豊穣化にもかかわらず、それに比例して、株主間契約が創生した契約当事者の債務の履行を実現する方法の拡大を伴ってはきませんでした。言い直せば、株主間契約論は豊富になったが、それらが創生する方法を法的に実現する手法（強制履行方法）まで豊富になったわけではなかったのです。株主間契約がつくり出した契約当事者の債務の種類、内容は著しく増大、豊富になったが、では、それら法的債務をどのように実現するのかについての法的備えは従前のままなのです。債務の履行方法は旧態依然たる状態です。

　もちろん、その理由の一つには、株主間契約により創生される債務は不動産や動産などの物的財産に直接にかかわるものではなく、その多くは、株主総会における議決権の行使とか不行使とかの、人間の行動にかかわるものであるということです。ですから、不動産や動産などの物的財産に認められている明渡し、引渡し、あるいは強制競売、強制管理などの方法は使いようがありません。しかも作為義務の履行とは相性の良い性質である代替執行は株主間契約違反には相性が良いとはいえず、また不作為義務には相性の良いはずである間接強制は強制方法として迂遠でもあり、懲罰として効き目が鈍いのです。しかし株主間契約の繁用に伴い株主間契約違反の増大は不可避です。この矛盾から、実務では、株主間契約違反に対する履行の強制手段として、損害賠償の予定（民法420条1項）が繁用されており、さらに便利な違約金（同条3項）が頻用されており、違約金の額の巨大化の方向に向かっています。その結果、株主間契約の違背による契約債務の履行の強制は、財産を目的とする債務についての強制執行方法と同じ方向に向かっています（ただし、令和2年4月1日以降は、違約金の額が不当に大きすぎると裁判所が判断したときは裁判所は違約金の額を減額することができるように民法420条1項後段は削除されました）。

(4)　強制履行権限の獲得方法

㋐　裁判による方法

　民法は、契約の当事者たる相手が任意にその債務の履行をしないときは、民事執行法その他強制執行の手続に関する法令の規定に従い、直接強制、代替執行、その他の方法による履行の強制を裁判所に請求することができます（民法414条1項。野村秀敏「議決権拘束契約の履行強制——ドイツにおける議論を中心としてー」一橋論叢第117巻第1号14頁、田中亘「議決権拘束契約についての一考察——特に履行強制の可否に関して」岩原紳作ほか編集代表『会社・金融・法　上巻』（商事法務、2013年）219頁、宍戸善一「株式会社法の強行法規性と株主による会社組織の設計の可能性——二人会社の場合」商事法務1402号30頁、土肥一史「議決権拘束契約の効果と執行可能性(1)(2)」福岡大學法学論叢21巻第2号81頁・22巻2号199頁参照）。あわせて、そのいずれの場合においても損害賠償の請求を妨げないと規定しています（同条2項）。しかし、これらの履行の強制方法のうちいずれの方法をとるにしても、契約不履行があれば直ちに履行の強制に移行できるわけではありません。まず、契約不履行を請求原因とする強制履行権限付与の請求を裁判所に提起しなければなりません。そして裁判所から強制履行権限の付与を受けなければならないのです。

　もちろん、裁判に勝訴し、その判決が確定すれば強制履行権限の付与を受けたとみなされますが、ここで強調したいことは、強制履行権限の付与を受けるにはさまざまな方法があり、その方法も裁判だけではないのです。この強制履行権限付与請求の仕方には請求の種類と内容に応じてさまざまな方法があり、またこの請求に応じて、強制履行権限を付与する司法機関もさまざまです。

　そのうちでも、最も基礎的であり古典的な手法であり、最も利用頻度が高い方法が、司法裁判所に対して提起する給付請求訴訟です。給付請求訴訟とは、裁判所に対して、原告が被告に対し金銭の支払や財物の給付を強制力をもって請求することができる法的権限の付与を、請求する構造です。この訴訟を外部から観察するときは、原告が、被告に、金銭や財物の交付を請求しているようにみえます。しかし、そう見えるだけであって、確定判決に至っても被告が任意の給付をしない場合には、当該確定判決正本を手に持った原告が国家の強制執行機関を使役して、被告の抵抗を排除して当該金銭ないし財物を取り上げる法的執行権限の行使が許されるのですから、正確には、給

付訴訟とは、かかる強制執行権限の付与を裁判所という名の国家機関に請求している訴訟形態であるといわなければなりません。

　訴訟には、三つの訴訟類型があります。給付訴訟のほかに、形成訴訟、確認訴訟という二つの類型があります。形成訴訟は死後認知請求訴訟（「亡くなった親」との親子関係の創設）とか離縁（養子縁組の解消）請求訴訟とか、判決の効力によって新たに法律関係を形成する訴訟形態ですから、これらの訴訟形態が株主間契約に関連して問題となることはまずありません。確認訴訟は、たとえば、抵当権設定契約の無効確認とか解雇無効確認、婚姻予約無効確認とか、法的安定を確保するため、一定の法的効力の未発生、不発生の確認をしておく必要がある場合などに使われる訴訟形態です。株主間契約との関係では、株主総会決議無効確認訴訟（会社法830条2項）として用いられます。結局、株主間契約との関係では、圧倒的に多い訴訟形態は給付訴訟です（金銭債権については判決確定前の強制執行として仮執行宣言付き判決による仮執行の方法もあります）。

⑷　判決以外の方法⑴──強制執行認諾文言付公正証書

　実は、裁判による判決以外に強制履行権限を取得する方法が数多くあります。

　まず、そもそも、裁判所に行かなくても強制履行権限を手に入れる方法もあります。それが公証人によって作成される「強制執行認諾文言付公正証書」です。これは、金銭の一定額の支払またはその他の代替物もしくは有価証券の一定の数量の給付を目的とする請求について公証人が公証人法の定に従って作成する公証証書です。債務者が直ちに強制執行に服する旨の陳述が記載されており（民事執行法22条5号）、執行証書ともいいます。公証人は裁判官、検察官、弁護士として法律事務に携わった経歴のある者で、公募に応じた者の中から法務大臣が任命する仕組みになっています。その多くは定年まじかの裁判官や検察官で、肩たたきにあった、いわば古参の司法官たちです。私は何度も公証人に公正証書の作成を依頼した経験があります。弁護士も裁判官や検察官同様、試験や修習を受けなくとも公証人になれる資格はありますが（公証人法13条）、弁護士経歴の公証人に会ったことはありません。公証人は報酬として公証業務の嘱託を受けて手数料収入を得ていますから、公務員

ではありません。しかし国の公務である公証作用を担っている意味で実質上の公務員といえます。公正証書は、弁護士からすると、裁判をしなくても「強制執行認諾文言付公正証書」（執行証書）を比較的値打ちな費用（正式裁判に比較すれば格段に低い）で手に入れることができる点で、有用で、便利な仕組みであるといえます。

　また、余命いくばくもない老人とか重症の病人など法廷に立つ体力もなくなった人の貴重な証言を保存する方法としても、違法に物理的実力と実力とがぶつかり合う現場の目撃状況を冷静沈着に文字をもって正確に記載して保存する方法（公証人法35条。公証人は現場に出張してくれます）としても、公証人が作成する事実認証証書は、老練なジャーナリストたちでも太刀打ちできない正確無比な客観的かつ詳細な事実認定に貢献できる、大変価値の高いものです。

㋒　判決以外の方法⑵──和解調書、調停調書、請求放棄調書、請求認諾調書

　和解調書、調停調書、請求放棄調書、請求認諾調書も確定判決と同一の効力をもっています（民事執行法22条7号、民事訴訟法267条）。和解調書とは口頭弁論期日において訴状陳述が行われて以後のどの段階においてであれ、裁判官から提示された和解条項案を受諾する旨の書面の提出があったときであって、他方当事者がその解条項を受諾した時（同法264条）とか、訴訟当事者の双方から共同の申立てがあるときなど（同法265条）に作成されるのが通常です。原告の主張と被告の主張との間に重要事項については争いがなくなれば裁判官は、実務上、和解を薦めることになり、当事者に異議がなければ、和解調書が作成されます。

　和解調書の仲間に起訴前和解という変わり者があります。普通、和解といえば訴訟を起こした後に和解することをいうのですが、起訴前和解は、まず簡易裁判所（地方裁判所ではありません）に一方当事者が一方的に和解の申立てをして、その結果、和解ができないときには自動的に裁判に移行することとなるという変わり種です。この方法は、表面的には相手方に初めから和解を強要するようにみえますが、実務上は、あらかじめ担当弁護士同士が事前に十分に交渉して合意した内容で、強制執行権限を取得するために和解調書

を簡易裁判所で作成する、極めて実務的な、かつ、かなり高度な方法です（弁護士でも経験がなければ少し不安です）。ただ、この方法は、双方の代理人弁護士は直ちに強制執行が始まることを予定している手続ですから、逆に強制執行と関連づけて理解したほうがわかりやすいでしょうから、下記の強制執行の項で検討します。

　調停調書とは、簡易裁判所で行われる民事調停委員の下で行われる調停手続で作成される調書が最もよく知られた調停調書です。調停というとお互いに話し合いでお互いの中間をとるというイメージがあるため、何となく強制力がないような印象を与えますが、どうしてどうして、裁判上の和解と同一の効力があります（民事調停法16条）。調停調書は簡易裁判所で作成されるものだけに限られるわけではなく、家庭裁判所が扱う人事に関する訴訟事件（たとえば離婚請求事件、離縁請求事件など人事訴訟法の適用がある事件）その他家庭に関する事件についての調停事件（たとえば、養子養親関係の解消に関する訴訟前調停事件、遺留分侵害額請求調停事件）の範囲は非常に広範です。そして家事調停事件において当事者間に合意が成立して調書に記載したときはその調書は確定判決と同一の効力があります（家事事件手続法268条）。ただ、家事調停事件は一般に株主間契約とはあまりかかわりがないでしょう。

　請求放棄調書、請求認諾調書も確定判決と同一の効力を有しています（民事訴訟法266条、267条）。請求放棄調書とは、文字どおり、請求をした当事者（つまり原告）が被告に対する請求を被告に向かって自ら放棄した旨が調書に記入されます。私は名古屋地方裁判所で開かれた労働事件に絡む損害賠償請求事件の第1回口頭弁論期日に、被告の代理人として出廷し、原告代理人弁護士に向かって、原告は被告を間違えて提訴しているのではないかと詰問したところ、原告代理人はそうではないと言い返すのではなく、私の指摘を認め、被告を間違えましたと陳述し認めたため、第1回口頭弁論期日劈頭に請求放棄で終結した訴訟事件を経験したことが一度だけあります。私の依頼人は唯一回の口頭弁論で終結し、勝訴したことにひどく喜んでいました。請求の放棄ですから、滅多にあることではなく、その実例はごくごくわずかでしょう。

　請求認諾調書は、請求放棄とちょうど逆で、被告が口頭弁論期日に原告の

請求を丸のみする場合の調書です。私は請求認諾を経験したことはありませんが、私が原告の代理人として被告に対し数億円の金銭請求をした訴訟の第１回口頭弁論期日に被告代理人が請求は全額認めるが金利分だけは「まけてくれ」と陳述しますので（当時の法定金利は５％でした)、認諾調書ではありませんが、それに酷似した和解調書を作成し、口頭弁論期日は一回きりで、ほぼ全勝した経験があります。珍しい経験です。和解調書ですから当然、即時強制の執行力がありますから、被告代理人は強制執行を回避するため、和解調書成立の翌日に元本全額を支払ってきました。

(エ)　判決以外の方法(3)――支払督促手続

最後に、同じ強制執行権限を取得する手続の中でも、最も手続が簡易で、手続費用は廉価、手続速度が迅速で、強制執行権限を手に入れることができる方法であって、一般には、ほとんど知られていない方法を述べておきます。それは支払督促手続（民事訴訟法382条以下）といいます。金銭やその類似物の給付を請求する手続ですが、裁判所に対して請求するのではなく、相手方債務者の住所地（または事務所、営業所）を管轄する簡易裁判所の書記官（裁判官ではない）に請求する手続です。この申立てに要する法定裁判費用は通常の裁判費用の半額です。請求を受けた簡易裁判所の書記官は相手方債務者に一切質問したり、問合せをすることなく、一方的にその相手方債務者に向かって、「特別送達」という方法で支払督促状を発してくれます。その支払督促状には相手方債務者がその送達を受けた日から２週間以内に督促に異議があるとの申立てをしないときには債権者の申立てにより仮執行宣言をする旨の記載があります。そして相手方債務者が支払督促の送達を受けた日から２週間以内に督促異議の申立てをしないときは、裁判所書記官は、債権者の申立てにより、支払督促に仮執行宣言を付さなければならない定めになっています。そして仮執行宣言を付した支払督促状の送達がなされた日から２週間の不変期間（ただし同法97条）を経過したときは、債務者はその支払督促に対して督促異議の申立てをすることはできなくなる定めです（同法393条)。不変期間経過後の仮執行宣言付き支払督促に基づく強制執行を阻止することは、極めて困難です（民事執行法35条参照)。

この督促手続は株主間契約からみても、注目すべき特性があります。その

第一は、請求金額に制限がないことです。株主間契約では特定の条項に契約当事者が違反したときは、相手方に違約金の支払義務が発生すると規定されるのが通例であり、しかもその違約金の額が、違約を抑制する意味もあって、数億円以上という事例が珍しくありません。第二に、通常の裁判であれば請求金額が大きくなれば（訴額が大きくなれば）訴訟費用（印紙代）が逓増しますが、この支払督促では通常の裁判の半額で済むという点があります。もちろん、相手方債務者が支払督促の送達を受けた日から2週間以内に督促異議の申立てをすれば、通常の民事裁判に移行しますから、そのときは債権者はもう半額分の印紙代を裁判所に支払わなければなりません。しかし、高額の違約金額を定める株主間契約では、いかなる行為ないしは不作為が違約金支払義務に該当するかは明確に規定されているでしょうから、督促異議による本裁判で債権者の請求を覆すことは著しく困難でしょう。金銭債権の成立が明確で、相手方も争いようがない事例、たとえば、病院とか介護老人保健施設の治療費等の踏み倒しなどにお勧めの簡易な裁判手続です。

(5) 債務名義

　以上述べてきました判決書、和解調書、調停調書、仮執行宣言付き支払督促などはいずれも、強制執行権限を表象しています。このように、強制執行認容権原と執行の範囲を公権力をもって公認したものを一括して、債務名義（さいむめいぎ）といいます。強制執行の世界は債務名義の世界です。民事執行法に定める強制執行方法に従い、執行機関に対して債務名義に基づいて執行を委付することになります。強制執行を実際に追行する国家機関を執行機関といいますが、その執行機関としては強制執行の性質に応じて執行裁判所と執行官の二つがあります。

(6) 強制執行の種類

　子の引渡しの強制執行（民事執行法174条）という、極めて特異な強制執行を含め、強制執行方法にはさまざまな種類があります。株主間契約に起因する強制執行方法としては株主間契約に違約した場合のペナルテイである違約金等、金銭の支払を目的とする債権についての強制執行がありますが、それ

以外に金銭の支払を目的としない請求権についての強制執行があります。

　民事執行法の体系は、担保権実行の方法を別として、金銭の支払を目的とする債権についての強制執行と金銭の支払を目的としない請求権についての強制執行の二通りの強制執行方法を中心にして構成されています。この二通りの方法があるという点では、株主間契約に起因する違約金（または損害賠償請求債権）の強制執行も通常の財産権に起因する（貸金取立請求とか、売掛金支払請求とか）の債権に関する強制執行方法と何ら変わりはないのです。

　株主間契約は契約の内容自体、直接的に財産を取り扱う場合は稀であり、その多くは、特定の事業に共同して取り組むべく複数の株主同士が投資して共同の事業体会社を設立し、その株主と他の株主との間で、どのようにその共同事業会社を運営していくかに関して両者間に締結される約定とか、株主総会における議決権行使方法を拘束する約定にみられる株主権の権限行使に関して締結される約定とその違反を請求原因とするものですから、株主間契約の違背が直接的には財産権の棄損を結果するわけではありません。株主間契約違背に損害賠償額を予定する場合が稀ではなくなり、特に、違約の発生を阻止する有効な方法として違約罰としての違約金の定め（民法420条）を置く場合を典型例として、株主間契約自体が財産権的性質を帯有することになり、それに起因して株主間契約違反が金銭的損害賠償債権に転化するに至ります。このため、株主間契約の違背がある場合に契約債権者として契約債務者に対してとりうる救済方法として、契約違反を原因として発生する財産上の損害の補填を求めて、賠償の支払を要求し、違約なかりせば実現し得たはずの財産的水準を強制的に回復する方法として民事執行法上の金銭的強制執行方法を採用することになります。

(7)　金銭の支払を目的とする債権についての強制執行

　金銭の支払を目的とする金銭債権についての強制執行は、まず、訴訟を提起して勝訴判決をとり、それを確定させて強制執行する方法のほかに、前述したように、公正証書を作成するという、簡便なコストも低い方法があります。ただし、公正証書による強制執行は、金銭、その代替物、有価証券についての請求に限られ（民事執行法22条5号）、不動産の明渡しを求める強制執

行とか、売買等に基づく不動産登記法上の所有権移転登記手続に関する意思表示を求める強制執行などには使えません。

　金銭の支払を目的とする債権についての強制執行は、財産に対する強制執行ですから不動産に対する強制執行、船舶（外国籍船舶を含む）に対する強制執行、動産に対する強制執行、債権およびその他の財産権に対する強制執行を含むことになります（ほかに扶養義務にかかる金銭債権についての強制執行の特例があります）。かかる財産に対する強制執行方法には強制競売と強制管理の二通りの方法があります。強制競売については、強制競売開始決定、差押え、配当要求、売却基準価格の決定、強制売却の手順が踏まれ、最後に配当に至る強制売買的金銭換価手続です（民事執行法45条以下）。強制管理というのは、賃料、地代などの回帰的収益を生ずる不動産を差し押え、債務者に収益の処分を禁止し、債務者が賃貸料など不動産収益に係る給付請求権を有するときは当該給付義務を負う者に対しその給付の目的物を（債権者に給付するのではなく）執行法上の管理人に交付すべき旨を命ずる手続です。

　株主間契約違反に起因した損害賠償金、違約金等の支払を目的とする強制執行は、金銭の支払を目的とする債権についての強制執行の一種ですから、結局、財産に対する強制執行の方法をとることになります。相手方の所有財産の性質や財産の法的状況に応じ、上記財産に対する強制執行方法のいずれかをとることになるでしょう。株主間契約違反を原因とする違約金請求事案においては、実務的には、民事執行法の「第四款　債権及びその他の財産権に対する強制執行」のうちの、143条以下の債権執行の方法をとります。具体的には相手方債務者の預貯金債権を差し押え、執行裁判所から支払に代えて券面額で差し押さえた金銭債権を自己に転付することを命ずる転付命令（同法159条）を取得することが、実務では多いでしょう。転付命令が第三債務者である銀行（の特定支店）か郵便局（の特定支局）に送達された時に差押債権が弁済されたものとみなされます（同法160条）。したがって債権者は即時に第三債務者に対して自己の名で転付された債権の取立てができることになり、第三債務者が任意の弁済をしないときには取立訴訟を提起することができます。しかし、転付命令の法的性質は金銭債権の券面額（つまり、債権の法律上の債権額面のこと）による代物弁済ですから、仮に、第三債務者が無

資力である場合にも、第三債務者に対する債権の券面額で代物弁済の効力が発生してしまいますから、第三債務者の無資力のせいで実際には回収ができなくても、再度の取立ては認められません。つまり第三債務者の無資力のリスクを背負うわけです。このため転付命令の方法は第三債務者の資金力に問題がない場合に限られることになります。

(8)　金銭の支払を目的としない請求権についての強制執行

(ア)　強制執行の種類

強制執行とは、確定判決、公正証書、即決和解調書、調停調書など法律上確定した法的義務を履行しなければならないのに、任意に履行しない者に対して、「執行力ある債務名義」に基づき、①司法裁判所とか執行官とか、場合によれば警察官など国家の強制的実力を用いて、義務者の不動産とか動産（債権、株式を含む）とかの財産を差し押さえ、競売などを用いて強制的に換価して金銭として取り上げる直接強制と、②債務者に当該義務を代替的に履行させる代替執行（たとえば、執行官が、道路通行を妨害している妨害物件を物理的に取り除き、それに要した費用を債務者に支払わせる手法）、③間接的に圧力をかけて履行させる間接強制、④擬制的に履行したものとみなす意思表示の強制履行のことをいいます。

「執行力ある債務名義」とは、金銭に関する強制執行で使う公正証書のほかは、金銭に関する強制執行も金銭に関しない強制執行も可能な権限を有するもののことで、前述したように、確定判決とか認諾調書、和解調書、即決和解調書、調停調書を指します。

これらの強制執行は主として裁判で判決をとり、それを確定判決としてから行う手続ですから、そこに至るまで時間がかかります。したがって、次の株主総会に株主Aに、株主Bを取締役に選任する議決権行使をするとの約束を守らせる、などという株主間契約の履行となると、時間的に実現不可能な場合がありますから、勝訴判決を取る前の段階で、強制執行とほぼ同様な仮定的法的状態（法的状態の仮定的実現）にしなければなりません。これを仮処分（保全処分）といいます。株主間契約による違約金請求権の保全措置として違約した者の財産に対しては仮差押えが、株主総会議決とか取締役会議

決とかの場面における相手方株主の約束違反に対応するには、相手方に対して「仮地位仮処分」とよばれる保全措置をとることになります。これらの手続は民事保全法に規定されています。

(イ)　代替執行

　代替執行は、作為を目的とする債務（作為義務）についての強制執行と、不作為を目的とする債務（不作為義務）についての強制執行とに分かれます。

　作為義務の代替執行は、執行債務者の費用負担で第三者に当該作為をさせる強制執行方法です。私道の通行妨害物の排除、違法建築の排除と土地明渡しなどで使う方法です。ここでいう第三者は、強制執行の実務では、執行官を指します。執行裁判所が執行官に妨害物等の排除する権限を付与する決定をする仕組みになっています（この決定のことを授権決定といいます）。なお、建築物の明渡しの強制執行など大掛かりな代替執行では実際の実力行使をするのは執行官の補助者です。補助者になる人たちは通常、強制執行に慣れた労働者（昭和40年代前半の頃でも特高（特別高等警察）あがりの人がいたものです）たちで、彼らを集めるのは、実務上、強制執行債権者の代理人弁護士が手配します。執行債務者が実力で強制執行に抵抗してくる場合とか、ホテル、工場の明渡しなど、大掛かりな執行となると警察署に警察官の出動を依頼します。依頼するのは執行債権者の代理人である弁護士の役回りです。私は長野県下のスキー場内にあるホテルの明渡しの強制執行を警察官を指揮して行った経験があります。宿泊客もいましたし、「事件屋」とか「占有屋」と呼ばれる、その筋の者たちが地下室とかエレベーターを不法占有していましたので警察官の出動を要請したのです。

　不作為義務の代替執行は、債務者の費用負担で、執行債務者がした行為の結果として作出された違反行為（たとえば、空き地に侵入して建築物を建造する）による「結果物」を除去してしまう強制執行です。または将来反復して違法行為が予見できるときなどでは、適当な処分行為（たとえば、空き地の周囲に有刺鉄線を巡らせ立入禁止の表示柱を立てるなど）が実行されます。

(ウ)　間接強制

　作為または不作為を目的とする債務で代替執行ができないものについては、間接強制が許容されます。

　代替執行ができないものとは、夫婦の同居の義務、子の親権を争う家事事件での子の引渡しの強制執行（民事執行法174条）、条例などに規定される一定限度を超える騒音（右翼、暴力団などの宣伝カーによる大音声）の排除、株主総会の開催義務違反の不開催、取締役会開催義務違反の不開催、代表取締役選任議決権行使義務違反の議決権不行使などの事例です。

　「なすべき義務の間接強制」（民事執行法172条）は、執行裁判所で一定金額の支払命令をとる方法によります。作為義務違反の場合には、「○○をしない日ごとに一日につき金○○円を支払え」という命令です。金額は10万円とか20万円とか、事案の状況に応じた金額を特定して記載します。実務上、一日につき10万円の数倍までの金額であれば裁判所は文句を言わないでしょう。不作為義務違反であれば、「○○をするごとに金○○円を支払え」という命令を執行裁判所に申し立てることになります。たとえば、○○の地点から10mの範囲内において○○デシベル以上の騒音を立ててはならないなどの、特定の不作為義務に違反したときは、その違反した日の一日につき金10万円の割合で、違反を続けている限り金銭を支払わせる手法です。即決的金銭支払命令で間接的に追い込みをかける方法です。しかし、裁判所でこの命令をとって命令書を執行債務者に送達した後も、執行債務者にもメンツがありますから、作為義務違反の場合は開き直ってなすべき義務を実行しようとはしない（不作為義務の場合は作為行為をし続ける）のが通常です。そこで、執行債務者の違法状態を10日間程度、放置しておき支払命令金額の合計が100万円か200万円とかの適当な金額を超えたころに、その支払命令で即時金銭を目的とする強制執行ができますから、金銭支払命令の直接執行に切り替え、違法行為を構成した財物を差し押さえ競売に持ち込みます。この種の差押え、競売では、執行債務者が不作為義務の発生原因を構成した財物であって、一般には財産価値のない物（たとえば、騒音防止東京都条例違反の騒音の場合であれば原因をつくったマイク、ラウドスピーカ、宣伝車など）を狙い撃ちして差し押さえ、競売に持ち込みます。裁判所も心得たもので、このような違法行為を構成した財物を狙い撃ちして差し押さえる分には反対しようとはしません。また、このような性質の財物の競売であれば競売に入札参加してくる第三者は（私の経験ではまったく）現れません。そのため自己競落（債権者が自

分の費用負担で競落すること）しなければなりませんが、実際には入札参加者
である第三者は現れませんから、競落金額を争う者がいないこととなり、競
落金額は安いものです。執行債務者は違法行為に使っていた道具（先の例で
いえばマイク、ラウドスピーカ、宣伝車など）を失いますから、違法行為は終
熄します。

㈎　株主間契約での間接強制

　株主間契約関係で、「Ａが、Ｂを甲会社の代表取締役に選任するとの議題
につき、〇月〇日に開催予定の株主総会又は取締役会において賛成議決権行
使をする、しなければ、Ａは当該取締役会終結後直ちに違約金として金
〇〇〇万円をＢに支払う」との契約を考えてみます。

　このように、債務の内容として作為義務が明確に特定されている場合には、
令和2年4月1日施行の民法改正により、株主間契約理論は極めて強固な法
的基礎の上に立脚することになりました。ここでいう強固な法的基礎とは、
一つには民法に規定される損害賠償理論です。もう一つは主として民事執行
法に規定される強制執行理論です。その結果、債権者（この場合はＢ）から
みて自己の権利（たとえば、賛成議決権行使をさせるという作為請求権）を債務
者に向かって直接的あるいは間接的に実現するよう強制する方法とか、ある
いは、このような強制執行方法と並行して債務者に対して損害賠償を要求す
るとか、あるいはそのような強制執行に代えて損害賠償を要求することもで
きるというように、債務者に向かって自己の権利を実現するための法的手法
が増えてきました（なお、強制執行方法と並行して債務者に対して損害賠償を要
求するということは、強制執行も損害賠償請求も両者を同時的に請求することが
できるという意味であり、強制執行に代えて損害賠償を要求することもできるとは、
強制執行はできなくなり損害賠償請求だけを請求することができる、という意味
です）。

　まず、民法414条の改正（平成29年）があります。すでに述べてきたように、
同条1項は、契約の当事者たる相手が「任意にその債務の履行をしないとき
は、民事執行法その他強制執行の手続に関する法令の規定に従い、直接強制、
代替執行、間接強制その他の方法による履行の強制を裁判所に請求すること
ができる」と規定し、民法上の契約の締結によって発生する債権債務関係に

おいて、債務者が任意に債務の履行をしないときには、債権者は民事執行法
その他強制執行の手続きに関する法令の規定に従い「履行の強制を裁判所に
請求することができる」と大原則を打ち上げています。改正の前の414条に
も「強制履行」という強制執行と同じ意味の言葉はあったのですが、それだ
けで、どういう種類の強制執行を指しているのかについては規定がなかった
のです。ところが、今回の、この改正により民法上の二当事者間の任意の約
束の結合によって成立する債権債務関係（株主間契約が含まれます）に不履行
があるときは、その債権者はその債務者に向かって民事執行法上の強制執行
をすることができると明示されたのです。これにあわせて、その２項で「前
項の規定は、損害賠償の請求を妨げない」と規定して、強制執行と損害賠償
請求とが両立することを明確にしました（この点は改正前民法にも規定はあり
ましたが）。それに加えて改正民法415条はその１項で「債務者が債務の本旨
に従った履行をしないとき……は……債権者は、これによって生じた損害の
賠償を請求することができる」とし、かつ、その２項で「前項の規定により
損害賠償の請求がすることができる場合において、債権者は、次に掲げると
きは、債務の履行に代わる損害賠償の請求をすることができる」とし同項２
号は、「債務者がその債務の履行を拒絶する意思を明確に表示したとき」と
規定しました。これにより、株主間契約で前述のとおりの契約が締結されて
いる場合に、Aが○月○日に開催予定の取締役会の開催日の１週間前に、自
分は同取締役会において「Bを代表取締役に推薦することに賛成する議決権
行使はしない」と対外的に表明したとすれば、債権者Bはその１週間前に債
務者Aに対し、民法415条２項２号「債務者がその債務の履行を拒絶する意
思を明確に表示したとき」に該当するとして、債務の履行に代わる損害賠償
金（違約金の定めがあるときは違約金）の支払請求をすることができることに
なりました。したがって、事実関係によっては、この時点で違約金の支払を
求める「仮払仮処分」が認容される可能が高くなりました。

　このように民法上の両当事者間の約束事が強制執行法上の強制執行可能で
あることの影響を最も直接的に受けるのが上記の内容のような株主間契約な
のです。株主間契約はこれらの条文によって片足を民事執行法にガッチリと
基礎を置き、もう一つの片足を損害賠償請求にガッチリと支えられることと

なったのです。

　実務上、この「仮払仮処分」命令申立ての具体的な内容についてはその事案の内容に応じて、かなり自由に構成することが認められています。

　なお、当該株主総会または取締役会において当該賛成議決権行使をしなかった場合には、しなかったという事実の確認に基づいて、事後的にも、裁判所から金銭支払命令を取得することになりますが、このような事実の確認方法としては、現場まで公証人に同行してもらい株主総会の現場で当該議決権行使をしなかった事実を検分させて目撃状況見分公正証書（公証人法35条）を作成させ、その公正証書を裁判所に提出する方法をとるのが最も賢明な方法でしょう（実務家は、このように民事執行局面における裁判上の事実認定のための証拠として公正証書を利用する手法を身に付けるようお勧めします）。

　ただ、読者の中には、このような金銭支払命令の方法は、直接的な方法ではないこと（間接強制）から、何となく迂遠に感じられるかもしれませんが、実務では目的実現力の高い方法です。私はこの間接強制の方法を選択した事例のすべてで目的を実現しています。命令を申し立てる際に、申し立てる金額は、法律上は「債務の履行を確保するために相当と認める一定の額の金銭」（民事執行法172条）と規定されています（実務では、この金額のことを「イヤクバツキン」と呼んでいます）が、当然、高ければ高いほど実効性が高くなるわけです。裁判官は、その金額をいくらまでなら了解してくれるか、当該事案の性質に照らし、慎重に考えなければなりません。当然、会社の規模とか売上高、収益額とかの要素で違っては来ますが、誰がその会社の代表取締役になるかに直接かかわるのですから、かなり高額でなければ意味がないでしょう。

　違法な不作為でも株主総会、取締役会の不開催の場合とか、特定の議題についての賛成ないしは不賛成の議決権行使には、違法状態を構成する「財物」はまず存在しないでしょうから、上記の方法で間接強制金額支払命令を裁判所でとり、その不履行を待って金銭債権執行に切り替え、差し押さえる物件は、逆に市場価値があり、財産価値の高い財物または執行債務者としてその「物」がなければ困惑するような物に焦点を合わせて差し押さえる手法を採用するのがよいでしょう。

　上記は、いずれも（債務名義が確定した後の）強制執行法上の命令ですから、裁判官の判断（命令）は、申し立てた、その日のうちに出されるなど、極めて迅速に行われます。

2　意思表示の強制

(1)　意思表示を求める強制執行ができるか

　株主間契約で、甲会社の株主Ａが、同じ甲会社の株主Ｂに、甲会社の○月○日開催の第○○定時株主総会での取締役選出にあたりＢを選出すると約束し、その旨の契約書も作成調印されたとします。しかし、甲会社の株主総会が近づくにつれ、Ａは翻意した模様で、Ｂを選出するとの議決権行使はしない可能性が高くなってきました。そうなれば、Ｂは確実に次回の総会で取締役に選出されない客観的条件がある場合には、ＢはＡに、法律の力で、約束を守らせ○月○日開催の第○○定時株主総会でＢを選出すると意思表示させる必要に迫られることになります。

　Ａに対しＢを選出すると強制的に意思表示させる強制執行方法はないものでしょうか。

　今仮に、Ｂ（原告）がＡ（被告）に対して、Ａが当該株主総会でＢを選出するとの議決権行使を求める訴訟を提起し、そして勝訴し（あるいは被告が請求原因を法廷ですべて認め請求認諾調書が作成された）たとし、判決が当該株主総会前に確定したと仮定します。

　しかし、判決で勝訴しても被告Ａは現実には当該株主総会でＢ選出に賛成票を入れることに抵抗しており、上記確定判決後も、その態度を変える見込みはない、とします。

　このため、この勝訴判決を強制執行しなければならなくなりました。しかし、他人に、その意思に反して、無理やり、こちらが思うとおりの意思表示をさせる、強制執行の方法があるでしょうか。

　人間の意思表示を無理やり、強制的にさせることができるわけがありませ

ん。しかし、無理やり意思表示させなくても、法的には方法があるのです。なぜなら、上記の原告勝訴の判決が確定した時に（民事訴訟法116条、民事訴訟規則48条）、債務者は意思表示したものとみなされるからなのです。このことは民事執行法177条1項に「意思表示をすべきことを債務者に命ずる判決その他の裁判が確定し、又は和解、認諾、調停若しくは労働審判にかかる債務名義が成立したときは、債務者は、その確定又は成立の時に意思表示をしたものとみなす」と規定されているのです。つまり、意思表示は判決等の確定時点をもって、ほかに何らの手続をとることもなく、当然意思表示されたものと擬制されるのです（深沢利一『民事執行の実務（下）〔増補版〕』（新日本法規出版、1992年）893頁以下、園部厚『書式 代替執行・間接強制・意思表示擬制の実務〔第六版〕』（民事法研究会、2021年）55頁以下参照）。強制執行方法の奥の手に擬制という方法があるのです。さすが法律の世界は奥深いと感動します。株主総会において取締役選任議案に賛成の意思表示を求めた訴えの例として、東京地裁令和元年5月17日判決（判例時報2470号95頁）があり、取締選任の法的拘束力を肯定しています（ただし、この判決の控訴審である東京高裁令和2年1月22日判決・判例時報2470号84頁は、契約当事者間の意思内容の事実認定として、法的拘束力を付与する意思があったというのは困難として否定しています）。

　これと法律上同じ構造にあるのが不動産登記手続です。不動産登記手続は原則、登記権利者と登記義務者との共同申請の構造になっています（不動産登記法60条）。したがって一方当事者が共同申請すべき義務（不動産売買契約が典型ですが、通常の不動産に関する登記移転義務は原則共同申請義務があります）があるのに不履行し登記申請をしないときは、裁判で「被告は原告に対し○○の登記手続をせよ」という趣旨の判決をとり、それを確定（この場合は、相手が控訴期間内に控訴手続をとらなかったことによって確定します）させれば、その確定判決をもって他の一方当事者だけの単独登記申請が受理されます（不動産登記法63条。最高裁昭和41年3月18日判決・民集20巻3号464頁、林伸太郎「抹消登記請求と意思表示の執行」民事執行法判例百選（別冊ジュリスト127号）204頁）。労働事件での兼業許可についてでは、被告飲食店「瀬里奈」の従業員が原告として、同会社を訴え、他の会社に兼業勤務することを許可すると

の意思表示をせよ、と請求して提訴し、勝訴した事案があります（東京地裁昭和49年11月7日判決・判例時報765号107頁）。

(2) 意思表示を求める仮処分

ところで、上記の(1)の株主総会の事例では、総会が現実に開かれる前に判決が確定したと仮定していたのですが、実務上、本訴請求（正式な本裁判のことをこのように言います）に係る裁判手続は時間がかかり、本訴提起から1年以内に判決が下され確定するということは、例外も勿論ありますが、裁判実務上、少ないでしょう（本訴請求には時間がかかるのは裁判官にその原因がある事例はそれほど多くはありません。通常、被告代理人弁護士の見通しが悪いからだというべきでしょう）。Bとしては、株主総会が開かれる前に、法的救済を得たいとすれば、法的に仮定的状態をつくり出すことができる保全処分として、Aは仮にBを取締役に選任するとの意思表示をする保全手続をとらなければなりません。しかし、そのようなことが民事保全法上、可能でしょうか。

裁判所に仮処分命令を出させる手続は、一般に、極めて迅速に、決定まで、2、3週程度で進行しますから、理論的には、裁判所で「Aは、仮に、Bを取締役に選任するとの意思表示をせよ」との仮地位仮処分命令をとることができさえすれば、民事保全法は仮処分命令の執行については民事執行の例によることなっています（民事保全法52条1項）から、論理上（つまり、仮処分命令には民事執行法177条1項が準用されるから）執行できるはずです（東京地方裁判所保全研究会「意思表示を命ずる仮処分〔東京地裁保全研究会報告(七)〕」判例時報1249号3頁、大阪地方裁判所昭和40年10月22日判決・下民集16巻10号1579頁）。

その仮処分命令の決定書の送達についてですが、民事訴訟法の原則では、決定の形式による裁判（仮処分命令は、命令と呼称しますが、民事訴訟法的には決定です）については「相当と認める方法」で告知するだけでその効力が生じます（同法119条）。仮処分命令では当事者に送達（民事保全法17条）されたときにその効力が発生することになります。ただし、東京地方裁判所（だけではないと思いますが）における実務では、先に仮処分債権者に送達され、仮処分債権者が決定書を受領してから1週間後に仮処分債務者に送達されま

す。これは、仮処分債務者に仮処分命令の執行を妨害する機会を与えず、仮
処分債権者に仮処分命令の執行を行う機会を与えるためです（この手続のこ
とを、仮処分手続には密行性があるといいます）。したがって、仮処分命令の決
定書が仮処分債権者に送達されたときに、民事保全法52条、民事執行法177
条により、仮処分債務者に対する仮処分命令「Aは、仮に、Bを取締役に選
任するとの意思表示をせよ」の効力が発生することになります。ただし、こ
の意思表示の相手方は当該株主総会の議長ですから、議長がこの決定書をみ
た時点で、Aが、仮に、Bを取締役に選出する議決権を行使したとカウント
されることになるのです（議長がその決定書をみること自体を拒否しても、法
律上その決定書のとおりの効力が生じます）。仮処分債務者（この場合はA）が
仮処分命令の内容を知った時点ではすでに仮処分の効力は発生しているとい
う仕組みなのです。

　なお、保全命令の執行後（本件では、その効力発生後）の本案の裁判（正式
裁判のことです）で債務者（この場合はA）が勝訴し逆転した場合、つまり、
AはBを選任議決権行使すべき義務はないことが確定した場合には、債務者
の申立てにより、この仮処分命令は取り消されることになります（これを事
情の変更による保全取消しといいます。民事保全法38条1項）。

　しかし、実務上、別の問題があります。それは、裁判所の目からみて、そ
の事案では「Aは、仮に、Bを取締役に選任するとの意思表示をさせること」
が、それほどの緊急性、必要性があるといえるかどうかです（大濱しのぶほ
か「〔最高裁民訴事例研究278〕仮の地位を定める仮処分の適法な限界を超えない
一場合（最高裁昭和28年9月8日第三小法廷判決）」法學研究63巻3号118頁参照）。
仮地位仮処分命令は、その命令が発出されなければ、取り返しがつかないほ
ど大きな損害が発生するとか、猶予を置かず、今、直ちに断行する必要があ
るなどの、高い緊急性が絶対的要件です。民事保全法23条2項は、この点に
ついて「仮の地位を定める仮処分命令は、争いがある権利関係について債権
者に生ずる著しい損害又は急迫の危険を避けるためこれを必要とするときに
発することができる」と定めています。上記(2)の事例の場合、幸い、契約書
ができているとすると、Aが裏切りそうだという事実さえ「疎明」できれば
（疎明とは証明よりも程度の少し低い立証と理解されています。同法13条。実務上、

債権者代理人がそのような事実を掌握してさえいれば、これを、技術的に、疎明することは訴訟実務上それほど難しくはありません）、一応、命令を出す理由も必要性もあるといえますが、（本事例では「著しい損害」の発生予測ではなく「急迫の危険」にあたるかどうかでしょうから）緊急性が極めて高いとまでいえる事実関係があるかとなると、抽象的には判断できず、当該事件の事実関係によるとしかいえません。つまり「Aは、Bを取締役に選任するとの意思表示をさせること」が「急迫の危険」、つまり高度の緊急性を要することである、と疎明できなければ（証明までは要求されません）命令は出ません（意思表示を求める仮処分が認容された事例として、前掲・大阪地裁昭和40年10月22日判決（授業料滞納により除籍された私立大学学生の復学許可を求める仮処分申請を認容した事例））。

(3)　即決和解調書による強制執行

　上記は、あまりにも手続法的で専門的でした。ここで、もう少し実務的な観点から、同じ目的を実現する方法はないか、を検討します。

　強制執行と聞けば、通常、裁判を起こし、勝訴し、確定判決をとってはじめてできるようになると理解している方々がほとんどです。しかし、裁判よりはるかにコストも安く、迅速に債務名義（強制執行を許容する権限を証する証書の一般名称です）を手に入れる方法があります。それは裁判上の和解調書、調停調書を入手することです。これは、実は、相手方と妥協する方法です。普通、相手と妥協はしたくないでしょうが、妥協したほうが迅速に目的を実現できる場合があることは間違いありません。妥協には、通常、金銭的な駆け引きが伴いますが、金銭を支払っても、あるいは受け取っても、妥協したほうがよい場合があることも確かなのです。

　しかし、これら裁判上の和解調書、調停調書を入手する手続も実務（それは、通常は弁護士同士の交渉によります）では、早くて、数カ月程度はかかるのが通常です。

　もっと迅速な方法として即決和解調書の方法があります。正式には、「訴え提起前の和解」（民事訴訟法275条）といいます。実務では「起訴前和解」といっています。裁判所に持ち出す前に私文書で民法上の和解契約をしてお

159

き（たとえば、「相手方Aは第○○総会にBを取締役に選出議決権行使をすることをBに約束する。これに違反したときは、AはBに対し違約金○○○円を支払う義務を負う」という内容でしょう）。その後に、将来強制執行ができるよう、裁判所（簡易裁判所）で和解調書（債務名義）を作成する手続です。しかも、迅速に作成できる手続です。

　この手続は、原則的には、請求の趣旨および原因それに争いの実情を書面にし（これを要領よく短時間に書くのは弁護士でも熟練を要します）、相手の住所地を管轄する簡易裁判所（地方裁判所ではない）に和解の申立てをすることです（民事訴訟法275条）。もちろん、あなたが東京で相手方の住所が北海道か沖縄かもしれません。それでは迅速に進みませんので、最初の私文書で和解契約をしたときに裁判管轄も双方で合意しておくのです。これを合意管轄（同法11条）といいます。実務的には、相手方当事者から日本のどこの管轄裁判所でもよいから期日を最も早く入れてくれる裁判所なら文句は言わないという権限委任を受けておき（実務では、双方に弁護士がついている場合は、この授権は双方に有利な授権ですから、口頭ですませます）、電話で一番近所の（意思表示をさせる側の弁護士が東京に法律事務所をもっている場合は都内の）簡易裁判所の担当書記官に電話を入れ、期日を早めに入れてくれる裁判所を（相手の弁護士が沖縄であれば南の方に向かって）探すのです。裁判所に電話して事件を受理できる日はないかと談判すれば、7、8件も電話すれば「ヒマ」な裁判所はみつかります（といっても、私の経験では東京から始まって南のほうへ向けて次々と片っ端から簡易裁判所に電話して探し、やっと四国高松の簡易裁判所で期日を受けてもらったことがあります。ということは東京から高松まで「ヒマ」な裁判所はなかったということになります）。みつかれば、双方とも遠方であっても期日を入れます。実務的には相手方と話をつけてから裁判所に申し立てる手続ですから、法廷が始まると、裁判官は双方の弁護士の意思を確認し、和解調書の原案（申立弁護士が作成して提出しておきます）を双方に向かって読み上げます。裁判所内の手続は、おおむね20分以内に終結します。和解調書の正本は2、3日で当該裁判所書記官から送られてきます。本当に、迅速です。

　もし、仮に、この手続をした簡易裁判所内で、相手方の弁護士が、何かの

事情で和解はできないと言い出したときは、双方の弁護士が訴訟手続に移ってくれと申し立てた場合に限り、和解の申立てをした時に、本裁判の申立てがあったとみなされ、本裁判が始まります（そのような経験をしたことは、私は一度もありません）。つまり、和解が先行し本裁判が後行しますから、起訴前和解と呼ぶのです。

　読者のみなさんは、裁判所に行く前に和解ができるだろうかと疑問に思うでしょう。私の経験上、いえることは、紛争事案が大掛かり（たとえば、和解が成立することによって江戸時代からの歴史を誇る温泉ホテル会社は倒産を免れ、従業員を一人も解雇しなくてすんだ事例、和解で株主全員がコンビニエンスストアチェーン事業会社の数店舗を、別会社に吸収分割（事実上第三者に対する売却）することに同意してくれるので、分割会社には入金があり会社全体の倒産は免れる事例など）、あるいは緊急度が高いほど和解は迅速にまとまります。それは、株主間契約においても、対立当事者のいずれからみても、資産評価額が大きいほど、かつ緊急度が高いほど相手方に対する譲歩許容限度の幅が広くなるからです。

　双方が、日本のどこの簡易裁判所でもよいのですが、債権者弁護士と債務者弁護士が立ち会い、裁判官の前でこの即決和解調書が作成され、即決和解調書の条項の中に、「株式会社甲の株主Aは、同会社株主Bに対し、○○月○○日開催予定の株主総会において、Bを取締役に選任するとの議決権行使の意思表示をする」という文言が記入されているとします。法的には、この和解調書の成立をもって（送達は後日なされることを条件に）、即決和解調書の効力によって、「株式会社甲の株主Aは、同会社の○○月○○日開催予定の株主総会において、Bを取締役に選任するとの議決権行使の意思表示をした」ものと擬制されます。つまり、この和解調書の成立によって、この意思表示をしたとの判決が確定した同様の法的効力が発生するのです。したがって、強制執行とか仮処分という手続を執らなくとも、他の条件（Aの議決権と他の株主の議決権とが取締役選任に必要十分な賛成票数になっている）が満足していれば、法律上、この和解調書成立の日に、Bは株式会社甲の取締役に選任されたと同様の法的状態に入ることになります。もちろん、ここでは和解調書の成立を論じているのですから、民法の和解（民法695条）の適用があ

り、和解の成立のためには「当事者が互いに譲歩をしてその間に存する争い
をやめることを約する」ことが要件です。Ｂが株式会社甲の取締役に選任さ
れたと同様の法的状態に直ちに入ることを、今確定したいのであれば、Ｂは、
Ａからみて、それが今Ａの手に入るのであれば譲歩してもよいと思うだけの
ものを今Ａに対し、提供しなければなりません。それは金銭であるのか、甲
会社における一定の利益であるのか、その点については法律は沈黙していま
す。この和解を成立させようとするＢないしはＢの弁護士は、今Ａが入手し
たいと思っているモノが何であるのかを迅速に読み抜かなければなりません。
来る株主総会においてＡがＢに取締役に選出する票を入れてくれるかどうか
疑わしい場合において、この方法が、現行法下において、もっとも確実、か
つ短時間にＢが取締役に就任する方法であることだけは間違いありません。

第3章 取締役会における株主間契約

1 株主総会と取締役会における株主間契約の異同

　株主間契約の締結に参画する株主たちは、株主総会や取締役会を通すことだけによっては、容易に実現することができない自己固有の利益と固く秘めた自己の願いを株主間契約という手法によって実現することを考えています。それら株主間契約に参加する株主の目からみて、株主総会は会社の意思を決定する場所ですから他人を排し自己の手によって操作するには容易ではありませんが、取締役会はすでに決定された会社の意思（株主総会決議）を具体的に実現する方法を決定する場ですから、自己の願いの実現にとって、より可能性が高い場所であるといえます。運がよければ、取締役会において自分だけの秘めた願いを取締役の一人として株主総会で選出されたこの自分自身の手で、その実現に参画することができるかもしれません。

　このような思考過程から、「取締役会における株主間契約」には「株主総会における株主間契約」と違う特性があるということができます。取締役会における株主間契約は、株主総会における取締役選出決議という関門を通過している株主と株主との契約ですから、株主総会におけるように裸の株主と株主との契約ではなく、「取締役と取締役との契約」という性質を帯びています。しかし、取締役という会社機関と会社機関との契約という性質を帯びながら、契約締結の成果が公的に会社に帰属するのではありません。会社機関という外被に覆われているにすぎず、株主としての私的な願いと個人的な利益を実現するための契約という株主間契約の本質が変わるわけではないのです。株主である取締役たちは、取締役会の最大の権限である代表取締役の選任と解任を通して自己の利益を実現しようとします。その実現しようとする利益は、株主という自分自身の、あるいは親族の利益など私的な利益です

（東京高裁平成12年5月30日判決・判例時報1750号169頁参照。潘阿憲「株主総会および取締役会における議決権行使の合意の効力」ジュリスト1247号158頁）。取締役は株主でなければならないわけではありません（会社法331条2項）が、株主総会で取締役に選出されるためには、事実として、株式を相当数保有しなければまず無理ですから、ほとんどの取締役は株主でもあるのが通常です。

　しかし、「取締役会における株主間契約」が「株主総会における株主間契約」と大きく性質が違う点があります。株主総会における議決による帰結は議題に賛成または反対する議決権の数によって決まりますが、取締役会における議決による帰結は（定款に特別の定めがない限り）取締役の頭数によって決する点です（会社法369条1項）。株主総会における議決数は株式数であり、株式数はつまりは投下資本総量であるのに対し、取締役会における議決数は頭数です。つまり、人間の数です。したがって、株主総会における株主間契約は、投下資本総量と投下資本総量との結合関係として現れるのに対し、取締役会における株主間契約は、経営能力を中心とする人間的魅力を結合関係の結節点とします。しかし、取締役は株主総会という投下資本総量による検問所を通過した者として一定量の株式数に支えられているのが通常ですから「取締役会における株主間契約」という表現は決して背理ではありません（田中亘『会社法〔第3版〕』（東京大学出版会、2021年）239頁参照）。

2　個別構成員の意思集約的機能と株主間契約

　会社法は、会社という架空の観念に生命を吹き込む方法として、特定の法的色彩を帯びた構成員によって構成される株主総会、そして取締役会、監査役会などの合議体を複数予定し、そこにおける構成員の個別の意思を合議体の意思に擬制的に転換し、転換された合議体の意思を株主総会議決によって「会社の意思」にもう一度転換するという手法を採用しています。この方法の技術的特徴は、構成員に全体意思の形成過程に己も参加していたがゆえに、全体意思は己の意思でもあるという錯覚を平穏理に抱かせやすいところにあります。これに対比し、株主間契約は、各契約当事者の各別の個別意思を株主間契約参加者全員の全体意思に止揚する仕組みです。各参加者の個別の意

思を参加者全員の全体意思に転換する構造においては会社法上の会社と同一
のメカニズムが働いています。

　かくして、個別構成員の意思集約的機能をもつ会社法の原理と株主間契約
の原理とは互いに相似形のように同一の原理の上に立っています。この出生
を異にする会社法の原理と株主間契約の原理が色鮮やかに一致する地点があ
ります。それが会社構成員の全員が単一の株主間契約の当事者となっている
場合です。つまり一人会社の場合です。一人会社においては株主間契約に
よって形成された一つの意思は、即、会社の意思であるからです。この意味
では一人会社は株主が一人だけである場合だけに成立するものと考えるべき
ではありません。複数、ないしは多数の株主が契約当事者となって単一の株
主間契約を締結している場合にも、一人会社の理論は妥当するといえます。
このゆえに、株主間契約が目指すべき理想郷は一人会社であるといえますし、
株主間契約の理論が妥当しやすい場所は非上場の中小企業であるともいえる
でしょう。

　しかし、取締役会における株主間契約の法的性質を明らかにするには、取
締役会における株主間契約が自己崩壊する場合をも検討しておかなければな
りません。自己崩壊する場合とは、株主間契約の構成員同士があまりにも強
く結びつき、己と相手との区別が己においても相手においても識別できなく
なってしまい、相手が己と違う行動をとることが許せなくなり、相手は必ず
己と同一にのみ行動することまで要求するに至り、最終的に株主間契約のゆ
えに会社自体が身動きならず組織体として機能しなくなる場合です。株主間
契約が双面の鬼と化した場合です。

3　取締役が株主間契約をする場合

　会議体の構成員の代表権をもつ者だけ、たとえば、代表取締役社長と代表
取締役専務だけが株主間契約を締結している場合があります。当該契約当事
者は、株主総会に対する議題の提案は株主総会の開催前に株主間契約当事者
が相互に合意した議題だけを提案することができ、議決はかならず当該合意
した議題について合意したとおりに株主総会で議決権行使するものでなけれ

ばならない、したがって、株主総会前に事前合意ができている議題が株主総会に上程されたときは契約当事者は必ず当該議題に賛成しなければ株主間契約に違反したものとみなされること、また逆に、株主総会前に事前合意ができていない議題が株主総会に上程されたときは契約当事者は必ず当該議題に反対しなければ株主間契約に違反したものとみなされることを約束し合っており、かつ当該契約の存在が他の会議体構成員には秘匿されているというような場合です。

このような契約には、違約した場合には違約金を支払う義務を負うとの規定が設けられており、その額が億円単位で規定されていることがあります。いわば議決権拘束株主間契約によって相互にがんじがらめに拘束し合っている場合です。かかる株主間契約が締結される必要性がある場合とは、当該契約締結当事者双方が、それぞれ単独では当該株式会社の発行済株式総数の過半数を制しておらず、契約当事者双方の持ち株を合計したとき、はじめて過半数を制することができることになるという制約がある場合です。

4 自己崩壊する取締役による株主間契約の一例

株式の譲渡制限がある中小企業甲社に例を取って検討しましょう。単純化のため、多数の株主のうち株主間契約当事者はA（取締役）とB（代表取締役）の二人だけであり、その株主間契約は、骨子として、AもBも相互に、相手方の合意がなければ株主総会にも取締役会にも議案を提出することができないこと、AもBも合意した議案が上程されたときは、株主総会においても取締役会においても相互に議案に賛成しなければならず、AとBとの合意ができていない議案が上程されたときは、株主総会においても取締役会においても相互に議案に反対しなければならこと、これらに違反したときは、違反者は相手方に違約金として3億円を直ちに支払わなければならない、と定められていた、とします。Aは発行済株式総数のうちの23％を所有しており、Bは同総数のうち32％を所有して代表権も持っており、株主総数は50名とし、取締役の総数はA、BのほかはC、D、Eの3名、合計5名であるとします。今、開かれている取締役会の議題は当期定時株主総会に提出すべき議題をど

うするかであったとします。Ａは自分と共同歩調をとってくれる取締役はいつもＣだけであり、ＤとＥはいつもＢと共同歩調を取るのが常であるから、どのような議題であっても２対３と劣勢を避けられず、Ｂに対抗するには自分の仲間に取り込める取締役を最低１名増員し、せめてもの３対３の拮抗関係まで持ち込みたい、と考えており、具体的にＡは増員予定の取締役候補としてＦの同意を取り付けていたとします。取締役の任期は定款上１年限り（会社法332条１項ただし書）であり、毎年定時株主総会で選任されなければならない定めであったとします。そして甲会社の今期収益は良好であり決算書類は配当しうる剰余金が十分あることを示しているとしよう。

　これらの事実関係の下に、ＢはこのＡの願望の実現に頑強に抵抗していました。ＡとＢとの合意は成立しません。成立しなければＡとＢとの株主間契約の定めにより定時株主総会に何の議題も提出することができません。ずるずると日数だけが過ぎてゆき、定時株主総会開催予定日が２週間後に迫ってきました。

　再度の取締役会が始まりました。Ａは取締役１名を増員すべきである、Ｆは当社取締役にふさわしい人柄であり甲会社の業務遂行上望ましい能力があることを強調しました。しかしＢはその必要はない、現在の取締役でも十分利益を上げられることが実証されているではないか、取締役の増員には反対であると抵抗します。Ｂは取締役会における自己のリーダーシップが失われるのを懼れ、妥協しようとはしません。その日はＡとＢとの口論に近いやりとりだけに終わりました。このままでは定時総会の開催ができないかもしれない。できないとなれば取締役は全員任期が切れる。決算書類の承認ができない、そうすれば配当もできないという事態になっています。

　３日後、何回目かの取締役会が開かれました。ＡはＦを取締役にするとの議題を次回定時株主総会に提出すべきであると頑張ります。Ｂはそこまで主張するなら、了解しよう、ただし、私がその人柄をよく知っているＧも取締役とすることが条件であると切り返しました。この条件を呑めばＡにはＣとＦ、ＢにはＤ、ＥそれにＧが和することとなり、今までの２対３が、３対４に替わるだけで、Ａが取締役会において優勢になりうる見込みはなく、勢力関係は変わりません。Ａはそれでは妥協案にならない、妥協できないと突っ

ぱねました。結局その日も合意することができませんでした。

　翌日、BはAとの合意がないまま、定時株主総会の通知発送に踏み切りました。議題は決算書類の承認だけであり、取締役選任が挙げられていませんでした。

　株主総会の当日、出席した株主はほんの数名であり、他は白紙委任状でした。決算書類は承認されましたが、ほかに議決されたものは何もありません。取締役の任期は全員満了し取締役全員の欠員が発生しました。

　こうなってしまえば、取締役は全員が次の取締役が選任されるまではなお役員としての権利義務を有するものの（会社法346条1項）、だからといってAとBとの妥協が成立する見通しが立つわけではありません。またAは総株主の議決権の100分の3以上の議決権を6か月以上引き続き保有する株主として、裁判所に対し株主総会の招集の請求をすることができます（同法297条）し、裁判所もおそらくその請求を認容するでしょうが、その結果、開かれた株主総会でAの要求が議決される見通しがあるとは言い切れません。もちろんBの要求が議決される見通しがあるとも言い切れないわけです。したがって、裁判所が株主総会を開くことができる機会を設けてくれたからといってAとBが妥協できる見通しが立つわけではありません。

　おそらくAとしては局面を切り開く手立てとして、Bに対し、双方が合意しない限り株主総会の議題とはしないという株主間契約にBは違反して決算書類の承認という議題を提案したのだから違約である、違約金を支払えと訴訟を提起するかもしれません。しかし数億円に達するであろう違約金を現実には支払えるわけでもないでしょうから、両者の妥協が成立する手掛かりにはならないでしょう。

　こうなれば、打開策はAまたはBにおいて、単独で過半数を占めるまで他の株主から株式を買い取る以外には方法がないように思われます。しかし、収益性が十分ある甲会社の株式は、おそらくかなり高額になるでしょう。AもBも、それだけの株式買収資金を調達できるでしょうか。仮に資金を調達できたとしても、AとBが妥協しない限り、（譲渡承認は株主総会決議による旨の定めが定款に規定されているとして）株主総会で株主の過半数を占め（会社法139条1項）譲渡承認を得られる見通しは立ちません。かくして、甲会社

は合議体として死滅したことになるのでしょうか。ＡとＢに妥協を説いたと
しても、相互の妥協ができるのであれば、おそらく、すでに妥協はできてい
たはずです。では、打開策はないのでしょうか。

　実は、解決策があるのです。妥協以外の方法があるのです。Ａは株主間契
約を厳格に守ればよいのです。つまり、Ｂが代表取締役として株主総会にＡ
の事前承認を得ていない、いかなる議案を上程しても、株主間契約に違反し
ているから反対するとして、反対し続ければよいのです。何が起きると思い
ますか。

　たとえば、Ｂが臨時株主総会を招集し、次期取締役として、Ｂ、Ｄ、Ｅを
選任したいと総会開催前にＡに議案を提案してきたら、Ａは同意できない以
上、Ｂとの株主間契約に従えば反対しなければ違約となり違約金を支払わな
ければならないのですから、株主間契約を守って、反対すればよいのです。
臨時株主総会がとにかく開かれ、Ｂが代表取締役としてＢ、Ｄ、Ｅだけの選
任を議案として上程してきたとすれば、ＡはＢとの株主間契約を守って、Ｂ
にも、Ｄにも、Ｅにも大声で反対すればよいのです。Ｂが賛成と大声で叫ん
でみても、その票数は32％に過ぎませんからＢ、Ｄ、Ｅの誰も選任されませ
ん。次にＢが決算書類の承認を議案として上程してくればＡは事前に合意し
ていないとして大声で反対すればよいのです。決算書類の承認も得られませ
ん。Ｂが何度臨時株主総会を招集してみても、Ａは株主間契約を守ると称し
てＢの提出する議案にすべて同意せず、反対します。その結果、Ｂの提案は、
一つとして承認されません。取締役選任もできず、代表取締役の選任もでき
ず、決算書類の承認も得られません。取締役の選任については役員に欠員を
生じた場合の措置（会社法346条）によって、しばらくは何とかなるとしても、
決算書類の承認が得られず配当ができないことは回復できない傷になるで
しょう。株主たちは承知せず、株式を保有している金融機関も介入してくる
ことが予想されます。Ｂは、とどのつまり、Ａと妥協するほかはないことを
悟ります。Ｂは自分は株式の32％を支配するにすぎず、23％を所有するＡと
手を携えることによって，はじめて過半数を支配することができるに過ぎな
いことの意味を、敗北感と共に悟るのです。Ａの要求するＦを取締役に選任
する決心をせざるを得ないでしょう。

　以上のエピソードは、株主間契約は民法上の債権契約に過ぎないと軽くみる人たちに対して警鐘を鳴らすものです。株主間契約は、民法上の単なる契約ではないぞ、と警鐘を乱打しているのです。株主間契約とは会社の資本と結合した「根」をもつ株主同志の民法上の契約なのです。資本に根を置く人々の契約なのです。契約の核心に資本が実在しているのです。株主間契約とは民法上の単なる債権契約ではないのです。

第三編

各　論

第1章 従業員持株会による親族外事業承継の株主間契約

[本章は牧口晴一が執筆しています]

はじめに——親族外事業承継での課題

　オーナー経営者の相続税の節税を主な動機として、少数株主（正式には被支配株主）として従業員持株会が登場しました。しかし、これは親族内事業承継の時代の話です。

　昨今、オーナー経営者に後継者たる親族が存在しない、あるいは後継者の器に叶う親族が存在しないという嘆きから親族外事業承継の割合が増加しています。

　従業員持株会が親族外承継の主体となるときは、経営に携わり支配株主になるという意味からも役員持株会と称したほうが適切といえるでしょう。役員持株会も民法組合として組成されることが多いものの、所有と経営を一致させる場合、役員持株会は支配株主に転じる必要があります。このときの税務上の価額は少数株主であったときとは比較にならないほどの高額となるため、支配権をもつに至る株式をどのように移転させるかが問題となります。

　役員持株会の集団指導体制でない限りは、役員持株会のメンバーのうち、特定の者に株式を直接もたせる必要から、役員持株会を退会させる必要も生じます。しかし、持株会を退会する際には、退会者の持分を買い戻し、現金を交付するという規約があることが通常です。すると後継者となる役員は、持株0になってしまうことになります。ここに株主間契約（役員持株会規約）の必要があります。

　このようことから、親族外承継を目指すことが明確な場合には、役員持株会を用いず直接持株制度で行うことが検討されます。この場合、後継者候補となった者が、株式を取得した後になって意に反して退職してしまう場合を

考慮し、退職時に会社が当該株式を買い取ることを条件とした取得条項付種類株式とすることが考えられます。しかし、種類株式の導入には定款変更を必要としますから、そのための臨時株主総会の開催、特別決議という面倒な手続を回避できる株主間契約の締結で行うことが便宜です。それには、株式譲渡制限付き兼買戻条項付き株式売買契約か、あるいは、株式譲渡制限付き株式再売買契約をすることになります。

　しかし、このように直接持株制度で、当初は少数株主として配当還元価額という低廉価額で取得できたとしても、支配株主となる瞬間からは一挙に価額が高騰することから、その取得が容易ならざるものになります。この場合の方策として、属人的種類株式を用いる方法を述べてまいります。

　さらに、この容易ならざる支配株式の取得について、贈与によって取得させ、親族外後継者が負担することとなる贈与税を猶予する事業承継税制を用いる場合と、その困難性を述べます。

　また、先述の従業員持株会を用いた親族内承継と同様に「一般社団法人」による方法を親族外承継に応用することも可能です。この場合、役員持株会を構成する理事が、個々人としては持分を有しないという一般社団法人の法理に基づき、役員持株会全体として経営参加（支配）していくことになり、新しい方向性を孕んでいるといえます。

1　親族内承継と親族外承継

　従業員持株会の形態として一番普及しているのは、①民法組合による方法と、②そこから派生したものの普及に至らない人格なき社団による方法、③最近、増加しつつある一般社団法人による形態があります。ただし、②人格なき社団による方法は、③の一般社団法人による方法が可能となったため、注目されることがなくなったように思われます。

　親族外承継を考える際は、①の民法組合による方法は、その会員が親族外承継における後継者とはなり得ません。従業員持株会を拡大して役員持株会あるいは関係会社持株会であっても同様です。なぜなら、これらの持株会の目的は、一般的には従業員等（役員を含む。以下同じ）の福利厚生や資産形

成を通じながらの安定株主対策、あるいはオーナー経営者の相続税節税が隠れたる目的で、多数の会員によるも現実的には少数株主としての資本参加に留まるからです。

　しかし①の民法組合による従業員持株会等がまったく役に立たないかといえば、そうでもありません。これから述べるのがまさしくその方法なのです。持株会はその組織を通じて会員である従業員等にある程度の株式持分を持たせ得ることから、後継者となる従業員等の株式持分を増加させるインキュベーター（起業支援のための制度等）的な活用が可能だからです。

　その方法とは、特定の後継者としての資質を有することを自他共に認められる者への集中的な議決権の集中をもたらし、後継者たる地位を有することに至らせる方法です。

　これを③の一般社団法人による方法と比較すると、一般社団への株式の拠出はオーナー経営者が行うことで、従業員等はまったく資金を必要としません。そして一般社団法人の理事にはオーナー経営者は就任せず、従業員等が就任するも彼らの持分はなく、一般社団法人としての議決権を行使することになります。理事らはその職責に応じて理事報酬を従業員としての給与とは別途得ることも可能なものです。

2　従業員等への承継の二つの問題点

　一般に事業承継は、誰に承継させるかによって区分すると、主流であった、親族への承継が年々減少の一途を辿っています。代わりに増加したのが、「親族**外**承継」です。法的手法としては、これら「親族外承継」は「親族内承継」が「**相続・贈与**」が主であるのに対して、従業員等への親族外へは「譲渡」であることが最も異なる部分となります。親族外後継者への贈与が事業承継税制の活用による納税猶予の道は開かれてはいるものの、後述しますが、現実的には、問題が多くて、ほとんど使えません。

　また、そこにこそ「親族外承継」の難しさが集約されます。すなわち、「相続・贈与」は対価が不要である（もちろん相続税がかかることは別ですが）のに対して、「譲渡」は**対価が不可欠**という点です。

　本章では、この「親族外承継」のうちの「従業員等への承継」について、従業員持株会等を用いていくことが一つの柱となっています。もちろん、親族への承継であっても、従業員持株制度を利用して行うことにより、より節税を図って、事業承継ができるのも事実です。これを扱ったのが、拙稿「従業員持株会の課題と対策」後藤孝典編著『親族外事業承継と株主間契約の税務』（民事法研究会、2021年）第2編第1章です。

　したがって、ここでは、「従業員等への承継」を目途にして、従業員持株会等を用いて**徐々に株式が移転した後、将来のある時点で従業員等への経営を託してゆく「事業承継の瞬間」における問題**についても述べていきます。

　このときの二つの問題が、「**譲渡価額の税務問題**」と、従業員等にとっての「**資金の手当ての問題**」です。

　前者の「譲渡価額の税務問題」は、税務上の時価の考え方において**劇的な変化を来す**ところです。すなわち、いよいよ従業員等へ実質的経営権が渡るときにおいての時価の考え方です。従業員持株会等へ配当還元価額での移転ができるのは、**従業員が会社支配に関係のない議決権者であるからこそ、**その著しく低い価額であるところの配当還元価額による移転が可能なわけです。それが、従業員や役員の議決権が増加し、**経営権をもつに至る瞬間においては、もはや配当還元価額による移転は問題**が生ずるのです。

　また、後者の「資金の手当ての問題」については、前者と密接なかかわりをもってきます。すなわち、**価額の高低が資金手当ての困難性に直結**するからです。次項で、その「資金の問題と承継形態との関連」を述べた後に、「譲渡価額の税務問題」へと進めていきます。

　なお、従業員等への承継の場合の問題点として上記2点を掲げましたが、他にもデメリットである点はあります。特に「**現在の社長の個人保証**」の問題は大きいものです。これについては令和4年12月23日に経済産業省・金融庁・財務省の連名により発表された「経営者保証改革プログラム」が、令和5年1月から順次スタートし、コペルニクス展開をみせて改善されようとしている。

3 　従業員等が「買収する」事業承継がMBO

　「親族外承継」は「譲渡」ですから、「買収」すなわち「M&A」に他なりません。M&Aは企業外部の他人への譲渡が前提とされていますが、従業員は他人ながらも、オーナーに近しい間柄ということをもって「従業員等への承継」と、特に区別しているに過ぎません。また、そのうち役員がする買収をMBO（マネジメント・バイ・アウト：Management Buy-Out）といい、従業員による買収をEBO（エンプロイー・バイ・アウト：Employee Buy-Out）といいます。ちなみに、マネジメントは経営陣（役員）を、エンプロイーは従業員を意味します。ただ、現実には**役員が中心となって、それに賛同する従業員が加わって**行われることが多いので、両者で同時に行うことになり、この場合もMBOと表現したり、まとめて**MEBO**という場合もあります。

　この場合、通常巨額の資金が必要になりますが、役員といえどもサラリーマンですから、その資金調達は容易にはできません。そこで、買収目標会社（事業承継目標会社）の資産と将来の収益を担保にして資金調達をする方法がLBO（レバレッジド・バイ・アウト：Leveraged Buy-Out）と呼ばれる方法です。

　これに、一種異様な感覚がするのは、今は他人（オーナー）の所有物である会社を、買収者である役員や従業員が勝手に担保に差し出すからです。つまり、**買収してしまえば自分のものになりますが、それを先取りして、買収の暁には担保に差し出しますからお金を先に出してくださいと依頼する資金調達方法**なのです。自分のものを担保に提供するなら、レバレッジ（梃子）とはいわないわけです。

　MBOは、具体的には、役員や従業員が買収を目的とした会社（**SPC：特別目的会社**）というペーパーカンパニーを設立し、その会社が、LBOで借入れなどにより資金を調達したうえで、株式を買い取り、最終的にSPCと被買収会社（目標）とを合併させて完了します。

4　MBO の資金手当てと事業承継形態

⑴　概　要

㈎　資金手当ての目途が立つ場合

　従業員等は通常、資金力がありません。その資金調達の可能性によって、事業承継の形態は変化します。まず、**資金手当ての目途が立つ場合**、すなわち前述のように MBO の資金調達法として**会社自身の財産や将来の収益を担保**にした金融機関からの借入れや投資ファンドから出資を受けるという LBO を用いる場合を考えます。

　しかし、LBO は被買収会社の業績や後継者となる役員等の経営能力に、**見込みがある場合**にとられる方法です。その点でも一般的には難関です。またファンドの場合には、一般的には、投資効率からみて、通常**ある程度のボ**

〈図1〉　資金の調達力によって変わる従業員等による事業承継の形態

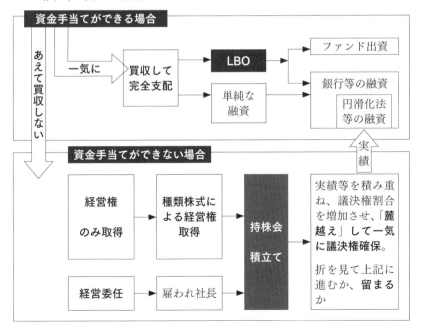

リュームがないと投資されないようですし、**ファンド側から収益を上げることや上場を目指すことへの圧力**が強くなることは否めないでしょう。

　なお平成18年9月に公的機関の**中小企業基盤整備機構の「事業継続ファンド」が創設**されました（中小企業庁 HP 参照）。さらには平成20年5月に成立した**経営承継円滑化法**（中小企業における経営の承継の円滑化に関する法律）**による融資は、親族外承継にも使える**ものです。

　優良型の企業には、ファンドも融資も容易に付き「資金手当て」ができます。この場合でも従業員持株会等はもちろん役立ちます。しかし、**あえて買収に進まず、徐々にオーナーの株式を移動**させていきます。

　その**途中段階**では、前頁の〈図1〉の最下段にある、「**経営委任**」の状況にあるわけです。後継者は、いわゆる「**雇われ社長**」で、時間をかけて徐々

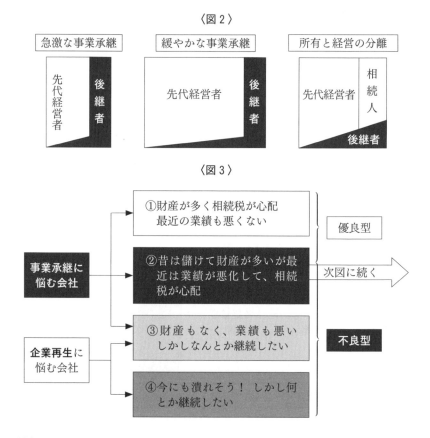

〈図2〉

〈図3〉

に「役員持株会」で積立てを行い、それと並行して経営者としての実績を積み重ね、事業承継の**機の熟するの待って**、その時点での「役員持株会」の積立てに不足する資金を単純融資や LBO による出資や融資を得て一気に MBO で買収するか否かを検討するのです。

オーナー急逝に伴う「急激な事業承継」対して、これは「**緩やかな事業承継**」と表現することができるでしょう（〈図 2 〉参照）。さらには、最後の段階で買収することなく、オーナーの相続人に株式を相続させて、「**所有と経営の分離**」を図るというのも一つの方法かと考えられます。この多くの場合、選択は自在です。そのいずれの場合にも「所有」と「経営」との間で株主間契約が重要な役割を担います。

　(イ)　**資金手当てができない場合**

次に**資金手当てができない場合**で、当然この場合のほうがはるかに多く、ファンドにも銀行にも十分には依存できない場合です。本書で扱うのは、上記に加えて現実には多いこちらの場合です。

というのも、事業承継に悩む会社の多くは、〈図 3 〉〈図 4 〉のように、**優良型の事業承継は少ない**のです。優良型は親族承継のなり手も多く、M&A で第三者にも容易に譲渡できます。もちろん、従業員等による LBO も容易にできますからさして問題ありません。

問題は、上記〈図 3 〉の②の分類の会社です。相続税はかかるうえに、業績は好調とは言い難いというランクの会社に従業員持株会等の梃入れをして、相続税の節税とともに全社一丸となって業績アップを図り事業を継続していきたいというレベルです。

〈図 4 〉

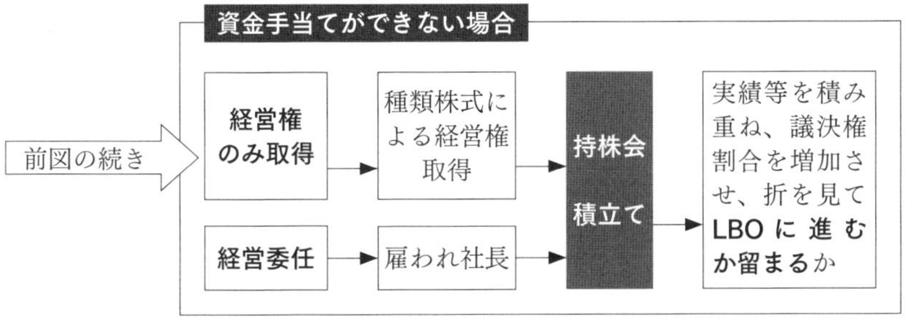

〈図3〉③以下のランクの会社にとっては、相続税の心配はないため節税は図らなくともよく、従業員持株会等を用いても、優先配当をする財源に事欠きますから、それ以前の対策とし経営者責任で企業再生を図る必要があります。

また、〈図3〉中の②の場合、LBOに持ち込むのは困難が伴います。なぜなら、LBOでは、被買収会社の将来の収益に担保価値を見出すのが通常ですから、それに望みがないとすると、被買収会社の資産に重きを置いた担保評価となり、清算価値評価にならざるを得ないからです。

一気にLBOができなければ、「緩やかな事業承継」で、相当程度の積立ての後、最後の資金不足を単純な融資で賄えるか、それが無理なら所有と経営の分離で**「経営委任」**だけの事業承継に留めるか、**種類株式あるいは株主間契約で後継者は経営権のみを取得**していくか。

次項では、この「経営権のみの取得」を述べていくことにします。

(2) 経営権だけ承継すれば従業員等にも買える

前述のLBOを使った**MBOでは**なぜ価額が高くなるかといえば、会社の価値を表す株式をほとんどすべて買い取らねばならないからで、どうしても**価額面からハードルが高く**なってしまいます。

それならば、株式の価値を構成する、「財産権」と「経営権」のうち、「財産権」は会社の財産価値ですから多額になるので**「経営権」の一部を従業員等が**種類株式の活用で分離して**取得**すれば価額は大幅に下げられます。このポイントは、**従業員等は資力がないので株式の一部分しか買い取ることができないけれども経営権を維持できる**ことです。この局面でも現経営者との合意に基づき株主間契約が締結できる場合には、株主間契約で経営権だけを手に入れる方法があり得ます。株主間契約のほうが低コストですし、穏やかな方法ですから優れているといえるのですが、現経営者（多数派株主）の同意を得られない場合には種類株式を使う方法しかありません。

さらに、従来は種類株式の評価方法がまったく不明でリスクがありましたが、平成19年2月26日中小企業庁照会に対する同年3月16日の国税庁課税部長による「回答」で**税務上の取扱いが一部分明確化**され、活用の具体性が高

まってきました。

　これによって「拒否権付株式（黄金株）は普通株式と同様に評価する」を適用して、〔表1〕のような種類株式を設計することも可能となりました。

〔表1〕　種類株式を使った従業員等後継者が経営権の一部をもつ設計の一例

現社長の有する株式	従業員等後継者が有する種類株式
合併や多額の借入れをする際の特別決議に必要な議決権の**3分の2以上を所有**する。	従業員等がその資力に応じて株式を譲り受け、その株式は**経営者としての立場を確保**できるように、役員の解任や役員給与の引下げについてだけは、**最低期間だけ、拒否できる権利**を付けた黄金株にする。

　つまり従業員等で後継者となった者は、「雇われ社長」だけでは簡単に首を切られたり、役員給与を下げられる可能性があり、それを防ぐため、〔表〕の右側のように、**株主総会で役員解任の決議や役員給与の引下げの決議がなされても、何年かはそれを拒否できる権利をもたせた「黄金株」**を保有することで、安心して経営に専念できるようにするのです。

　重要なことは、この「黄金株」は1株だけもてば、上記の効果を発揮するということです。そして、**1株だけでも良いのですからコストは低くなります。**

　その代わり、オーナーは、〔表〕の左側にあるように、3分の2以上の議決権を有して、特別決議ができるようにしておきます。これらはほんの一例にしか過ぎませんから、会社の現況に応じた設計をすることが肝要です。

5　どこまで配当還元価額で移転できるか

　「従業員持株会等への株式の移動は、配当還元価額でできる」というのは、常に正しいとは言いきれません。基本的には、従業員等は、同族株主ではなく、いわゆる「同族株主以外の株主」だからこそ、そのような取扱いなので

あって、従業員等の議決権割合が増加してきた場合には、そうでなくなる瞬間が訪れるわけです。では、どこまでなら配当還元価額で移転できるのか。これが重要になります。

(1)　「同族株主」の定義を考える（財産評価基本通達188(1)）

「同族株主」とは、「評価会社の株主のうち、株主の1人及びその同族関係者（中略）の有する議決権の合計数がその会社の議決権総数の30％以上（中略）である場合におけるその株主及びその同族関係者をいう」と財産評価基本通達188(1)で規定しています。ただし、こうも規定しています。「その評価会社の株主のうち、株主の1人及びその同族関係者の有する議決権の合計数が最も多いグループの有する議決権の合計数が、その会社の議決権総数の50％超である会社にあっては、50％超（中略）である場合におけるその株主及びその同族関係者をいう」。

　一般的な同族会社では、上記の後半のように、50％超のオーナー株主が存在する場合が多いのです。そこで、これからの解説では、評価する会社に議決権割合で50％超を持っている株主グループ（同族関係者：ある株主とその親族等に、それらが支配する法人）がいるとしましょう。

　すると**残りの株主グループはたとえ一人で49％もっていても、株主総会では50％超のグループには勝てません。この場合の50％超のグループに属する株主全員を「同族株主」といいます。**「同族株主」は会社の意思決定を左右できますから、「同族株主」とされると、一部例外を除き、株価は高い評価となる**「原則的評価法」で評価**されます。

　ここで、「税務上の時価」について一度確認をする必要があります。「同族株主」の定義から考えましょう。たとえば、**後継者となる見込みの親族外の社長（これを「後継者」ということにします）は、役員持株会の会員であり、持分が議決権にして、3％あるとします。

　オーナーは、当初100％の議決権を有していましたが、従業員持株会や役員持株会へ放出したため、現在は減少したものの、それでも50％超の議決権を保有しているとします。

〈図5〉　事例1－1

この場合、〈図5〉の「同族株主」の判定において、オーナーは、「同族株主」となり、後継者は「同族株主以外の株主」となりますから、下表のように、オーナーは「原則的評価法」、後継者は「特例的評価法」（つまり「配当還元価額」）で評価することになります。ここまでは、極めて常識的な話です。

〔表2〕　「同族株主」が いる会社の評価

株主の態様による区分				評価法
「同族株主」	取得後の議決権割合が5％以上の株主			原則的評価法（規模判定へ）
	取得後の議決権割合が5％未満の株主	「中心的な同族株主」がいない場合		
		「中心的な同族株主」がいる場合	「中心的な同族株主」	
			役員（平取締役を除く）	
			その他	特例的評価法
「同族株主」以外の株主				

(2)　巨大「少数株主」の登場

次に、オーナーの株式放出が進み、議決権割合は、オーナーが50.1％、後継者が44.9％、その他の株主（役員持株会の会員の合計）が5％で、合計100％としましょう。なお、役員持株会の株式は議決権がありますが、**従業員持株会の株式は無議決権株式**として仮定した事例としますから、**この議決権割合には含まれない**ことになります。

〈図６〉　事例１－２

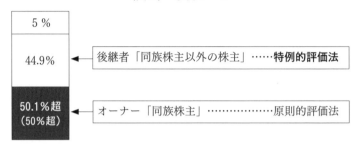

　このように、税法上、巨大な少数株主が存在することになります。したがって最大49.999…％の配当還元価額で評価できる少数株主が存在することになります。

⑶　「峠越え」の瞬間・・・再び「同族株主」の定義を考える

　そして、問題の**「峠越え」の瞬間**がやってきます。ここに**「越える」とは後継者が「同族株主」となる一線を越えること**を意味します。すなわち、〈図６〉から〈図７〉になる時です。

　つまり、オーナーから0.1％の株式の放出があり、それに後継者が応じて取得したとしましょう。この瞬間、オーナーの議決権割合は、50％ちょうど、後継者は45％、その他の株主が５％で、合計100％になります。

　すると、先ほどの「同族株主」の判定で50％超の議決権を有する株主は存在しなくなりましたので、「同族株主」は存在しないのか、といえば、そうではありません。「同族株主」の定義には、50％超の議決権の株主がいない場合の規定が先の⑴の冒頭のように定められており、結局、後継者も30％以上の「同族株主」となります。

　30％以上のグループは、あと少し抱き込み３分の１超を持てば株主総会で特別決議を否決できる無視できない存在となりますから、「同族株主」となるのです。

〔表3〕　「同族株主」がいる会社の評価

株主の態様による区分				評価法
「同族株主」	取得後の議決権割合が5％以上の株主			原則的評価法（規模判定へ）
	取得後の議決権割合が5％未満の株主	「中心的な同族株主」がいない場合		
		「中心的な同族株主」がいる場合	「中心的な同族株主」	
			役員（平取締役を除く）	
			その他	特例的評価法
「同族株主」以外の株主				

　すると、オーナーは「同族株主」ですから、〔表3〕の要件を右に辿ると、「取得後の議決権割合が5％以上の株主」となり「原則的評価法」となってしまいます。

〈図7〉　事例1−3

(4)　「峠越え」の影響

　したがって、(3)の場合、**原則的評価法で評価した価額で、放出しなければなりません**から、これまでのように配当還元価額で放出すると、後継者に**贈与税が課税**されてしまうことになります。

　このように、「峠越え」をすると、越境して、他国に入ったかのように適用される基準が変ることをとらえて、本書では「峠越え」という表現を比喩的に用いています（ただし、一般的な慣用句ではありません）。

　さて、問題はほかにも生じます。さらに、この放出を後継者が受ける場合

には、**役員持株会を退会しなければなりません**。なぜなら、これまでの役員持株会は、同族関係のない親族外の役員によって構成されているため、その共有財産である株式の評価は配当還元価額で統一されています。ところが、後継者が原則的評価法で株式を取得することによって、価額が不統一となってしまい、強行すれば、組合財産は共有（合有）のため、他の会員への贈与が発生してしまうからです（このように組合における「合有」の特殊性については、すでに拙稿・前掲「従業員持株会の課題と対策」で解説しています）。

　かといって、後継者以外に、親族関係の役員がいなければ、同族関係の役員持株会を設立することも叶いませんので、もはやこの場合の後継者は、これまでの役員持株会を退会して、株式を**直接保有せざるを得なく**なります。これが原因となって直接保有になった後に、万が一、後継者が失意のうちに辞任、退職するようなこととなってしまう場合を想定して、**取得条項付種類株式にする必要**があります。

〈図8〉

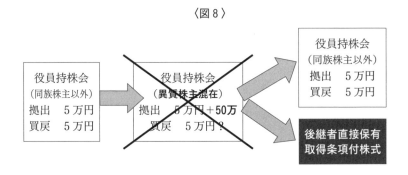

　ところが、親族外後継者として決まり、役員持株会を退会することとなれば、その規約により、持分の強制買戻しすることとされており、株式として持ち出して直接持株制度にはできないことになっているのが通例です。

　これを避けるべく「払戻しを得た現金をもって……」としたところで、役員持株会にはそれだけの資金はなく、結局は会社からの借入れとなり、結果的に「みなし配当」ということで、竹中工務店事件の二の舞を踏むことになります。

　そこで、役員持株会規約あるいは**株主間契約**に以下のような株式引出し特

約を定めることとします。

> ○条の規定（退会時の強制買戻し）にかかわらず、役員持株会を退会するに
> あたり、理事会の承認がある場合には、持分の買戻しに代えて、1株に相当
> する持分につき、退職時に会社は5万円で取得することができる旨の取得条
> 項を付した株式として引き出すことができるものとする。

（注）　この規定を入れる場合には、金融商品取引法に抵触しないように留意
　　　する必要があります。また、定款に取得条項付き種類株式の定めをして
　　　おく必要があります。

なお、会社の設立後、すでに種類株式を発行している場合には、取得条項
付き種類株式を新たに発行しようとするときは、定款変更のほかに、会社法
111条1項が働き、先行する種類株式の株主全員の同意が必要になります。
これではあまりに面倒です。このため種類株式によらないで株主間契約で対
応するほうが賢明でしょう。

⑸　わざと「峠越え」しない

「峠越え」をしても、さしてメリットがないどころか、デメリットが多い
のであれば、踏みとどまるのも一つの方策と考えられます。すなわち、事例
1－2の図（〈図9〉）のままとし、先述のように**黄金株化するなりして経営
権を高めます**。

〈図9〉　事例1－2（〈図6〉と同じ）

　この状態のまま、後継者は持分を増やさず、それどころか、これ以上に
オーナーが放出をして、**後継者以外の役員の持分が増えただけでも**、下図の
ように、オーナーが50％以下になることで、**後継者も「同族株主」**になって
しまいます。

〈図10〉　事例1－4

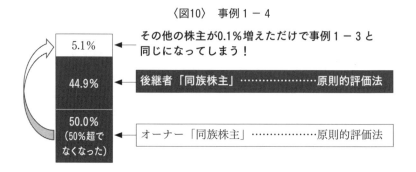

つまりは、これが一つの限界点で、オーナーに相続が起きれば、相続人に
相続されるため、一般の**上場会社同様に創業家に了解をとりつけて株主総会**
をクリアしていくか、**相続人が放蕩息子**であれば特別決議が可能なようにし
たうえで、定款変更で放蕩息子への**売渡請求**も考えます。
　そして、「**峠越え**」をするならば、できるだけ、**オーナー存命中に、一気
に LBO など**で取得することになります。**これが次項の検討課題**となります。

⑹　「麓越え」を考える

　前述の「峠越え」の方法に限界があるとすると、もっと麓から超える方法
が有益です。⑷のように「峠越え」の影響で、直接保有せざるを得ないくら
いなら、親族外後継者は当初から役員持株会に加入せず、取得条項を付され
た株式を配当還元価額で小刻みに30％程度まで買い進みます。この状態が
〈図11〉の「事例2－1」です。

〈図11〉　事例 2 － 1

　仮に、この会社の発行済み株式総数が1000株として、上図の株式がすべて
で、原則評価では 1 株50万円、配当還元価額が 5 万円として試算してみます。

　親族外後継者は30％に（300株）に至るまで、 5 万円×300株＝1500万円を
出資したことになります。

　ここで、 3 分の 2 の議決権を目指して〈図12〉「事例 2 － 2 」の67％（667株）
になるよう一気に買収を掛けます。差額は667株―300株＝367株ですが、こ
れは当然、配当還元価額では買えませんから、最低でも原則評価の50万円と
なり、買収総額は50万円×367株＝ 1 億8350万円となります。しかし、もは
や通常の資金手当てでは覚束なくなり、LBO になるでしょうが、LBO は先
述のように通常は困難です。

〈図12〉　事例 2 － 2

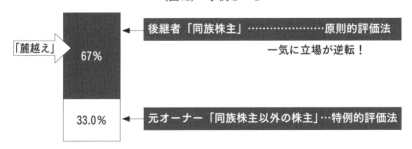

　ただし、通常の買収とは異なり、オーナー経営者の主体的意思の下に行わ
れますから、いわば超友好的買収ですから属人的種類株式を用いることがで
きます。

　この場合の条件は二つです。それは、①オーナーの現金化希望額、②親族外後継者の得られる融資可能額です。この二つの条件から買収後に親族外後継者が3分の2以上の議決権を手に入れることができるように、属人的種類株式の倍率を調整すれば、〈図12〉に達することができます。

　具体的にみてみましょう。仮に親族外後継者の資金調達が8000万円なら何とか手当てができ、現オーナーもその程度の現金化ができれば「譲ってもよい」と納得でき合意ができたとします。

　すると、8000万円÷50万円＝160株の譲渡をします。この結果、親族外後継者の株数は300株＋160株＝460株となり、現オーナーは700株－160株＝540株で二人の合計は1000株となります。

　このままでは、親族外後継者の議決権割合は46％しかありませんので、**株主間契約**の定めに従い、譲渡後の彼の経営成績の評価をみて、親族外後継者の株式の議決権を2.4倍とする定款変更を行います。属人的種類株式ですから登記の必要はありません。この結果、彼の議決権は460株×2.4＝1104個で、全体の議決権（1104＋540＝1644）に対する割合は67.1％になり、上図「事例2－2」の67％を超えることができます。**株主間契約**の際に、現オーナーに1株の黄金株を付与するのも一考です。

　なお、属人的種類株式に変更したことにより、議決権が増えても、議決権には相続税法上の財産的価値はありませんから、贈与税は課税されません。ただし、当該親族外後継者の相続等の場合の株価は、支配権を有するため、原則評価されることはいうまでもありません。

(7)　小刻みに取得していく間の価額

　さて、次の問題は「超える」瞬間に至るまでの、月々の積立て等によって、小刻みに買い進んできた「緩慢なる増加」の取引価額は、どうあるべきか、です。

　この徐々に刻んで買い進むという「緩慢な増加」の場合、これが"従業員持株会でなければ"、議決権の増加によって、会社法上のさまざまな権利が付加してくることから、株式の1株当たりの価値が増加するため、必然的に「非公開株式の譲渡における時価」は財産評価基本通達上の時価ではなく、

法人税基本通達9-1-13の原則的な取扱いである(4)の「純資産価額等を参酌して通常取引されると認められる価額」となります。

前掲(6)（「麓越え」を考える）の冒頭で「親族外後継者は当初から役員持株会に加入せず、取得条項を付された株式を配当還元価額で小刻みに30％程度まで買い進みます」と述べました。これには、以下のような理由があります。

すなわち、議決権割合が10％までは株式価値として高額となるような権利がありません。しかし、3分の1を超える34％で、特別決議を否決できる権利を有することになるため、一気に株式価値が上昇します。

したがって、親族外後継者といえども、役員が取得することで、支配権は急激に強固なものになって、オーナーの支配権を脅かすほどの力を有することになります。

ここに至っては、もはや配当を受領するだけの株式として特例的評価法である「配当還元価額」ではなく、原則的評価方法によるべきです。

ちなみに、上場会社の役員持株会において、役員持株会を通じての定期的な自社株式の取得はインサイダー取引規制の適用除外とするとの金融商品取引法上の規定があります。この適用除外となるためには、1会員の1回の拠出金額が100万円未満でなければなりません。

このように、抜け駆け行為の禁止を規制する中、低額で定時・定額なものは容認していますが、臨時拠出金としての多額な場合には、定時・定額「小刻み」でないことになりますが、規約があれば認められ、規約になくとも全会員の同意があれば認めても差し支えないと考えられます。

(8)　越え方の類型のまとめ

これまで、さまざまな「越え方」を検討してきました。このイメージをまとめると下図のようになります。このうち、本章でお勧めする類型は、**後継者が「同族株主」となる「峠越え」で、ギリギリではない程度に、オーナーのみが「同族株主」で、後継者が「同族株主以外の株主」である位置までは、刻むように配当還元価額で取得**を進めます。

〈図13〉 「越え方」の類型のイメージ

6　親族外承継では納税猶予（事業承継税制）は使えない

　ところで、事業承継税制（納税猶予・免除：租税特別措置法70条の7〜70条の7の8）において、近年の改正により、親族外承継の場合に納税猶予・免除の適用が可能となりました。

　しかし、その実用性はほとんどないことを以下で検証します。したがってここに株主間契約の入る余地は非常に限られてくると考えられます。ところが本6の最終部分で述べるように、**株主間契約の強制履行の工夫を盛り込んだ場合には、一定の効果が見込まれ**ます。

● 事例1

　発行済み議決権株式総数　90株　評価額9億円

　1代目所有株数　60株　（議決権割合3分の2）　評価額6億円

遺言により、親族外の役員（後継者）に自社株を遺贈

相続人＝配偶者なし、長男と次男はともに非後継者　計2人

長男と次男で自社株以外の遺産1.5億円を均等に相続する。

親族外（後継者）	長男と次男	合計
自社株　6億円	その他の財産　1.5億円	7.5億円

● 事例2

事例1と同じ遺産

長男を後継者として自社株を、次男にはその他の財産を相続させる。

長男（後継者）	次男	合計
自社株　6億円	その他の財産　1.5億円	7.5億円

　上記事例1の**親族外承継では、遺贈を受ける他人が増えるので、当然に兄弟の分け前は減ります**。事例2では次男一人で1.5億円（相続税5400万円）を相続したのを、事例1では二人で1.5億円（相続税も二人で5400万円）です。これは不公平でしょうか。いいえ、そもそも他人への**遺贈があれば、相続というものは、こうなるものです**。愛人に遺贈しても、どこかの団体に遺贈しても（公益法人でなければ）同じことです。後継者を相続税の申告に参加させると、当然にプライバシーも露わになってしまいます。

　「そんなことなら、生前に他人の後継者に贈与しておいてくれれば、私たち兄弟の相続税は安くなったのに……」と言えば確かにそうです。

　事例1で、親族外の後継者に生前贈与して、兄弟には1.5億円しか相続財産がなければ、下図のように相続税は1840万円で済みます。

> 1.5億円 −（3000万円＋600万円×2人）＝1億800万円
>
> 1億800万円×法定相続分1／2＝5400万円
>
> 5400万円×30％−700万円＝920万円
>
> 920万円×2人＝1840万円（相続税の総額）

　それが、他人の後継者への相続時の遺贈だったので、相続財産が7.5億円に膨らんで、前述のように税額が兄弟で5400万円になってしまったのです。

　ここで**問題点は大きく二つあります。一つは親族外後継者への生前贈与は可能か、ということと、二つめは遺留分です**。

　一つ目の親族外後継者への生前贈与は可能か、については、結論は「極めて困難」です。

　贈与税は、6億円×55％−400万円＝**3億2600万円**になってしまいます。

贈与税分の現金を渡して贈与というのも非現実的です。相続時精算課税贈与の納税猶予なら20％課税で、贈与税の納税猶予を適用したら……といっても、さすがに後継者も、**リスクは減ったとはいえ、何かがあれば、これだけの贈与税を払わなければならないとなると二の足を踏むことでしょう。そもそも納税猶予に持ち込むと、相続税の計算で取り込むことになりますから、兄弟の税金は先ほどの高い金額**になってしまいます。

　二つ目の問題は遺留分です。この場合、遺留分は兄弟それぞれ7.5億円の4分の1ですから1億8750億円。2人だと、3億7500万円になります。

　先の計算例では1.5億円を相続しているので、2億2500万円不足しています。その分を兄弟にも自社株で相続させるとすると、後継者は6億円－2億2500万円＝3億7500万円に減ることになります。

　すると、議決権割合は41.6％（3億7500万円÷9億円）になってしまい、**納税猶予を受けられる後継者の50％超の要件を満たしません。これが、通常の相続と異なる、納税猶予独特の要件なのです。親族外後継者は納税猶予を受けても納付額を納めるのに苦労するくらいですから**（先の計算例でも3000万円余り）、**納税猶予を受けないとすると**（先の計算例でも2億6000万円弱）、**納税はおぼつきません。**

　そこで、**会社を存続させるためにも、兄弟が歩み寄って、**親族外後継者に50％超の議決権（9億×51％＝4億5900万円）を確保させるとしたらどうなるでしょうか。つまり、遺言の6億－4億5900万円＝1億4100万円の兄弟二人での遺留分侵害額請求に留めるのです。もちろん、**先代社長の遺言書が初めからそうしておけば良かったのですが……。**

　すると、分割案（あるいは遺言案）は、下のようになります。

● **事例1－2**　（親族外承継事例1で遺留分に配慮した場合）
　発行済み議決権株式総数　90株　評価額9億円
　1代目所有株数　60株　（議決権割合3分の2）　評価額6億円
　親族外役員に自社株を議決権で51％（4億5900万円）遺贈。
　相続人の長男と次男は共に非後継者。長男と次男に自社株6億の残り1億4100万円とそれ以外の遺産1.5億円、合計2億9100万円を均等に相続させる。

親族外（後継者）	長男と次男	合計
自社株　4億5900万円	2億9,100万円 （自社株とその他の財産）	7.5億円

（参考：先の事例1）

親族外（後継者）	長男と次男	合計
自社株　6億円	その他の財産1.5億円	7.5億円

　上記の計算結果から抽出した兄弟二人の税額や手取り財産は取得財産が増えれば税額も当然増えて、**1億476万円となりますが、はたして納税ができ**るでしょうか。

　もっとも、会社に資金があれば、自己株式の買取り（租税特別措置法9条の7、下図）で納税できるかもしれません。しかし、ここでは取得財産の明細を不問にしていますのでわかりません。

〔表4〕　事例1と事例1－2の比較

	事例1	事例1－2
取得財産	1億5000万円	2億9100万円
税額（納付）	5400万円	1億476万円
単純税率	36%	36%
手取り高	9600万円	1億8624万円

〈図14〉

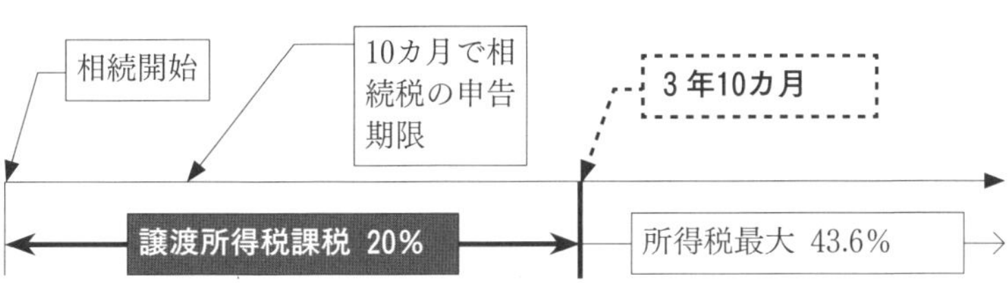

　相続開始後3年10カ月以内は、平成16年度税制改正で「相続財産に係る非

上場株式をその発行会社に譲渡した場合のみなし配当課税の特例」（租税特別措置法9条の7、平成16年法律第14号附則22条）が創設されたため、「みなし配当」とはせず、**譲渡所得課税20.315％で済む**ことになりました。しかも、この場合「相続財産を譲渡した場合の取得費加算の特例」も適用され大変有利です。

　一方、親族外後継者のほうも、前頁から事例1も含めて抽出すると下表のようになります。

〔表5〕　事例1と事例1－2の比較

	事例1	事例1－2
議決権割合	66.7％	51％
税額	2億5920万円	1億9829万円
猶予税額	2億2869万円	1億6884万円
納付額	3151万円	2945万円
納税率	11％	15％

　ここも**バランスの問題**で、これだけでは判断できませんが、**何よりも資金力のない親族外後継者**にとっては、納付額が206万円減は少ない？としてもありがたいことです。取得財産（議決権）が減るので納税額も減り、3分の2の枠を十分に使い切れていないので、納税率は少し悪くはなっていますが、過半数を維持しているので、**親族株主やその他（3分の1）の株主との友好関係によっては問題がないかもしれません。**

　また、先述した**兄弟株主が、納税のために自社株の買取りを会社に要求してきた場合**、たとえば、兄弟が相続した1億4100万円をすべて自己株式として会社が買い取ることができたとすると、**その分、議決権が減ります。**

　発行済株式は、9億円－1億4100万円＝7億5900万円となり、**親族外後継者は4億5900万円ですから、60％強に増える**ことになります。

　念のために申せば、**親族外後継者も、自社株を先の2945万円の納税のために売ることはできません。その途端に、納税猶予の取消し**に合うことになるからです。

　このように、**親族外承継は考慮すべき項目が増え調整が難しくなります。**

　この**調整部分において強制力のある株主間契約の活用**の道が残されています。たとえば、**一番強力な場面でいえば、経営承継円滑化法による遺留分の特例（除外合意、固定合意）ができなかった後において、遺留分侵害額請求はしない旨の約束を交わす**ことなどです。

　相続の開始前（被相続人の生存中）に家庭裁判所の許可を得ないで、対価なしで、遺留分放棄（または、遺留分侵害額請求権不行使）に合意させたとすれば、その合意は後に法律上無効であると（裁判で）判定される可能性は極めて高いと考えられます。しかし、相続人たちが裸の相続人としてではなく、特定の会社の株主として、かつ合理的な対価と引き換えに（株主間契約は普通、金銭ではない対価──たとえば、次期株主総会で取締役に選出するとの議決に賛成する義務──を伴います）、実質上、遺留分侵害額請求権不行使に相当する株主間契約の解除権放棄（しかも解除権行使による訴権放棄）を特約させたとすれば、裁判上無効とは判定されないと考えられます。この論理は、この種の対価負担がある株主間契約は訴訟において、相手方に株主総会において、いったん約定した内容の議決権行使をしなかった場合には契約違反として損害賠償請求することができるし、場合によれば、株主総会において賛成議決権行使をすることによって得られるはずの法的利益を被保全権利として事前に仮地位仮処分で保全することができることを前提にしたものです。

7 一般社団法人の役員持株法人を使った親族外承継

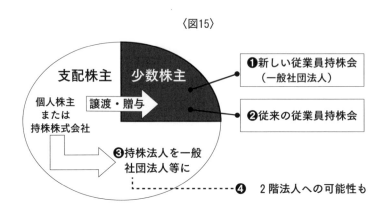

〈図15〉

前掲・拙稿（後藤孝典編著『親族外事業承継と株主間契約の税務』第2編第1章）の5(4)の一般社団法人として従業員持株会を組成した場合では、上図の❶と❷、すなわち少数株主側で従業員持株会を組成するというもので、基本的には事業承継は支配株主側での親族内承継でした。

今度は、上図の❸に当たります。すなわち支配株主から同じく支配権を引き継ぐものです。

具体的には、オーナー経営者等の支配株主が拠出して一般社団法人である役員持株法人を組成します。

役員持株法人の社員は、当該株式会社の役員がなります。すると支配権が完全に役員持株法人に移転することになりますから、役員持株法人が同族株主に該当する直前までは、配当還元価額で少しずつ譲渡します。

もっとも、一般社団法人は、通常、資金のない法人ですから譲渡対価の調達が困難なため、この譲渡は一般社団法人へ財産を移転させる場合に用いられる通常のスキーム、すなわち、オーナーが所有する他の会社から一般社団法人が融資を受ける、あるいはオーナーの保証のもと、一般社団法人が銀行借入れすることで資金調達をします。

　そして、同族株主に該当する譲渡になる瞬間以降は、原則的評価で譲渡しなければならなくなりますので、前述の5(6)（「麓越え」を考える）の属人的種類株式を用いて、役員持株法人に議決権の3分の2を超えるようにするのがよいでしょう。

　この場合の**株主間契約**には、先述の属人的種類株式と同様な規定を設けるほか、当該役員持株法人の定款において、社員の頭数による議決権ではなく、「役職に応じた議決権」を与えるとして、後継者となる役員のリーダーシップがとれる設計にする必要があります。属人的種類株式の導入には定款変更を必要とし、定款変更には株主の3分の2以上の賛成を必要としますから、株主間契約の締結にあたっては、総株主の3分の2以上の株主が署名捺印するか、あるいは後々の紛争を完全に回避する観点から、総株主が全員署名捺印する「一人会社」の形をとるのが望ましいでしょう。最高裁判所は株主の全員が同意した法律行為については、多少の瑕疵があっても法律上の効力を肯定するという態度を一貫させているからです。

【共著者のコメント】

　本章（牧口晴一執筆）は、先に出版された本書の姉妹本『親族外事業承継と株主間契約の税務』（後藤孝典編著、民事法研究会、2021年）に登載されている第2編「第1章　従業員持株会の課題と対策」（牧口晴一執筆）の続編にあたるもので、内容においても直接連結しています。

　連続するこの二つの章の主たる関心事は、従業員持株会が、一般には従業員のための福利厚生に貢献するものであると喧伝されているのとは裏腹に、実際には、中小企業経営者の相続税対策に利用されているにもかかわらず、従業員が会社を去るとき、当人は稼得能力を失い老後のために現金を必要とする時期にさしかかるにもかかわらず、当該株式のキャピタルゲインを獲得することが否定されている現実（最高裁平成7年4月25日判決・最高裁判所裁判集民事175号91頁参照）と対峙し、これを乗り越えるにはどうしたらよいかという問題意識です。この問題意識は、すでに牧口晴一＝斎藤孝一『事業承継に活かす従業員持株会の法務・税

務〔第3版〕』（中央経済社、2015年）212頁以下で、詳しく論究されているところです（なお、高橋靖「非公開株式の配当還元方式による評価」税務事例研究50号94頁も参照）が、本章はこの問題意識に導かれ、従業員持株会という器が法人格がない民法上の組合である場合の問題点（合有の法的性質）の指摘に始まり、この点を克服するためには一般社団法人という器を利用したらどうかと新視点を提起しているところが眼目の一つになっています。あわせて、新たな器（一般社団法人）に最初の出発点であった母体会社の株式を移転するにあたりどこまで配当還元価格で移転できるかを詳細に検討しています。

　編著者である後藤は、次の第2章「従業員持株会の株式会社化」において、本章を踏まえて、従業員持株会が、そもそもの出発点であった母体会社を「吸収してしまう」方法はないだろうかという大それた願望を抱き、そこから出発し、その具体的方策を検討します。

　最初の難問は、従業員持株会の法的性質が組合であることに起因しています。私の最初の発想は、従業員持株会の法的性質が組合であることが大きな癌だというのであれば、組合を解散してしまったらどうか、という思い付きです。あらゆる組織に関する法は、かならず解散の規定を用意しています。なぜなら永遠に解散しない組織などあり得ないからです。従業員持株会を解散し、組合が所有していた母体会社の発行株式を各組合員である従業員それぞれの単独所有に分割帰属させことができないか。もし、その直後、瞬時に、その株式を別に設立する新株式会社に低廉な費用で帰属させることができれば、すでに高度に発達している組織再編技術が利用できることになり、その後の組織再編行為は円滑に実行できるのではなかろうか、との着想です。この発想を実行するには、まず個々の従業員に対する母体会社の協賛と支援がなければならないでしょう。ここで株主間契約を巧く利用する方法はないかと考えました。とはいえ、この組織の組替えに際して課税があれば、やはり実現困難しょう。これらの問題を乗り切ることができるかどうか、と章を改めて検討を進めます。

第2章　従業員持株会の株式会社化

1　何が問題か

　第1章（牧口晴一執筆）が提起した問題は、従業員持株会を構成する従業員たちに実質的な権限と財産権の帰属を実現しようとしても、従業員持株会という法的器は、民法上の契約の一種に過ぎない組合であり、組合には組合員から独立した法主体性がない（法主体性を認める見解があるにはあるが民法の解釈論としては無理がある）ため、限界がある。この点を克服するため、従業員持株会を法人格がある組織体、たとえば一般社団法人に切り替えたらどうか、それにはどのような法的、税法的障害があるかという文脈の中に位置づけられるものでした。

　これに対し本章の目的は、従業員持株会が、いかにして親族外事業承継を円滑に実現する手段になりうるか、にあります。とはいえ、従業員持株会そのものが、親族外事業承継の主体になりうるかではありません。つまり、事業承継の円滑化が主要な目的であり、従業員持株会は目的実現のための通過地点にしかすぎないという理解に入り込もうとするものです。一度従業員持株会という外壁を取り壊し、その内壁の中に収納されている母体会社（オーナー会社）の株式を外部に取り出し、そして、その株式を新たな法人格ある組織に入れてみる試行錯誤を試みたらどうでしょうか。

　そして、もし、その新たな法人格ある組織体が、母体会社と同じ株式会社という別の法人格をとることができるとしたら、その色鮮やかな衣替えによって、株式会社にのみ許されていた会社法上の組織再編技術を用いて、かつての従業員がいまや経営権を握る「従業員株式会社」という大道に踏み出すことができるのではないか、という試みです。

2　組合から株式会社への転換

(1)　従業員持株会の法的性質

　まず、論理の出発点として、従業員持株会の法的性質は何かを決定しなければなりません。ところが、「従業員持株会」とはいかなる法的性質をもつかを定義づける規定が民法にも労働法にも税法にも、どこにもなく、特別法も存在しないので、よくわかりません。しかし、それでは話が進みませんから、とりあえずは、一般に民法上の組合（民法667条以下）であるといわれているのに従い、本章では従業員持株会が民法上の組合であった場合を想定し、どのように工夫したら、民法上の組合である従業員持株会を親族外事業承継の主体に転換することができるか、と問題設定をすることにします。

　したがって本章では、組合が抱え込んでいる母体会社発行になる株式は、組合の各組合員の合有になるものなのか、とか、組合員の合有とは区別された、共同組織体である組合自体の所有物と考えるべきか、といったドイツ人が好きそうな、例の観念的議論はしません。とにかく本章は、組合が抱え込んでいる株式をどのようにして組合外部に取り出すことができるのかを、まず、直截に考えれば必要十分であるとという考えで進めます。

(2)　組合員の脱退による方法の可否

　外部に持ち出すとしても、ここでは、従業員持株会が所有する母体会社の株式の全部を組合の外に持ち出さねばなりません。株式持ち出し方法が、組合員の脱退による場合には、当該脱退組合員の持分に該当する財産を外部に持ち出すことができるだけです（民法681条）。

　まず、民法上の組合は、純然たる契約の一種であり、「組合契約は、各当事者が出資をして共同の事業を営むことを約することによって、その効力を生ずる」（民法667条）と構成され、組合員は共同の目的を遂行することに向かって相互に強く結びつけられる関係に立つことを要求されています。「各組合員の出資その他の組合財産は、総組合員の共有に属する」（同法668条）

とされており、そのうえ「組合員は、清算前に組合財産の分割を求めること
ができない」(同法676条3項)とされていますから、組合が存続している間に、
総組合員の共有になっている財産を組合の外部に持ち出すことに大きな困難
が伴います。つまり、各組合員の脱退という方法は、当該組合員全員が共有
関係を通して所有している組合の「全財産」を外部に持ち出すことには適し
ていません。

　それなら組合を解散、清算してしまったらどうでしょうか。

(3)　組合の解散規定の改正

　幸いに、令和2年4月1日施行の民法改正(平成29年法律第44号)により、
組合の解散事由を規定していた民法682条が改正になり、総組合員の同意が
ある場合は解散することができるとする規定が追加新設されました(同条4
号)。解散により清算に入れば、残余財産は、各組合員の出資の価額に応じ
て分割することができます(同法688条3項)。総員が賛成して組合を解散し、
解散により総員がそれぞれ自己の出資の価額に応じて組合財産を分割して各
個人の固有財産とすることができるわけです。つまり各個人が組合の内部で
合有の形で「もっていた」自分の持分を組合の解散により組合外部に持ち出
すことができるわけです。

　本章が予定する従業員持株会は、母体会社(従業員持株会を組織している会
社)が中小企業ですから、従業員持株会の会員(組合員)総員の数が眼の眩
むような多数などということはあり得ないはずです。各組合員総員の同意が
得られることを期待しても非合理でもなく不自然でもありません。

(4)　具体例を設定

　ここからの論理展開はかなり込み入ってくることが予想されます。話を簡
明にするため、ここで母体会社の業種、従業員の数、それに従業員持株会の
規模などを単純化して具体例として設定することにします。

　母体会社は甲社といい、大手自動車会社の下請けで特殊機械の製造を専門
にする会社とします。従業員の総数は100名とし、男女を問わず、その全員
が組合方式の従業員持株会に参加し、各人が会社支給の賞与を資金源として

甲会社から甲会社株式をそれぞれ均等に10株ずつを配当還元価格で、有償で取得し、合計で会社株式総数1万株の10％である1000株を所有しているとします。したがって、民法的には、100名の従業員は、全員が各々、甲株式10株を単位に、その各10株の上に、100分の1ずつの共有（組合ですから「合有」です）持分を相互にもっていることになります。

　給与体系は日本の平均的給与額は支給されているものとします。社長は会社の創立者として甲会社株式を妻が所有するものと合わせて90％を二人で所有しています。現在84歳になり、事業の承継をどうしたらよいものかと毎日のように考えを巡らせています。身内には会社の承継者となるのにふさわしい者がなく、役員の中にも目ぼしい候補者がいません。

　事業は大手自動車会社との関係が安定していますし、大手自動車会社が発注してくる機械も、その仕様が安定しており、当面は工場の製造機械に新規投資をする必要もなく、発注品を効率よく製造することができさえすれば、その後の販売や資金の回収に心を砕く必要もない。したがって流動資金の取得に心を砕くようなことも必要がない。いっそ従業員に事業を任せようか、などと親族外事業承継を真剣に考えているものとします。

　しかし、会社の顧問税理士は事業承継税制を、煩雑すぎる、担当税理士の負担が重すぎるといって社長に積極的に勧めようとしません。税のこと以上に気になるのは、事業を従業員に任せる、その方法が、どうしたらよいのかが、よくわからない。社長が所有する株を従業員たちに売却することができれば簡単だが、甲株の純資産価額はかなり高額になっており、総額では数十億円になることは間違いないと税理士は言っている。金額が大きくなり、従業員たちにはそれだけの資金を調達することは期待できない。甲株式は売ろうにも、売れない、その対価は入ってこないとすれば、その後の自分と妻の生活をどのようにして維持するのか、気がかりです。事業を従業員に任せたとして、その対価を従業員に期待することはできないのでしょうか。

　ここで甲会社の社長は、最近読んだ後藤孝典『会社の相続』（小学館、2018年）を思い出し、それに登場する森海津弁護士なら、いい知恵を貸してくれるのではなかろうかと思い、相談することにしました。

⑸　森海津弁護士からの提案 →「従業員株式会社」

　森海津弁護士は、甲会社社長から事情聴取した後、「従業員たちに事業を承継させることもできるし、社長はその対価を、従業員たちに負担させないで他から入手することができる方法が考えられます。税金も耐えられないほど額が大きくなるわけではない。従業員たちに事業を承継させる方法も少なくとも二つは考えられます」と、話し始めました。

　「まず、最初に」と森海津弁護士は言葉を継ぎ、次のように述べました。

　「従業員それぞれと甲会社の社長、その妻との三者の間で株主間契約を100個締結します。その内容は、①これから説明する新会社の設立、②従業員持株会組合の解散、③同組合の清算、④残余財産である甲株式に対する共有権の分割と甲株式についての個別独立所有権の回復、⑤新会社への甲株式の現物出資、⑥甲社長とその妻がまとまった金額を入手する方法などです。これから私が説明する内容を株主間契約に書き込みます。その原案は私が作成します。

　株主間契約書の作成調印後に、従業員持株会組合を、総組合員の同意を得て解散（民法682条4号）し、清算に入り、残余財産を一人ひとりが均等な出資持分に基づき、10株ずつに分割（同法688条3項）しますが、その残余財産の分割の前に、分割によって従業員各人がもつことになる株式の受け皿となる会社を新たに設立し、あらかじめ用意しておきます。その後は甲会社との間で会社法上の合併、会社分割等に取り組むことが予測されますので、母体会社を甲会社と呼び、受け皿となる新会社、これを便宜のため今後は乙会社と呼びます。乙会社は、会社法上の株式会社として設立します。

　100名が各々、1000円を出捐し、10万円を元手に資本金10万円、発行株式数1000株、株主数100人、各株主の所有株式数10株の会社を設立します。つまり『従業員株式会社』を設立するのです。ほかに、各従業員から別に一人500円、合計5万円を集め、会社設立費用に充てます」。

　ここからは、少し複雑になりますので、図を描いて、ゆっくり説明しましょう。

3　森海津弁護士の計画──方法第1

(1)　方法第1

従業員持株会成駒型事業承継株主間契約

組合解散、清算、残余財産分配、新会社設立、現物出資、資金借入れ、

〈図1〉　方法第1

〔今から実行すること〕　組合解散、清算、残余財産分配、

新会社設立、現物出資、新設分割、属人株無配当、合併

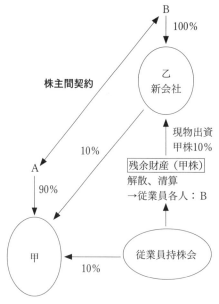

従業員持株会成駒型事業承継株主間契約

① 従業員持株会の会員全員Bと甲会社株主Aとの株主間契約の締結

② 従業員たちのポケットマネー各人1000円を集め、小規模な（資本金10万円）事業新会社乙を設立する。

③ 組合の解散（総組合員の同意、民法682条4号）、清算人の選任（同法685条2項）

④ 残余財産の引渡し→従業員各人に対し出資額に応じて甲株を分割する（民法688条3項）

　問題は各人が清算で受け取りその直後に現物出資する甲株の価額をどう考えるかですが、評価通達の188(3)、189−6に準じて考えるべきでしょうから（財産評価基本通達5）、配当還元価額で考えるのが妥当でしょう。

⑤ 上記④で引渡しを受けた財産＝甲株式を新会社乙に現物出資

　（会社法207条9項4号、弁護士または公認会計士の証明書が必要）

⑥ Bは従業員持株会を構成した全員が足並み揃えて乙の株主になるようにすべきでしょう。そうすることによりBは乙を100％支配している構成にします。

甲は母体会社で同族会社
Aは母体会社の主要株主（社長と妻）
Bは従業員株主で同族株主以外の株主

連帯保証、母体会社の株式買取り、連帯保証責任履行、求償権と求償債務
適格吸収合併、債権債務消滅

　母体会社を甲とし、その主要株主（90％を所有する社長と妻）を、便宜のた
め、一括してＡと表記します。
　従業員持株会の構成員であった従業員たちが1人各1000円を出資して資本
金10万円の株式会社を設立してこれを乙とし、その株主100名を、便宜のため、
一括してＢと表記します。
　なお、〈図１〉の④に記したように、従業員持株会が解散し残余財産（甲株）
を従業員各人に分割して交付しますが、出資額に応じて交付しますので、出
資額がもともとごくわずかであったとすれば、従業員各人が乙新会社に現物
出資することによって乙新会社の所有することになる甲株式が甲発行済株式
総数の10％になるとは限りません。甲会社の資産価値と、会社法207条9項
4号規定の弁護士ないし公認会計士による証明書を見ない限り実際にはナン
バーセントになるかは確定できません。この意味で10％という表示は正確で
はありません。〈図１〉の乙会社が甲会社の株式の10％を所持していると読
める表示は10％以下のごく小さい数字を意味すると読み取っておいてくださ
い。

(2)　残余財産の分割と新設株式会社に対する現物出資についての課税の検討

　まず〈図１〉④残余財産の分割が行われる場合に課税があるか、が気にな
ります。総員同意により清算、分割がなされる直前までは、従業員持株会は
民法上の組合ですから、その内部の株式所有関係は合有です。したがって
100名の各組合員は、それぞれが、甲株式10株式の上に、100分の1ずつの共
有持分をもっていたはずです(民法668条)。従業員持株会が総員の同意によっ
て解散し、清算により組合財産が各組合員の出資の割合に応じて分割される
(民法688条3項)のですから、すべての組合員は、それぞれが、100個ある甲
株式10株の束の上に100分の1ずつの共有持分をもっていた形になっていた
のを解消し、その100分の1の共有持分99個を失い、それ以外の100分の1の

共有持分99個を取得することになり、自分の持っていた100分の１共有持分
１個と足して、100分の100の共有持分となったところで、その特定の組合員
にとって分割は終了することになり、同じことが他の99名についても同時に
起こるわけです。結局、これは所得税法59条１項に定める譲渡所得の基因と
なる「資産の移転」ではなく、組合契約の相互解除であるから、組合財産の
分割とは資産所有形態の変更に過ぎないのではないか、したがって、課税は
ないのではないかと考えられます。

　しかし、株式に対する共有持分権という「資産の移転」はあるのだから課
税はありうるという考え方を否定できないかもしれません。しかし、そう考
えるにしても、資産の相互移転に過ぎず、結局甲株式を初めて取得したとき
からみても、キャピタルゲインの実現はないのですから、所得税法59条には
該当しないと考えるべきでしょう（最高裁令和２年３月24日判決・最高裁判所
裁判集民事263号63頁参照）。いや、課税はあるのだという見解があるにしても、
そういう見解の人も、従業員たちは同族株主ではないのですから配当還元価
格（財産評価基本通達188－２）ですむことには同意されるだろうと思われます。

(3)　現物出資についての課税の検討

次に問題は〈図１〉⑤の現物出資に伴う課税関係です。法人に対する現物出
資は資産の譲渡とみなされますから課税が逃れられないのが原則です。しか
し、本件の現物出資は、従業員持株会の清算による残余財産の分割（民法
688条３項）の直前に設立された会社に、その清算終了から間を置かず、そ
の〈直後〉に現物出資するのですからキャピタルゲインの発生する余地がな
く、所得税法59条は働かないと考えられます。

　いや、課税はあるのだという見解があるにしても、従業員たちは同族株主
であるわけではないのですから配当還元価格で済むとすることには同意され
るだろうと思われます。結局、本事案では、課税がないか、あったとしても
ごく僅少で計画案の実行に二の足を踏むほどではないと考えてよいでしょう。

(4)　LBO 類似株主間契約による資金調達

　〈図２〉が最も重要な図です。このスキームの第一の重要なポイントは、

〈図2〉

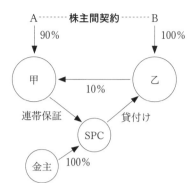

① 金主は銀行かファンド
② SPCは金主の100%子会社
③ 乙はSPCから借入れ。
④ 甲は乙を債務者としSPCを債権者とする債務につき乙と連帯保証人となる。
⑤ 乙はSPCから借り入れた資金を元手にAから甲株90%を買い入れる。乙は甲の100%支配株主となる。
⑥ SPCは乙を債務者とする債権の金額を乙から回収できない（乙はSPCから借り入れた資金をAから甲株を買い取るために使ってしまっている）ので連帯保証人である甲から回収する。
⑦ したがって甲は乙に対し、SPCが甲から回収した金額（債権額＋金利）と同額の求償権をもつ。

〈図3〉

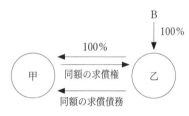

①金主とSPCは甲から貸付金元本と利息を回収したから当初の目的を達成し図面上消滅する。
②甲は乙に対し〈図2〉⑦の求償権をもつ。
③乙は甲の100%株主だから甲を適格吸収合併する。
④甲乙間で求償債権と求償債務が混同（債権および債務が同一人に帰属した。民法520条）により対当額で消滅する。

〈図4〉

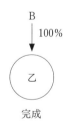

従業員（持株会構成員）らは母体会社を100%取り込み、事業を承継した。
母体会社（甲）の株主Aは従業員らの設立した会社（乙）から甲株90%の売却代金を受け取った。
Aに甲株90%の売却代金につき課税（20%）がある。

従業員たちの設立した乙会社は手持ち資金がないのに、Aが所有している甲株をどうやって取得するかという点にあります。この難問を解決するためのAとBとの間の株主間契約の内容は次のとおりです。

Ⓐ　経営者（A）はすでに年老いて甲を経営すること自体困難になっていること

Ⓑ　事業を承継してくれる後継者を従業員たち以外から獲得することは困難であること

Ⓒ　従業員たちには金主（AとBとの間で株主間契約ができ成立しますから金主から融資を受けている期間はごく短期間ですみます。このため金主は少し金利が高くても融資実行に時間がかかる銀行よりも金融会社のほうが手っ取り早く望ましいでしょう）とその100％子会社であるSPC（特定目的会社）を導入し、乙はSPCに、Aから甲株式90％を買い取るための資金を貸し付けるよう要請すること

Ⓓ　乙は甲に、SPCを債権者とし乙を債務者とする融資債権（金利債権をも含む）についての連帯保証することを要請すること

Ⓔ　乙は融資を受けた資金でAから甲株式全部つまり90％を購入して、結局乙は甲株式の100％を取得し、甲は乙の完全子会社になること

Ⓕ　Aは甲の株式90％の売却代金を取得すること

Ⓖ　最後に、乙は甲を吸収合併すること　など

⑸　株主間契約 EBO

　甲は資産があり信用がありますから、SPCによる乙への融資は実行されるでしょう。乙は融資を受けた資金でAから甲株式90％を買入れし、結局乙は甲株式の100％を取得します。しかし、乙はSPCから借り入れた資金を全部Aに対して甲株式の取得代金として支払ってしまっていますから、SPCに返済する源資がまったくなくなってしまっています。

　この支払義務をどのようにして消滅させるかがこのスキームの要です。これに対し、乙は上記株主間契約に従い、甲に対しSPCに対する代位弁済を依頼します。甲は資産も資金ももっていますし、乙の連帯保証人ですから、ここが従業員たちが事業承継ができるかどうかの切所であると決断し、連帯保証人としての義務を果たすべく、乙のSPCに対する債務を乙に代わって

返済します。

　そして、ここが重要な、第2のポイントです。甲と乙との内部的負担割合は甲は0で乙は100ですから、甲は、乙に替わってSPCに返済したので、甲は法律上他人である乙の債務を（乙から対価を受けることなく）乙に替わって支払ったこととなり、乙に対して同額の求償権を取得することになります（民法442条1項。税理士の方々と話していると、この求償権の発生を見落とす人が時として見受けられます。同額の求償権が発生しなければ、税法上乙は甲から同額の贈与を受けたと同じことになり乙に同額の益金が発生しますので、ここは大切なポイントです）。

　〈図3〉を見てください。甲は乙に対しSPCに代位弁済した金額と同額の求償権を取得しますが、このことは、乙が同時に甲に対して同額の求償債務を負担することとのまったくの裏返しです。表からみるか、裏側からみるかの違いしかありません。

　ここで〈図3〉をもう一度よく見てください。乙はすでに甲の株式を100％取得しています。つまり、甲はいまや乙の100％子会社です。そこで乙は甲を吸収合併すれば適格合併ですから課税はありません。そのうえ、甲と乙間では、甲の乙に対する求償権債権と、乙の甲に対する求償債務は完全に同額です。したがって、この吸収合併によって債権と債務が同一人乙に帰したことになりますから、（相殺ではなく）混同（民法520条）によって債権も債務も対当額において一気に消滅してしまいます。

(6)　債権債務同時消滅

　〈図4〉を見てください。このようにして、従業員たちBは、甲を吸収合併した乙を100％支配しています。要するに、甲の従業員持株会の構成員たちは母体会社甲を「乗っ取る」ことに成功したのです。いや、実は「乗っ取り」ではありません。甲の経営者であるAは従業員たちが設立した乙会社から甲株90％の売買代金を受け取っていますし、その課税は20％ですから、課税としては軽く、老後を快適に過ごす資金に、おそらく不足はないでしょう。

　Aが受け取った甲株式90％の対価は実のところ甲の経済価値の90％と等価です。実はAは自分が持っていた経済価値を、グルット回して、現金で乙を

通じて受け取ったということなのです。

　重要なことは、甲の従業員たちは乙会社を通して、甲会社の経営権を取得したという事実です。つまり、甲会社は従業員たちに事業承継されたのです。従業員たちは大きな資金負担もなく、大きく課税されることもなく、甲の事業を承継できたのです。

　この方法が実現可能な根拠は、従業員たち（乙会社）が母体会社（甲会社）のもっている資産を巧く使わせてもらえたからです。したがって「LBO 類似株主間契約方法」と呼ぶのが適切かもしれませんが、私は「従業員による買収：EBO（Employee Buy Out）」と呼ぶことにしています。従業員たちが母体会社を手に入れたのですから。

⑺　従業員持株会か従業員集団か

　前掲の〈図1〉を、よく見てください。「乙　新会社」は、甲会社の従業員持株会の100名の従業員たちが、ポケットマネーを各人1000円ずつ拠出して小規模な資本金10万円の新会社を設立するところから本件の話が急展開しています。この「従業員」たちBは、法律上、甲会社の従業員である必要があるわけではありません。法律上はまったく甲会社に関係のない、たとえば、丙会社の従業員たちであってもよかったのです。ただ、実のところ、丙会社の従業員たちであれば、甲会社のAは乙が金融業者 SPC から甲株を買収する資金を借り入れるときに連帯保証人にはなってくれなかったでしょう。しかし、もし、何かの事情でAはBたちを嫌っており、丙会社の従業員たちCを評価していたとすれば、丙が金融業者から資金を借り入れるとき連帯保証人になってくれたかもしれません。そのときは〈図2〉頁のAB間の株主間契約はAC間に置き換わっており、乙は丙に置き換わっており、BはCに置き換わっていたかもしれません。つまり、Bたちは甲会社の従業員持株会の会員でなければならない必然性はないのです。

　このことは重要なことを意味しています。〈図1〉における乙にあたる株式会社が一定程度の甲株式を所有しており、BはAと株主間契約を締結できるほどの昵懇であり、Aは引退して自己の所有する甲会社株式全部をBに譲渡して手放し、現金に変えたいと思っているような事実関係がありえすれ

ば、〈図2〉も、〈図3〉も成立し、甲会社事業はBと乙会社に承継されていくであろうということができるのです。つまり、Aの甲事業をAの親族ではない人たちBに承継するにあたって必須の要件は、法的要件ではなく、AとBとの間に株主間契約が締結されるだけの信頼関係があるか、の一事であったのです。つまり、法律問題は最終的には信頼関係に帰着するのです。

⑻　法律・税務上のことと経営者の決断は別

　ここまできて、第1章で立てられた問題、つまり、従業員たちが母体会社を事業承継するには、法律上、税務上の問題点をどうすれば超えられるかという問題の解決が、ようやく見えたといえるのです。もちろん、見えたといっても、法律および税務上の話であって、現実世界で実現したわけではありません、これを現実世界で実現するには従業員たちを信じてくれるA、つまり、資産がある会社の年老いた経営者であって従業員たちに事業を任せようと決断する人がいなければ実現はできません。

　法律および税務の問題が解決されたうえに、経済価値の比較の問題（甲の経済価値と新会社乙の経済価値の比較の問題）が解決しなければなりません。そして、この関所を通り抜けて初めて甲の経営者と従業員達とは事業承継とは何であるのか、その意味を互いにわかり合えるのでありましょう。しかし本書においてはこの問題に深入りする必要はないと思っています。

　というのは、本書においては、〈図2〉において、金主（金融業者）とSPCとを使いますし、そのうえ甲は乙の連帯保証人になる仕組みだからです。Bが金主（金融業者）とSPCの両者に、貸付金の上限を上げてくれと要求し、懇願しても、この両者は貸付金額の上限を甲の経済価値以上に評価することはあり得ませんし、逆に、AがBにそれ以上の借入金額の上昇圧力をかけるのは止めてくれと要求するでしょう。なぜなら甲は乙の連帯保証をしているからです。乙が返済できなければ甲に返済要求がくるからです。そして、乙がこの両者から借り入れた金額は必ずこの両者に返済しなければなりませんから、Bがこの両者に目いっぱい貸してくれと強要しても、この両者は乙の返済能力以上は貸付けをしません。

　乙の返済能力の上限は甲の経済価値の上限に合致するからです。甲自身が

乙の連帯保証人である以上、Ｂに止めてくれとストップをかけるからです。つまりＢがＡに提示する金額が低いとＡが思っても、本件の事実関係の場合、甲の経済価値以上を手に入れることはあり得ないからです。

　先の〈図２〉において、ＢがＡに、この額であれば引き取りますと、甲の経済価値を現金タームで示したとき、経営者Ａが小さな額だと受け取れば、会社に人生をかけてきたのに自分の人生そのものが否定されたように思うでしょう。これは合理的な比較判断の問題ではありません。しかし従業員による事業承継の問題は、このような「経営者手取り価額」の関所を避けて通れないのです。

4　森海津弁護士の計画──方法第２

⑴　方法第２

　一つ目の方法を話し終えた森海津弁護士は、社長の表情をみながら、方法第２に話を移していきました。方法第２は、甲会社に負債があっても方法第１と同じような結果が得られる方法です。

従業員持株会成駒型剰余金不平等配当新設会社分割二重適格吸収合併

　前述した方法第１は、甲会社に大きな負債はない場合にはふさわしい方法といえますが、甲会社に大きな負債がある場合には適切な方法とはいえません。一般に、中小企業で負債がまったくない会社は少ないでしょう。そこで、方法の第２として、負債があっても上記第１とほぼ同じ結果を実現できる方法を簡潔に紹介します。

　①　まず、方法第２は、方法第１の〈図１〉と同じ図から出発します。甲が母体会社で、乙は甲の従業員持株会の構成員たちがそれぞれわずかな資金を持ち寄って新設した株式会社です。Ａは甲の主要株主を一括して表示する記号で、Ｂは乙の従業員たち株主を一括表示する記号です。

〈図5〉

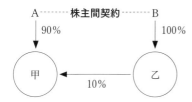

A········株主間契約········B
90% 100%

甲 ← 10% ← 乙

Aは親会社甲の主要株主
Bは従業員持株会社乙の株主
※AB甲乙の関係は方法第1
〈図1〉と同じ

〈図6〉

Aの甲株を属人株化（会社法109条2項）、無剰
余金配当化（同法454条2項1号）、新設分割

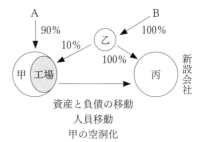

A   B
90%   100%
乙
10% 100%
甲 工場 → 丙 新設会社

資産と負債の移動
人員移動
甲の空洞化

①上記の甲から丙への資産の移動は課税があ
りうるから、税額を圧縮するため甲から丙
に移動する資産額に見合う甲の負債を一緒
に丙に移動する。
②丙は甲を新設分割会社とする分割承継会社。
③丙株はAに剰余金配当されない。乙にだけ
配当される。

〈図7〉

乙はAの甲株全部を時価で買取り

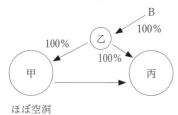

B
100%
乙
100%   100%
甲 → 丙

ほぼ空洞

甲株の時価は甲のほぼ空洞化により低
額のはずである。

〈図8〉

甲を乙に適格吸収合併、丙を乙に適格吸収合併

B
100%

乙

完成

②　次いで、甲会社は会社法109条2項の定款変更を行い、甲株を属人株
に転換し、Aがもつ甲株を甲からの剰余金の分配を受けられない株式に、
乙がもつ甲株を剰余金の全部の分配を受けられる株式に転換します。

③　甲を新設分割（会社法763条）して丙を新設します。このとき甲会社は
株主総会を開き新設会社分割によって受け取る剰余金の不平等分配の議
決しておきます（同法454条1項・2項1号）。

④ⓐ これにより丙から甲に交付される丙株式をＡ（Ａは剰余金配当は受けられませんから）には分配せず、乙だけに分配することになります（剰余金の不平等分配）から、当然会社分割は適格ではなく、甲には課税が予測されます。

ⓑ したがって、甲から丙に承継される資産（〈図６〉では工場のように大きな資産が丙に移動することを予定しています）に匹敵するだけの負債額（甲は十分負債がある会社として選んでいますから負債はあるはずです）を丙に分割承継させ課税がないようバランスをとります。資産額に匹敵する負債額を移動できるかどうかがポイントです。

⑤ そして、属人株（会社法109条２項）、無余剰金配当（同法454条２項１号）の方法を用い、甲を無資産に追い込み、甲株式を無価値状態に持ち込みます。

⑥ これにより甲会社を空洞化したうえで、乙会社は、〈図６〉でＡがもっていた90％の甲株式を全株買い取ります（〈図６〉〈図７〉）。甲会社は空洞化していますから、甲株式は低額で買い取れるはずです。

⑦ これにより甲株を100％所有した状態になった乙会社は、甲会社を吸収合併し、かつ、その後、乙会社はやはり丙会社を100％支配していますから、丙を吸収合併します（〈図７〉）。いずれも適格合併です。

⑧ 以上により、最後は〈図８〉となり、〈図４〉とまったく同じ図になります。

かくして、この方法でも、従業員たちＢは自分たちがわずかな資金で設立した乙会社を通して母体会社であった甲会社を吸収して事業承継することに成功できるのです。

(2) 方法第２実行のポイント

この方法は甲会社に負債があっても新設分割と無余剰金配当という手法を用いて新設承継会社丙に資産とともに負債ももっていくのですが、その方法は新設会社分割ですから、丙にもっていく資産の額も、負債の額も、増減バランスをとりながら調節できる利便性があります。

目標としては、乙会社はＡがもっている甲株90％を、できるだけ低い価格

で全部買い取ってしまい、適格吸収合併の準備のため、以前からもっている10％の甲株と併せて甲株100％を取得することです（〈図6〉参照）。一見、甲会社には負債だけを残して資産を全部丙にもっていけばよいようにも思えますが、会社分割自体が非適格ですから、そんなことをすると甲の課税が大変です。では課税を低くするため負債だけを丙にもっていけばよいかといえば、Aが持っている甲株の価値が高くなってきてしまい乙会社の甲株式買取価格が上昇して大変です。要は、両者のバランスをとって移転承継する資産額負債額の調整をとることです。

　第一目標としては、乙会社はお金をあまりもっていないのですから、Aの持っている甲株の価値を下げることを第一義にすべきでしょう。事例によっては、この調整が難しいという場合もあるでしょう。そのときは、無理して、この第2の方法をとることはありませんから、方法第1に戻ってください。第1の方法は、甲に負債があったら実行できないというわけではなく、甲に負債があれば、その分だけAに渡す甲株式の対価が低くなり、A個人が手にする現金の額が少なくなるということにより調節がとれます。ただ、それでは、Aには大変お世話になるのですから、若干問題があるにはありますが。

第3章　長期議決権吸収信託分割株主間契約

1　森海津弁護士の方法第3——小規模会社向け

　上記の第2章「従業員持株会の株式会社化」で述べた方法第1も、方法第2も、甲会社は中小企業であるにしても、その規模がかなり大きく、乙の株主になる従業員たちの数も100名以上いる場合にはふさわしい方法です。しかし、従業員の数は100名以下程度と小さく、母体会社（オーナー）側に事情があり、事業承継手続の終了に至るまでの時間を5年から10年かけて、ゆっくり進めてほしいという場合もありうると思われます。そのような場合に備えて、第3の方法を考えます。

　この方法は、たとえば、社長であった経営者がつい最近死亡してしまい、残された者たち4名は先代社長の妻と娘たちであって経営を引き継ぐつもりはなく、かつ株主全員が最終的には甲の事業を従業員たちに譲ることは了解している場合であって、そこまで行くのが一足飛びではなく、5年から10年間ぐらいをかけてゆっくりと進めてほしい、そしてその間も事業から上がってくる配当金は妻や娘たちが受けとれるようにしてほしい、と願っているようなとき向けです。従業員たちも総員で100名以下程度、将来事業が従業員たちの手に入ることが確かなら、5年ないし10年かかることに異論はないし、その間の収益は未亡人とお嬢さん方に渡ることにも異論はない、というような事実関係があれば、ふさわしい方法といえます。

　つまり、小規模な製造販売店など、典型的な中小企業を念頭に置いた方法であり、税務の面からみても、母体会社の側にも事業承継者の側にも、あまり負担がかからない方法です。

　ただ、この方法の問題点は、後述のとおり、一般社団法人を信託の受託者組織として設立しますので、信託が終了したあとに一般社団法人が残ってし

まいます。一般社団法人を解散し清算に入るときは、一般社団法人の基金の法的性質が債務の一種であることから、基金の返還をどうするかというやっかいな法律・税務問題が発生します。もちろん、基金の募集段階で、基金返還についての手続が定款に定められており（一般社団法人及び一般財団法人に関する法律（以下、「一般法人法」という）141条）、その規定のとおり、順調に基金の返還が実行されている場合には問題はありません。しかし、定款にその定めがない場合やその定めはあるが定めどおりには順調な返還が行われていない場合には、基金と相殺できる税務上の益金があればよいのですがそうでもない限り清算結了ができなくなってしまいます。この意味で、信託終了後に一般社団法人を他の事業に転用することができる企画がある場合（または、法律上基金の返還に係る債権を取得することができる場合。同法142条1項）などでないと適切ではないかもしれません。

　以下ではこの第3の方法について説明していきますが、長期にわたるかなり込み入った技術的方法ですから、ここでも具体例を設定して説明しましょう。

　これから述べる具体例は前著『親族外事業承継と株主間契約の税務』272頁以下とほぼ同じ事例です。しかし、そこでは TEMPLATE として述べる場所でしたので、事例の外形が中心で、内容の詳細は展開できていません。ここでは、その詳細を述べることとします。

2　具体例

(1)　残された家族の事情

　京都、六角堂の筋向いに本店を構えた生鮮食料品製造販売会社、株式会社高須食品の創立者高須氏がつい最近（令和5年2月11日に）急死しました。会社の知名度も高く新型コロナウイルス感染症も売上げには大した影響もなく、番頭たちも従業員も勤勉によく働き、営業上の問題はなかったのですが、会社を背負って経営していく者が育ってはいませんでした。

　亡高須氏の子は3名ですが、それぞれ自分の仕事があり、誰一人経営を担う気がありません。長女は医師で、14歳と12歳の子を育てながら大学病院に勤務しており、次女は子が一人、三絃の師匠で教室を開いており、三女は、まだ幼い子を二人育てながらテレビのキャスターをしています。

　亡高須氏は発行済株式5万株のうちの90％の4万5000株を所有していましたが、遺言書はなく、相続人らによる遺産分割により、妻（A1）が　40％（1万8000株）、長女（A2）が30％（1万3500株）、次女（A3）が20％（9000株）、三女（A4）が10％（4500株）の割合で相続しました。なお、株式の配当は1株あたり年100円です。

　娘たち三人は仲が良く、一人遺された母の家に集まり、今後会社をどうしたらよいか、何度も相談していました。しかしよい知恵も浮かばず、亡くなった父が時々相談していた森海津弁護士に相談することにしました。

(2)　従業員たちの危惧

　株式会社高須食品（以下、「甲会社」または単に「甲」ともいいます）では、従業員100名全員で、民法上の組合である乙従業員持株会（以下、「乙持株会」または単に「乙」ともいいます）が結成されていました。その会員は、社長の生存中から各々が、株式を50株ずつ均等に所有しています。つまり、その合計は5000株で、発行済株式数の10％に達しています。

　従業員持株会の業務執行者（B）は、かねて役付きの番頭たち3名の経営能力に疑問を抱いており、社長が亡くなったいま、今後何の手も打たなければ会社は衰亡するのではないかと危惧していました。そこで、Bも森海津弁護士に相談しました。

(3)　森海津弁護士の提案

　亡高須氏の遺族（A1、A2、A3、A4）、乙持株会（業務執行者B）の両方から相談を受けた森海津弁護士は、A1、A2、A3、A4とBに事務所に集まってもらい、A1、A2、A3、A4全員が経営を引き継ぐ意思がないことを確認したうえ、次のような提案をしました。

　経営の引き受け手がいない現状を踏まえると、①将来的には、乙持株会が

〈図1〉　株式会社高須食品の概要

会社名：株式会社高須食品

事　業：無店舗販売（消費者直販）中心／店舗数20

従業員：100名

資本金：1億円

売上高：平均年間20〜30億円

株　式：発行済株式数5万株、発行価額1株1000円。

　　　　配当は1株当たり年100円

銀行借入残高：なし

　甲の代表者社長は甲社株式の90％（4万5000株）を所有していたが、つい最近、令和5年2月11日に急死。

　遺言状はなく、遺産分割の結果、株式は、下記のとおり相続。

　　妻　（A_1）　40％（1万8000株）

　　長女（A_2）　30％（1万3500株）

　　次女（A_3）　20％（9000株）

　　三女（A_4）　10％（4500株）

　未亡人A_1が社長に就任、役付き番頭3名、従業員たちもよく働き、当面、営業上の問題はないが、会社を背負って経営していく者がいない。

甲会社の経営を担うようにするとしつつ、②同時に亡社長の遺族（A_1、A_2、A_3、A_4）の生活が当面（5〜10年）の間安定するようするするという目的で、**議決権吸収信託分割**を活用する方策を、A_1、A_2、A_3、A_4の4名と乙持株会との**株主間契約**を用いて実現してはどうだろうか提案しました。その内容は次のようなものでした。

3　森海津弁護士の提案内容

(1)　提案内容の概要～議決権吸収信託分割と株主間契約

　森海津弁護士はA₁、A₂、A₃、A₄（以下、総称して「A」ともいいます）に対し、次のように話しました。

　今はあなたたちの仲はよく、これといった問題は何もないが、（亡社長の娘3名（A₂、A₃、A₄）に対し）あなたたちの子供が成長するにつれて、4名の間でも考え方の違いがでてくるでしょう。子供たちが大きくなる前に株主の4名がいつも意見を一つにして、いつまでも一致団結していることができる方策を立てておくことが賢明です。

　親族外の者に株式を贈与して事業を承継していく特例事業承継税制がありますが、10年先、20年先を考えるとその制度にはかなり問題があります。たとえば、特例事業承継税制の適用を受けている間は、納税猶予の扱いを受けている株式は第三者に対する譲渡が禁止されていること、また従業員を解雇することに制約を受けること（最近、この点はかなり緩和されましたが）、特例事業承継税制の適用を管理する責務を負う税理士の負担がかなり重いことなどがあります。

　第三者に経営を任せざるを得ない事情があるとしても、経営は株式を誰が所有するかというポイントと切り離して考えるのは賢明ではありません。一部の有力な番頭に株式を渡してしまって、この先何十年も順調にいくと考えるのは、取り返しがつかないことになりかねない危険を無視できません。

　一方、Bに対しては、従業員が危惧しているのは会社の行く末であり、乙持株会が経営権を取得し会社の安定・発展につなげられればよく、配当については、もともと乙株主会の10%分しかないのですから、こだわらないのではないでしょうか、と話しました。

　そこで、次の手順をA（A₁、A₂、A₃、A₄）と乙の株主間契約（議決権吸収信託分割株主間契約）で定め、進めていったらどうでしょうか。吸収信託分割については、信託法155条以下に規定があります。会社法上の吸収分

割と信託法上の信託とが同時進行する取組みと考えてください。

① 　A、乙が甲会社の株式を信託する受け皿（受託者）として、一般社団
　　法人丙（以下、単に「丙」ともいいます）を設立します。

② 　A、乙それぞれは、それぞれ委託者兼受益者として、それぞれ所有す
　　る甲会社株式全部について、③の吸収信託分割を信託の目的として、丙
　　に民事信託契約としての議決権信託をします（議決権吸収信託分割契約。
　　議決権信託とは、株式の構成要素である議決権や配当等を権利の帰属者を信
　　託の当事者である委託者、受託者、受益者の三者または二者に分割帰属させ
　　る手法です。次の(2)で説明します）。

③ 　A、乙、丙の三者は、9年間をかけてAの信託財産（甲社株式）の一
　　部（発行済甲社株式の41％）の議決権を乙の信託財産（甲社株式）に吸収
　　信託分割によって帰属させるという吸収信託分割の合意をし、実行しま
　　す（吸収信託分割によって移行するのは議決権のみです）。

④ 　9年後、乙の信託財産は発行済株式総数の51％と増加し乙が経営権を
　　取得し、Aの信託財産は発行済株式総数の49％と減少しAは経営権を失
　　いますが、受益者であるAに権利が帰属している配当等は従前どおり
　　90％の株式について受け取ることができます。

　これによって、乙への経営権の移行とAの生活の安定が両立することにな
ります。

(2)　議決権信託契約の意義

　(1)②で述べた議決権信託とは次のようなものです（吉本健一「議決権信託
に関する若干の法的問題点」阪大法学95号69頁。山田裕子「事業承継目的の株式
信託について」信託法38号89頁）。

　議決権信託という方法は、株式を信託するときに株式の構成要素である@
剰余金の配当を受ける権利、⑥残余財産の分配を受ける権利、ⓒ株主総会に
おける議決権（会社法105条）という三つの構成要素を、それぞれに分離して、
三つになった権利の帰属者を信託の三当事者である委託者、受託者、受益者
の三者または二者に分割帰属させる手法です。この手法が重用されるには税
務上の理由があり、国税庁は、議決権は財産（資産）ではないから議決権そ

のものの譲渡や帰属には課税しない、株式の三要素が分離された場合には株式の財産性要素は配当請求権にあるという考え方をしているからです（平成19年3月9日国税庁「種類株式の評価について（情報)」)。

　森海津弁護士の提案②で、Aが丙に議決権信託をするという場合、上記の株式の三つの要素のうち、©の議決権は受託者である丙に帰属しますが、ⓐⓑの配当等を受ける権利は、（委託者兼）受益者であるAに帰属したままになります（乙についても同様です)。

　この議決権信託契約により、会社に剰余金があれば受益者A（A₁、A₂、A₃、A₄の4名）が配当を受け取れることになり、Aには課税があります。一方、一般社団法人丙には株式の配当金はいきませんから、課税もありません（乙の議決権信託契約についても同様です)。

4　議決権吸収信託分割株主間契約の骨子

　株主間契約の主な内容は、一般社団法人丙の設立に関する事項と株式の信託に関する事項からなります。

〈図2〉　方法第3の株主間契約の関係図

（吸収信託分割（9年型）、無対価、無税）

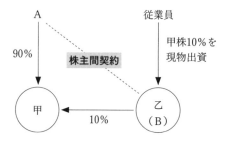

甲：株式会社高須食品
A：甲の株主A₁、A₂、A₃、A₄の一括表記
乙：甲の従業員持株会（組合）
B：乙の業務執行者（民法670条の2第2項・3項）

(1)　契約当事者

一方当事者はA₁、A₂, 　A₃、A₄の４名、相手方は乙持株会（組合。業務執行者B）です（〈図２〉参照）。

(2)　一般社団法人丙の設立に関する事項

一般社団法人丙の設立、法人の内部組織、定款等を下記のように構成します（〈図３〉参照）。

①　亡高須氏の妻（A₁）、長女（A₂）、次女（A₃）、三女（A₄）、それに
　B（乙持株会の業務執行者）、森海津弁護士（以下、「C」ともいいます）
　の計６名を設立時社員とし、一般社団法人丙の定款を作成したうえ、公
　証人の認証を受ける。

②　設立時社員６名の議決をもって、Cを設立時理事とし、かつ税理士D
　を設立時監事として選任し（一般法人法10条、15条、17条）、必要な調査、
　登記を行う（同法20条、22条。登記により一般社団法人丙は成立する）。

③　一般社団法人丙の設立後は、引き続きA₁、A₂、A₃、A₄の４名とB、
　Cの計６名が一般社団法人丙の社員となり、A₁、B、　Cの３名が理
　事となる（監事は引き続きD税理士）。

④　一般社団法人丙の業務のうち、信託受託に関する業務を除き、その余

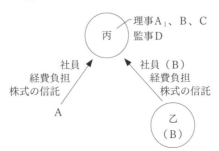

〈図３〉　一般社団法人丙の構造

A₁、A₂、A₃、A₄、B、Cの６名が社員となり、A₁、A₂、
A₃、A₄および乙が丙の経費を負担する。理事はA₁、B、C
となり、信託受託業務はCの専任。

の一般社団法人丙の運営をA₁、B、Cの3名の理事の多数決によって決し、C理事が執行する（一般法人法76条）。ただし、信託受託に関する業務については、A₁、Bは一切関与せず、理事であるC弁護士が専任として取り扱う。

⑤　一般社団法人丙の社員6名は、一般社団法人丙の業務に係る経費を次のとおり負担する（一般法人法27条）。

　　ⓐ　一般社団法人が成立した日の属する年は、毎月、A₁、A₂、A₃、A₄は（その所有する株式1株当たり3円にあたる合計）13万5000円を、乙持株会は（その組合員一人当たり1株につき3円にあたる金150円の100人分である）1万5000円をそれぞれ経費として一般社団法人丙に支払う。

　　ⓑ　その翌年以降、A₁、A₂、A₃、A₄については、下記吸収信託分割の定めにより毎年、信託財産である甲社株式の株式数が減少するにつれて、株数の1株当たり3円に当たる金額を経費として、A₁、A₂、A₃、A₄が毎月一般社団法人丙に支払うものとし、その年額は信託財産株式数の逓減に従い1株当たり3円の割合で逓減する。

　　ⓒ　これとは逆に、乙持株会については、下記吸収信託分割の定めにより、その合意成立の年の翌年以降、乙従業員持株会は、その信託財産である甲株数が逓増するにつれて、その受益権の対象たる株数の1株当たり3円に当たる金額を経費として毎月一般社団法人丙に支払うものとし、その年額は下記株式数の逓増に従い1株当たり3円の割合で逓増する。

⑥　基金の募集に関する規定の策定については、必要に応じ別途一般社団法人丙の定款において定める（一般法人法131条）。

⑦　ただし、基金募集に関する定款の定めを策定する場合には、各基金拠出者は下記第一議決権吸収信託分割契約に定める信託の目的が達成されたときであって、かつ下記第二議決権吸収信託分割契約に定める信託の目的も達成されたとき（信託法163条1号）には、一般社団法人丙の定時総会の議決に基づき、基金拠出者は同基金の返還を請求する権利を有することを規定する（一般法人法131条2号）。

⑧　一般社団法人丙は理事には、初年度を除き、その社員総会において定める額の報酬を支払う（一般法人法89条）。

⑨　一般社団法人丙は会計監査人を1名置き、社員総会で選出する。会計監査人は理事の職務執行に関し不正行為、定款または法令に違反する重大な事実があることを認識するときは監事に報告する権限を有する（一般法人法108条）。

⑩　理事は事前に監事の同意を得たうえ、会計監査人の報酬額を定める（一般法人法110条）。

⑪　理事か社員が一般社団法人丙の社員総会の目的である事項について提案した場合に、社員の全員が書面により同意の意思表示をした場合には、当該提案が可決された旨の社員総会の決議があったものとみなす（一般法人法58条1項）。

⑫　一般社団法人丙の議決は、議案の如何を問わず、全社員が賛成しなければ成立しないことを定款に明記する（一般法人法49条2項）。

⑬　社員総会において、議案の如何を問わず、全員賛成の議決が成立しないことが三度連続したときは、一般社団法人丙は解散すると定款に明記する（一般法人法148条2号）。

⑭　一般社団法人丙は設立時期から10年経過したときは存続期間が満了したとして解散することを定款に定める（一般法人法148条1号）。

⑮　一般社団法人丙は設立時期から10年経過して、いったん解散しても、一般法人法第4章（清算）の規定による清算が結了するまでは、全社員が一致できる場合に限り、一般社団法人として継続を議決できることを定款に明記する（同法150条、148条2号、49条2項6号）。

⑶　株式の信託に関する事項

甲社株式の信託に関する事項は、下記の信託に関する三つの契約締結ないし合意をするという内容になります（次頁〈図4〉および後掲〈図5〉参照）。

①　A₁、A₂、A₃、A₄が、一般社団法人丙に、所有する甲社株式全部を信託する契約（第一議決権吸収信託分割契約。下記⑷）

②　乙持株会（業務執行者B）が、一般社団法人丙に、所有する甲社株式

〈図4〉 スタート時点での信託の構造

(1) Aは所有する甲株式90％について、配当請求権およびび残余財産分配請求権について留保し議決権だけを信託財産とし、自己を委託者かつ受益者として、丙を受託者として、Aと丙との契約による民事信託を設定。甲会社株式90％の配当はAに交付される。

(2) 乙は所有する甲株式10％について、配当請求権および残余財産分配請求権について留保し議決権だけを信託財産とし、自己を委託者かつ受益者として、丙を受託者として、乙と丙との契約による民事信託を設定。甲会社株式10％の配当は乙に交付される。

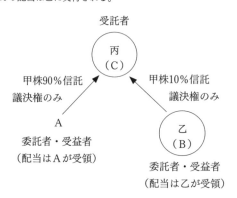

全部を信託する契約（第二議決権吸収信託分割契約。下記(5)）

③ A₁、A₂、A₃、A₄（代表者A₁）、乙持株会（業務執行者B）、一般社団法人丙（理事C）の三者による吸収信託分割合意（下記(6)）

(4) 第一議決権吸収信託分割契約の内容

上記(3)①の第一議決権吸収信託分割契約の内容は次のとおりとします。

①ⓐ 委託者兼受益者 A₁、A₂、A₃、A₄

ⓑ 受託者 一般社団法人丙（信託業務専任理事C）

ⓒ 信託財産 A₁は甲社株式1万8000株

A₂は甲社株式1万3500株

A₃は甲社株式9000株

A₄は甲社株式4500株

ⓓ 信託の目的 （乙持株会が従前から保有する甲社株式5000株を除き）乙持株会の保有する甲社株式の合計数が、(6)の吸収信託分割により、

A₁、A₂、A₃、A₄の信託株式数が年毎に順次減少し、それに応じて下記第二議決権吸収信託分割契約による信託財産たる甲社株式数が甲社の発行済株式総数の50％超に至るまで年毎に順次増加すること（つまり、丙の中で吸収信託分割による第一議決権信託の減少と第二議決権信託の増加が毎年起きる）

② 受益者A₁、A₂、A₃、A₄の意思の決定はすべての受益者の一致によって決定することを原則とする（信託法105条）が、2回の採決をしても全員の意思が一致しない場合においてはA₁は、自己単独の意思をもってA₁、A₂、A₃、A₄全員の意思とする権限を有する。

③ A₁は、甲会社の株主名簿に上記①ⓒ記載の株式が信託財産に属する旨および当該株式数が年毎に順次減少した結果の減少後の株式数を毎年の年末毎に同株式名簿に記載する（会社法154条の2）。

④ 甲会社の株主総会において、A₁、A₂、A₃、A₄から信託された甲社株式による甲社株主総会における議決権行使を含め株主としての一切の権限(ただし配当受益権請求権を除く)の行使はC一人によって決定され、かつCによって行使されるものとする。

　Cは同議決権行使に先立ち、一般社団法人丙の他の理事ないし社員らから上記権限の行使の仕方について意見の聴取をするものとする。ただし、その意見聴取方法についてはCが専決するものとする。

⑤ⓐ 第一議決権信託契約が締結された日の属する年は、毎月、A₁,A₂、A₃、A₄は（その所有する株式1株当たり2円にあたる合計）9万円を、信託報酬（諸経費を含む）として一般社団法人丙に支払うものとし、

　ⓑ その翌年以降は、(6)の吸収信託分割の定めにより、毎月、A₁、A₂、A₃、A₄が受益者である甲社株式の株式数が一年毎に減少するにつれて、その受益権の対象たる株数の1株当たり2円に当たる金額を信託報酬（諸経費を含む）として一般社団法人に支払うものとし、その月額は上記株式数が年毎に逓減するのに応じて1株当たり2円の割合で年毎に逓減するものとする。

⑸　第二議決権吸収信託分割契約の内容

上記⑶②の第二議決権吸収信託分割契約の内容は次のとおりとします。

①ⓐ　委託者兼受益者　乙従業員持株会は（業務執行者Ｂ）

　ⓑ　受託者　一般社団法人丙（信託業務専任理事Ｃ）

　ⓒ　信託財産　総組合員の共有に属する（民法668条）甲会社株式合計 5000株

　ⓓ　信託の目的　乙持株会の総組合員の共有に属する甲社株式の合計が （従前から保有している10％を除き）⑹の吸収信託分割により年ごとに 順次増加し甲社の発行済株式総数の50％超に達すること

②　乙持株会の意思の決定は乙持株会の組合規約の定めるところにより決 定するものとし、同組合により委任を受けたＢ業務執行者一人によって 執行されるものとする（民法670条２項）。

③　甲会社の株主名簿に上記①ⓒ記載の株式が信託財産に属する旨および 当該株式数が年毎に順次増加した結果の増加後の株式数を毎年の年末毎 に同株主名簿に記載する（会社法154条の２）。

④　甲会社の株主総会において、Ａ₁、Ａ₂、Ａ₃、Ａ₄から信託された甲 社株式による甲社株主総会における議決権行使を含め株主としての一切 の権限（ただし配当受益権請求権を除く）の行使はＣ一人によって決定され、 かつＣによって行使されるものとする。

　　Ｃは同議決権行使に先立ち、一般社団法人丙の他の理事ないし社員ら から上記権限の行使の仕方について意見の聴取をするものとする。ただ し、その意見聴取方法についてはＣが専決するものとする。

⑤ⓐ　第二議決権吸収信託分割契約が締結された日の属する年は、毎月、 乙従業員持株会は（その組合員一人当たり１株につき２円にあたる金100 円の100人分である）１万円を信託報酬（諸経費を含む）として一般社 団法人丙に支払うものとし、

　ⓑ　その翌年以降は⑹の吸収信託分割の定めにより、毎月、乙従業員持 株会が受益権者である甲会社の株式数が増加するにつれて、その受益 権の対象たる株数の１株当たり２円に当たる金額を信託報酬（諸経費

を含む）として一般社団法人丙に支払うものとし、その月額は上記株式数が年毎に逓増するのに応じて１株当たり２円の割合で年毎に逓増するものとする。

⑹　吸収信託分割合意の内容

上記第一議決権吸収信託分割契約および上記第二議決権吸収信託分割契約が締結されたたときは直ちに、第一議決権信託の委託者であり受益者であるＡ₁、Ａ₂、　Ａ₃、Ａ₄の４名を代表するＡ₁、および第一議決権信託契約の受託者であり、かつ第二議決権信託の受託者でもある一般社団法人丙の理事Ｃ並びに第二議決権信託契約の委託者であり受益者である乙従業員持株会の業務執行者Ｂの３名は、下記要領の吸収信託分割（ある信託の信託財産の一部を受託者を同一とする他の信託の信託財産として移転すること。信託法２条11項）の合意をするものします（同法155条。次頁〈図５〉参照）。

①　吸収信託分割で移転する財産の内容（信託法155条１項５号）

Ａ₁の甲社株式１万8000株、Ａ₂の甲社株式１万3500株、Ａ₃の甲社株式9000株、Ａ₄の甲社株式4500株、合計で４万5000株の信託財産について、第一議決権信託（第一議決権吸収信託分割契約による信託をいいます。以下同じ）を分割信託として、第二議決権信託（第二議決権吸収信託分割契約による信託をいいます。以下同じ）を承継信託として吸収信託分割をするものとし、第一議決権信託の信託財産を９年間にわたって、発行済株式総数の５万株に対する割合が第１年目は１％、第２年目は２％、第３年目は３％、第４年目は４％、第５年目は５％、第６年目は６％、第７年目は７％、第８年目は８％、第９年目だけは５％の割合で、連続的に毎年１回づつ分割を実行し、合計９回分割を実行して、合計41％の分割信託の信託財産を承継信託に移転する（第二議決権信託の信託財産に吸収する）。

なお、　第一議決権信託から第二議決権信託に移転した財産は、いずれも甲社株式のみであり、移転する信託財産の責任負担債務はない。

②　吸収信託分割後の信託行為の内容（信託法155条１項１号）

ⓐ　第一議決権信託の吸収信託分割後の信託行為

〈図5〉　議決権吸収信託分割のメカニズム

受託者丙の内部で、Aから信託された信託財産甲株式90％のうち、1年目は
1％、2年目は2％……と毎年、乙から信託された信託財産甲株式10％に吸
収分割されていき、満9年後にはAの甲株式の41％（議決権）が乙の信託財
産に吸収されていく。

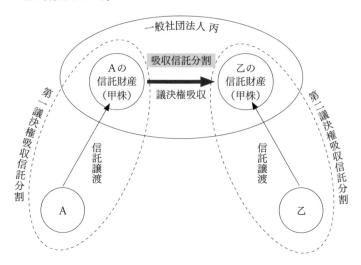

　　①の分割割合の合計は（発行済株式総数5万株に対して）41％である
から、第一議決権信託（分割信託）の信託財産は、当初の（同）90％
から（同）49％の2万4500株に減少する。したがって、A₁の信託財
産は9800株、A₂の信託財産は7350株、A₃の信託財産は4900株、A₄
の信託財産は2450株になる。

　ⓑ　第二議決権信託の吸収信託分割後の信託行為

　　　第二議決権信託（承継信託）の信託財産は、①の分割割合合計であ
る（発行済株式総数5万株に対して）41％の分だけ増加することとなり、
当初の（同）10％から（同）51％の2万5500株と増大する。つまり、
乙持株会と亡社長の遺族4名（A₁、A₂、A₃、A₄）の保有株式数の
比率は、（同）51％対49％となる。

　ⓒ　上記吸収信託分割によって各受益権の内容に変更はない。

③　②ⓒにより、①の吸収信託分割の結果、A₁は9800株、A₂は7350株、
　A₃は4900株、A₄は2450株にそれぞれ保有株数は減少したが、第一議

決権信託から第二議決権信託に移転承継された承継信託の信託財産にお
いても、A1、A2、A3、A4はそれぞれ信託受益者として信託受益権
を継続保有しているから、吸収信託分割によっても、保有株数の減少と
はかかわりなく、信託受益権の内容は何ら減少していない。よって第二
議決権信託の承継信託は、第一議決権信託の分割信託に金銭等の補償は
しない。

④　吸収信託分割合意が効力を生ずる日は、亡社長の一周忌にあたる令和
6年2月11日とする。

〈図6〉　吸収信託分割の終了時点での実際上の支配関係

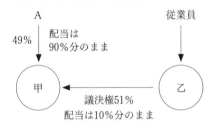

Aの手元には議決権のある甲株式49%が残り、乙の手元には議
決権がある甲株式51%が残る（ただし、受益権は甲株式の90%
についてはAに、乙には10%のみ残る）。

5　吸収信託分割の結果とその後

(1)　吸収信託分割の結果

　上記株主間契約で実行した吸収信託分割により、①乙従業員持株会の株数
は議決権ベースで2万5500株（［当初の］5000株＋［移転した］2万500株＝
2万5500株）に増加し、②亡社長の遺族4名（A1、A2、A3、A4）の株数は
議決権ベースで2万4500株（［当初の］4万5000株－［移転した］2万500株＝
2万4500株）に減少しました。

　この結果、乙従業員持株会の持株数は、比率にして51%になり、過半数を

制するに至りました。つまり、乙従業員持株会は誰からも資金援助を受けることなく甲会社の経営権を掌握したのです。遺族（A₁、A₂、A₃、A₄）も甲会社株式について持株数は2万4500株に減少しましたが、受取配当額は何ら株式数の減少の影響を受けておらず、従前の4万5000株に相当する配当金額を受領し続けることができます。本事例では甲会社の年間配当金額は1株100円であり、遺族4名が手に入れることができる配当金額は年間450万円（100円×4万5000株）になり、4名の最低限の年間生活資金の半分程度はほぼ賄えるでしょう。

(2) 信託目的の達成後の方策

　ここで、一応、森海津弁護士が助言した従業員持株会、一般社団法人丙、吸収分割信託の三者を結び付けた議決権吸収信託分割は信託目的を達成して終了し、信託は清算に入り残余財産が給付されます（信託法177条4号）。しかし、この仕組みはこの時点ですべて終結しなければならないのかといえば、そうではなく、この後も継続することが考えられます。

　一つの方法は、A₁、A₂、A₃、A₄は、4名で保有する甲社株式が2万4500株に減少した時点で、さらに一般社団法人丙と第三議決権吸収信託分割契約を締結し、乙従業員持株会も第四議決権吸収信託分割契約を結び、両者の間で同様の吸収信託分割を5、6年をかけて実行し第三議決権信託における甲会社株式が議決権ベースでゼロとなるまで第四議決権信託に株式を移転し続ける方法です。別の方法として、この時点でA₁、A₂、A₃、A₄は手元に残った2万4500株を、力を付けた従業員持株会に一挙に売却することも十分に考えられるでしょう。

6　信託譲渡によるさらなる展開

　ここまでの検討は、甲会社の従業員が主導権をもって甲会社における事業承継方法を検討したものですが、現実の社会では後継者不足の悩みを抱えた中小企業が数多いことを考えれれば、各中小企業において経営者側と従業員持株会が、経営者が存命中から協力して事業承継に備えて、上記のような信

託契約を締結することが考えられます。そして、そのような企業と従業員持株会とのユニットが、何十となく百近くまとまり一つの一般社団法人の下に集結する、いわば「一般社団法人中小企業信託連合」の結成が考えられるでしょう。これが実現すれば、相互の情報交換が進み、新たに事業経営者を相互に紹介したり、獲得しやすくなるでしょうし、特に、株式の議決権信託は「株式の信託譲渡」であることを考えると、信託行為において、株式会社からの配当金はいったん信託受託者である一般社団法人に入金された時点よりも、信託受託者が信託受益者に送金する時点を少し後ろにずらすことが許される定めが置かれていれば（信託法31条2項1号は当該行為を許容する旨の定めを置くことを認めています）、一般社団法人丙は社長の急死により困惑しているA₁、A₂、A₃、A₄などの遺族に融通するだけの資金を用意できることにもなるでしょう。

　私は、どこにでもある従業員持株会と、やはりどこにでもある後継経営者不足の中小企業を結び付けて、従業員持株会が後継者不在の中小企業会社の経営を引き受けていくことができないものだろうか、と長い間考えてきました。本章はそれに対する、一つの、私の提案です。

　同じ事業承継策といっても、経営者側が健在であり、その経営者に先見の明があり、従業員側に自分の事業を引き継いでももらいたいと考えている場合の事業承継の方策は、事業承継税制などすでに立法化されたものもあり、先に出版した前著『親族外事業承継と株主間契約の税務』で指摘したように、さまざまな手法が開発されています。

　しかし、経営者が死亡し、または不在で、経営者側から先を見越した事業承継の方策が打ち出されることは期待できない場合に、従業員サイドが自分の勤めている会社の経営を引き取ろうとする方策とその手法については残念ながら見るべきものはほとんどないのが現状です。ところが、アメリカでは、従業員が会社経営者から会社を「買い取る」事例はいくらでもありますから、日本でもそれに似た実例がいつまでもまったくないということはないでしょう。ただ、経営者が従業員に会社を「売り払う」方法はいろいろ考えられるにしても、それを買い取る側には軍資金が用意できるかという難問が残ります。そのための融資の手法も開発されてはいません。また、仮に軍資金はど

こかから提供されるにしても、そのような手法では従業員が経営権を手に入れたとは必ずしもいえない結末（経営権は実質上当該資金を融通した第三者が手に入れた）に終わりかねないでしょう。では、資金が手元にないとすれば、さて、どういう方策がありうるでしょうか。

　本章は、「株式の信託譲渡の技法を用いれば、株式の配当受益権と株主総会議決権とを分離することができること、遺族が最も望むところは配当金つまり受益権であろうこと、従業員持株会が獲得したいものは議決権であることに着目して、株式議決権だけを吸収信託分割の手法で、同一受託者がすでに受託している第一信託から、同一受託者が受託している別の信託に分割して移転し、遺族は配当受益権をどこまでも確保し続け、過半数の議決権は従業員持株会に無対価で移転するという方法」です。

　信託法155条以下に定める吸収信託分割は同一の信託受託者が二つの同一性質の信託財産を引き受けている場合に、一つの信託の一部が分割されて他の信託に吸収されていく仕組みです。信託の技法と会社分割（吸収分割）の技法とが結合したかなり高度な技法です。二つの同性質の信託の間でだけ可能になる技法ですから、遺族が一つの会社の株式の受益権を留保しながら自益信託を組成し、従業員持株会が同一会社の同一株式の一部を用いて同性質の自益信託を同じ受託者に信託すれば、仕組みはでき上がるわけです。そして、本章の眼目は、信託株式議決権を無対価で、かつ、無税（3⑵参照）で移転したことにあるのです。

　本章では、この分離に9年の時間をかけていますが、9年という長時間をかけなければならない特段の理由があってのことではありません。会社経営権が経営者側から従業員側に移動するのですから、遺族が女性ばかりである点に配慮し、一気に事態が変化するのを避けただけのことです。9年もの時間をかければ遺族と従業員側とが経営権移譲をめぐって感情的に揉めるおそれは少なくなるでしょう。もちろん、吸収信託分割の手法を用いて、一挙に50％以上の議決権を移転させることも可能です。何年かけて経営権の移動を実現するかは、読者が直面している事案の内容によって変わってくることです。

7　本書の目的との関係

　以上、第2章および本第3章は、第1章（牧口晴一執筆）で立てられた、従業員持株会が中小企業会社の事業承継主体になることができないかという設問である本書の主テーマを受け継ぎ、軍資金をほとんど持たない従業員持株会であっても中小企業会社の事業承継主体になることは可能であることを三つの方法で具体的に提案しました。

　第2章では、従業員持株会が現物出資をする手法を介して株式会社を新設し、まず、適格吸収合併の手法を用いて自己資金がなくても従業員たちが事業承継できる方法として、第一の「従業員持株会成駒型事業承継株主間契約」（206頁）を提案し、第二に、同じく自己資金がなくても実行できる成駒型であって剰余金不平等分配の方法を用いる「従業員持株会成駒型剰余金不平等配当新設会社分割二重適格吸収合併株主間契約」を（214頁）提案しました。以上の方法は従業員にとって資金負担がなく、かつ課税がないか、あってもごくわずかだと考えられる方法です。

　そして第三に、本章で、小規模会社向けですが、株式議決権吸収信託分割の方法を用いた「議決権吸収信託分割株主間契約」の手法を提案しました。第三の方法は株式の配当受益権には手を付けない方法ですから、従業員側には課税はないでしょう。

　さて、本章の事例での乙従業員持株会の株数は2万5500株となり、亡社長の遺族4名よりも1000株だけ多くなりました。発行済株式総数5万株のうちの51％を保有することとなります。遂に、従業員持株会は誰からも資金援助を受けることなく甲会社の経営権を掌握したのです。

　そして、その余の事実関係が許せば（5(2)のように、その後全株式の議決権が乙従業員持株会に移転したとすれば）、従業員たちは組合である「持株会」を解散、清算して株式会社に組織変更した後、母体会社を適格吸収合併することもできる立場に立つことができるのです（次頁〈図6〉参照）。

〈図6〉

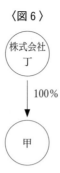

乙は甲株式の議決権を100％掌握したので乙を解散して（民法682条4号）清算し、残余財産を価額分割（同法688条3項）した後、その価額を出資して「株式会社丁」を設立。株式会社丁が甲を適格吸収合併します。結局、従業員たちの会社が、最終的に株式会社高須食品を吸収合併できるのです。

　法的な検討はここで一旦終わりますが、現実の世界ではこれからが大変でしょう。従業員持株会は甲会社の経営を円滑に進めることができるのでしょうか。それが、実のところ心配です。しかし、それは本書の目的を超えることです。

【本書のテーマ「従業員持株会を基礎とする親族外事業承継」についての参考文献】

- 青竹正一「株主の契約」菅原菊志先生古稀記念『現代企業法の理論』（信山社、1998年）1〜39頁
- 牛丸与志夫「従業員持株制度の検討－1－〜－15・完─」商事法務1102号2〜7頁・1108号31〜36頁・1110号59〜65頁・1170号12〜17頁・1177号17〜23頁・1182号27〜34頁・1190号69〜75頁・1193号29〜35頁・1195号63〜67頁・1200号32〜38頁・1205号23〜28頁・1208号23〜30頁・1215号110〜117頁・1224号112〜120頁・1228号27〜34頁
- 江頭憲治郎『株式会社法〔第8版〕』（有斐閣、2021年）
- 大隅健一郎『会社法論　3版』（巌松堂書店、1941年）
- 大隅健一郎＝今井宏『会社法論　上巻〔第3版〕』（有斐閣、1991年）
- 北沢正啓＝浜田道代『デラウェア一般会社法』（商事法務研究会、1971年）
- 栗山徳子「アメリカ会社法における株主間合意」酒巻俊雄先生還暦記念『公開会社と閉鎖会社の法理』（商事法務研究会、1992年）299〜326頁
- 宍戸善一「株式会社法の強行法規性と株主による会社組織設計の可能性──二人会社の場合」商事法務1402号30〜37頁
- 渋谷雅弘「資産移転課税（遺産税、相続税、贈与税）と資産評価──アメリカ連邦遺産贈与税上の株式評価を素材として－1〜5・完－」法学協会雑誌110巻9号1322〜1383頁・110巻10号1504〜1563頁・111巻1号69〜130頁・111巻4号476〜536頁・111巻6号769〜821頁
- 森淳二郎先生退職記念『会社法の到達点と展望』論文集』（法律文化社、2018年）
- 富田辰郎「従業員持株制度の整備・拡大について──〜グループ従業員持株会の設立を認める措置」商事法務940号645〜649頁
- 行方國雄「閉鎖会社における種類株式及び属人的な定めの利用」ジュリスト増刊『会社法施行5年　理論と実務の現状と課題』（有斐閣、2011年）73〜80頁
- 浜田道代『アメリカ閉鎖会社法：その展開と現状および日本法への提言』（商事法務研究会、1974年）
- 菱田政宏『株主の議決権行使と会社支配』（酒井書店、1960年）
- 前田雅弘「会社の管理運営と株主の自治」川又良也先生還暦記念『商法・経済法の諸問題』（商事法務研究会、1994年）139〜248頁
- 松田二郎『株式會社の基礎理論』（岩波書店、1942年）
- 松田二郎『株式会社法の理論：株式本質論を中心にして』（岩波書店、1962年）
- 松田秀征「株主総会制度の基礎理論」私法2002巻64号177〜184頁
- 吉本健一「議決権信託に関する若干の法的諸問題」阪大法学95号69〜125頁
- Shavell Steven（田中亘＝飯田高訳）『法と経済学』（日経BPM、2010年）

おわりに

　事業承継にはむつかしい問題が付きまといます。法律や税務の問題ではなく、お金の問題です。特に経営者が体力の限界を感じ、事業を従業員たちに承継させようとするときは、お金の問題は不可避です。従業員たちに会社の株式を渡す以上は、その対価はいくらが妥当なのかという、避けては通れない問題があります。

　もちろん、株式の経済的価値を合理的に算出することはできるでしょう。しかし、その対価で旧経営者は納得するかといえば、それはまったくの別問題です。つまり、法律の問題ではなく、もちろん税務の問題でもなく、経済の問題でもありません。それは感情の問題であり、法律や税法が何とかできる問題ではありません。

　事業承継が親子間の問題で留まっていた時代においては、お金の問題は親子間の情愛に隠れて表に出てくることはありませんでした。親たちは事業を息子に譲与することに、喜びは感じても、損得で考えることはなかったのです。しかし、相手が従業員という他人であれば損得勘定はどうしても頭を擡げてきます。つまり、従業員による事業承継は、事業承継仲介業者の提示する「経営者手取り価額」との比較衡量を避けて通れません。

　人生を会社にかけてきた経営者は、経営者手取り額が小さければ自分の人生そのものが否定されたような寂寥感に襲われるでしょう。だからこそ、すべてがお金に収斂してしまわないために、より合理的に折り合いを付けるために、法律や税金の視点を超えた総合的な人間学が必要になるのではないかと考えられます。

　だとすれば、私たち弁護士や税理士が、事業承継の法的、税務的諸問題を研究するだけでなくより高度な、総合的な研究手法への移行を目指さなければならないのでしょう。それは私たち一般社団法人日本企業再建研究会の新しい出発点を示唆しているというべきでしょう。

　本書が読者の皆様にヒントとなり、株主間契約の使い方の道を広げ、従業員による事業承継の手法を開拓されることを祈念します。本書を手に取っていただいた読者の皆様には、感謝いたします。ありがとうございました。

　最後に、民事法研究会の編集者田中敦司氏には、本書の姉妹編『親族外事業承継と株主間契約の税務』（民事法研究会、2021年）と並んで都合3年の長きにわたって、本書の編集と校正だけではなく、論理の展開に迷っているときなどにも助言をいただき、ずいぶんとお世話になりました。お礼を申し上げます。

　本書が、法律と税務の実務の世界にいて日々難問に立ち向かっている読者のお役に立てることを願ってやみません。

　令和5年8月

一般社団法人 日本企業再建研究会 代表　後　藤　孝　典

【編著者紹介】

弁護士 後 藤 孝 典（ごとう　たかのり）

[第一編・第二編・第三編第 1 章コメント・第 2 章・第 3 章執筆]

〈略歴〉

1938年　名古屋生まれ

1965年　名古屋大学法学部卒業

1967年　弁護士登録（東京弁護士会）

1979年　ハーバード・ロースクールに客員研究者

1982年－87年　筑波大学大学院講師。講義名『法と経済』

2008年　一般社団法人日本企業再建研究会　理事長に就任

2012年 4 月　事業承継 ADR 法務大臣認証取得、事業開始

〈著作〉

『一株運動のすすめ』（ぺりかん社、1971年）、『現代損害賠償論』（日本評論社、1982年）、『日本警察の生態学』（けいそう書房、1985年〔翻訳・ウオルター・エイムズ著〕）、責任編集『クスリの犯罪』（有斐閣、1988年〔クロロキン網膜症事件裁判を通して厚生省指導の問題点を追及、残念なことに同じ過ちが、薬害エイズ事件として起こる〕）、『Japan's dark side to progress』（まんぼう社、1991年〔『クスリの犯罪』を翻訳〕）、『沈黙と爆発』（集英社、1995年〔チッソ創設者野口遵の大陸に広がる壮大な夢、戦前戦後の日本経済高度成長期におけるチッソの立場にも思いを寄せる水俣事件の集大成的書籍〕）、『会社分割』（初版、かんき出版、2003年）、『会社分割活用法』（中央経済社、2004年）、『実践会社法』（かんき出版、2006年）、『会社分割』（第 6 版、かんき出版、2011年）、『事例にみる一般社団法人活用の実務』（共著、日本加除出版、2012年）、『中小企業のおける株式管理の実務』（共著、日本加除出版、2015年）、『会社の相続　事業承継のトラブル解決』（小学館、2018年）、『会社分割をきわめる』（民事法研究会、2020年）、『親族外事業承継と株主間契約の税務』（編著、民事法研究会、2021年）　ほか

〈事務所所在地〉

弁護士法人虎ノ門国際法律事務所

虎ノ門後藤法律事務所

〒105－0003　東京都港区西新橋 1 － 5 －11　第11東洋海事ビル 9 階

TEL：03－3591－7377　FAX：03－3508－1546

http://www.toranomon.com/

【執筆者紹介】

税理士　**牧　口　晴　一**（まきぐち　せいいち）

［第三編第 1 章執筆］

〈略歴〉

2005年　名古屋大学大学院博士課程前期修了

1985年　税理士試験合格

〈著作〉

『非公開株式譲渡の法務・税務〔第 7 版〕』（共著、中央経済社、2021年）

『中小企業の事業譲渡〔第13版〕』（共著、清文社、2022年）、ほか

〈事務所所在地〉

牧口会計事務所

〒501－0118　岐阜県岐阜市大菅北 4 －31

TEL：058－252－6255　FAX：058－252－6512

http://www.makigutikaikei.com/

株主間契約と従業員事業承継

2023年10月12日　第1刷発行

定価　本体 3,000円＋税

編著者　後　藤　孝　典
著　者　牧　口　晴　一
発　行　株式会社　民事法研究会
印　刷　株式会社　太平印刷社

発行所　株式会社　民事法研究会
　　　　〒150−0013　東京都渋谷区恵比寿3−7−16
　　　　〔営業〕 ☎03−5798−7257　FAX03−5798−7258
　　　　〔編集〕 ☎03−5798−7277　FAX03−5798−7278
　　　　http://www.minjiho.com/　　info@minjiho.com

落丁・乱丁はおとりかえします。　　ISBN978-4-86556-567-6 C2032 ¥3000E
組版／民事法研究会（Windows11 Pro 64bit+InDesignCC 2023+Fontworks etc.）

中小企業は株主間契約で自由な経営を！

親族外事業承継と株主間契約の税務

後藤孝典　編著

牧口晴一・島田幸三・阿部幸宣・深山　曉・
李　永壽・酒井　修・親泊伸明　著

A 5 判・313 頁・定価 3,080 円(本体 2,800 円＋税 10％)

▶親族外の役員や従業員持株会、他の会社に事業を承継させる場合などを想定し、また、承継の途中での心変わりや別れる場合にも備えるため、株主間契約を活用するとともに、法人税・所得税等の税務上の扱いについても詳細に検討！

▶第1編では、株主間契約の意義、株主間契約の法的性質、株主間契約の種類、株主間契約の履行強制、株主間契約における意思表示を求める強制執行、株主間契約の保全執行（仮地位仮処分）等、株主間契約の基礎について簡潔に解説！

▶第2編では、株主間契約の使い方について、具体的なケースと課題を設定し、実務上の工夫も含めて税務と法務を解説！

▶第3編では、株主間契約のテンプレート（書式例）を6例示し、それぞれ条項例を詳細に解説！

▶中小企業の事業承継をサポートする税理士、公認会計士、弁護士、司法書士などの税務・法務の実務家に最適の書！

本書の主要内容

第1編　総論〔株主間契約の基礎〕

第2編　各論〔株主間契約の活用例〕

第1章　従業員持株会の課題と対策

第2章　国際税務と株主間契約

第3章　穏やかな親族外事業承継と株主間契約

第4章　会社分割を活用した事業承継

第5章　別れの株主間契約と課税問題

第6章　株主間契約とM&A

第7章　株主間契約と事業承継

第3編　株主間契約 TEMPLATE

Ⅰ　取締役選任議決権相互拘束株主間契約

Ⅱ　デッドロック回避解散定款全員同意株主間契約

Ⅲ　譲渡制限株式無承認譲渡全株主間契約

Ⅳ　議決権委任株付株主間契約

Ⅴ　名義株株主間契約

Ⅵ　従業員持株会型事業承継──一般社団法人議決権信託契約・吸収信託分割

発行　民事法研究会

〒150-0013　東京都渋谷区恵比寿 3-7-16
（営業）TEL. 03-5798-7257　FAX. 03-5798-7258
http://www.minjiho.com/　info@minjiho.com

個人事業主を含む家族・親族経営会社の問題解決ガイドブック！

家族・親族経営会社のための 相談対応実務必携
——紛争の予防と回避を実現する実践ノウハウ集——

弁護士　山浦美紀・弁護士　西田　恵・
税理士　山中俊郎・司法書士　桑田直樹　著

A 5 判・423 頁・定価 5,060 円（本体 4,600 円＋税 10%）

▶法律・税務・登記の実務経験豊かな専門家（弁護士・税理士・司法書士）が、これまで受けた多様な相談事例を踏まえて、それぞれの立場から、あらゆる諸問題に迅速・的確に対応するための実践的手法を教示！

▶会社設立に始まり、相続・事業承継から清算・廃業に至るまでの家事紛争による経営危機を回避するためのノウハウが満載！

▶日頃、これらの会社に関与されている弁護士・税理士・司法書士・行政書士などの法律実務家が、適正な対応指針を提供するための必携書！

本書の主要内容

第1章　親族経営企業の設立時の留意点

第2章　経営者の相続と事業関係紛争

第3章　経営者の高齢リスクと成年後見・信託の活用

第4章　親族経営企業の株式をめぐる紛争

第5章　経営者の養親子関係と事業関係紛争

第6章　経営者の離婚と事業関係紛争

第7章　親族経営企業における給与・報酬の留意点

第8章　親族経営企業における借入金・貸付金・担保・保証の留意点

第9章　親族経営企業の清算・廃業時の留意点

発行　民事法研究会

〒150-0013　東京都渋谷区恵比寿 3-7-16
（営業）TEL. 03-5798-7257　FAX. 03-5798-7258
http://www.minjiho.com/　info@minjiho.com